新农村建设与农村科技发展战略

科学技术部农村科技司

中国农业出版社

编辑委员会

序

农业是国民经济的基础，新农村建设是全面实现小康社会的关键。新中国成立以来，我国农业和农村经济取得了举世瞩目的巨大成就，我国以世界9%的耕地供养了21%的人口，近50年全国人口增加2.4倍，而人均粮食和肉类占有量分别增加了2倍和12倍，小麦、稻谷、肉类、水产等农产品总产跃居世界首位。世界银行在《2020年的中国》报告中评论指出："中国只用了一代人的时间，便取得了其他国家用了几个世纪才能取得的成就，在一个人口超过非洲和拉丁美洲总和的国家中发生这样的事，是我们这个时代最令人瞩目的发展"。正是由于农业的不断发展和积累贡献，保障了我国工业化和城市化的不断发展。

当前，我国社会发展进入全面建设小康社会，构建和谐社会的新时期，党的"十六大"提出走新型工业化道路，建设社会主义新农村的战略，统筹城乡发展，推进以工建农，发展现代农业。在今后一个时期内，我国农业与农村发展必须持续保障国家食物安全和生态安全，同时要解决农村劳动力就业和增加农民收入，还将面临耕地减少、水资源紧缺、环境恶化、能源制约等一系列问题的重大压力。在新的历史时期，现代农业与新农村建设需要科学技术的强有力支撑。2007年的中央1号文件《关于积极发展现代农业，扎实推进社会主义新农村建设的若干意见》中，明确提出科技进步是突破资源和市场对我国农业双重制约的根本出路，必须着眼于增强农业科技自主创新能力，加快农业科技成果转化应用，提高科技对农业增长的贡献率。只有坚定不移地依靠科技进步，应用现代高新技术改造传统农业，才能实现农业“优质、高产、高效、生态、安全”，走出一条有中国特色的可持续现代集约农业之路。

面对新的形势，我国农业和农村科技工作需要制定新的发展战略、确立新的发展思路、采取新的发展对策。为此，科技部农村科技司组织有关专家开展了相关专题的研究，并形成了《新农村建设与农村科技发展战略》一书。该书阐述了世界现代农业发展的基本趋势，总结了我国农业科技发展的历史贡献和主要经验，分析了未来我国现代农业与新农村建设的科技需求，探讨了农村科技发展的战略思路和基本策略，提出了现代生物技术、数字农业、能源农业等领域的发展趋势和研究重点。该书的出版，对于制定我国农业与农村科技发展战略及促进社会主义新农村建设具有重要意义。

科学技术部副部长 刘燕华

2007年2月12日

前言

在社会主义现代化建设的新时期，党中央做出了我国进入“以工补农、以城带乡”新阶段的两个基本判断，提出了建设社会主义新农村的重大战略举措。在新的历史背景下，农村科技如何持续发展是值得研究的新课题。为此，国家科技部农村科技司在组织进行“十一五”农村科技重点领域发展战略研究的基础上，部署了“新型工业化背景下农业科技发展战略研究”重点研究课题。中国农业大学、中国农业科学院、中国林业科学院、中国科学院及天津科技大学等单位的有关专家经过近两年的研究，完成了课题研究报告。本书是在课题研究成果的基础上进一步扩充和加工提炼形成。

全书分上下篇，共 14 章。上篇是总体篇，主要阐述了中国农业发展历程及其对工业化的贡献，分析了世界现代农业及科技发展趋势及我国农业科技成就与发展趋势，论述了中国新农村建设的科技需求与科技方略，以及新时期中国农业科技跨越发展战略；下篇是领域篇，重点论述了现代生物技术、新型农产品加工、环境友好型农业与农业清洁生产、绿色能源农业、信息技术与数字农业、海洋农业、生态林业与林业产业化、现代农业装备与工程农业、农村城镇化与新型农村社区建设等科技领域的发展趋势、战略需求、战略重点和政策措施等。本书可作为政府决策部门制定相关政策时参考，也有助于科技人员了解和把握我国新时期农村科技发展方向和重点。

本书在编写过程中，参阅和引用了一些学者、专家的文献与资料，但限于篇幅，不能将参考文献一一列出，在此表示诚挚的敬意。由于编者水平有限，书中舛错不当之处在所难免，尚祈读者批评指正。

编　者

2007年2月

目录

上篇 总体篇

下篇 领域篇

上篇 总体篇

第一章　世界现代农业发展趋势

人类进入20世纪以来，面对全球人口快速增长和工业化所带来的种种挑战，在现代工业和科技进步两大主要动力的推动下，世界农业总体上保持了快速发展，全球农业生产力在近几十年间获得了空前的提高，一些发达国家先后在20世纪60年代前后实现了本国农业的基本现代化，目前正逐步从资本密集型向知识密集型的新型现代农业转变，大部分发展中国家逐步摆脱了自给自足农业的束缚，加快了传统农业向现代农业转变的进程。进入21世纪，随着现代高新技术的不断发展，以及经济全球化进程的不断推进，世界农业又面临许多新问题和新挑战，由此推动了世界农业科技呈现许多新趋势和新特点，一场新的农业科技革命浪潮已经到来。

一、世界农业发展的基本态势

（一）20世纪世界农业保持快速发展

在20世纪上半叶迅速发展起来的育种技术、化肥制造与施肥技术、有机合成农药技术及灌溉技术等新技术推动下，世界农业在20世界中叶之后得到了跨越式的高速发展，农业总产、单产和农业劳动生产率大大提高。有资料显示，世界人口由20世纪初的16亿增长到1987年的50亿，但1987年全球农业总产值比1913年增加2.45倍，平均年增长率达到1%～3%，农业劳动生产率年均增幅为6%～7%，人均农业总产值由270美元增加到320美元。世界农作物生产能力普遍提高，世界谷物总产由1960年的8.77亿吨提高到2001年的20.9亿吨，人均粮食达到332千克。畜产品生产供给水平不断提高，农产品生产供给水平持续增长（表1-1、表1-2）。

表1-1　20世纪下半叶世界主要农作物生产状况（万公顷、千克/公顷、万吨）

	年代	1961	1970	1980	1990	1995	1996	1997	1998	1999	2000	2001
谷物	收获面积	64 800	67 600	71 700	70 800	68 700	70 400	69 800	68 000	67 100	67 200	67 100
	单产	1 353	1 765	2 161	2 755	2 761	2 942	2 999	3 062	3 108	3 070	3 110
	总产	87 700	119 000	155 000	195 000	190 000	207 000	209 000	208 000	208 000	206 000	209 000

（续）

年代		1961	1970	1980	1990	1995	1996	1997	1998	1999	2000	2001
籽棉	收获面积	3 186	3 415	3 432	3 297	3 562	3 455	3 391	3 349	3 261	3 161	3 398
	单产	858	1 038	1 200	1 632	1 588	1 598	1 604	1 550	1 628	1 727	1 758
	总产	2 734	3 544	4 120	5 380	5 654	5 519	5 438	5 191	5 310	5 459	5 973
瓜菜	收获面积	2 363	2 250	2 555	3 098	3 603	3 694	3 776	3 974	4 156	4 244	4 302
	单产	9 364	11 102	12 679	14 900	15 539	16 072	16 106	15 879	16 065	16 302	16 227
	总产	22 100	25 000	32 400	46 200	56 000	59 400	60 800	63 100	66 800	69 200	69 800
水果	收获面积	2 447	2 870	3 268	4 106	4 618	4 714	4 728	4 717	4 769	4 833	4 875
	单产	7 154	8 389	9 297	8 587	8 814	9 027	9 358	9 196	9 600	9 650	9 566
	总产	17 500	24 100	30 400	35 300	40 700	42 600	44 200	43 400	45 800	46 600	46 600
大豆	收获面积	2 382	2 952	5 065	5 718	6 250	6 107	6 695	7 098	7 190	7 410	7 554
	单产	1 129	1 480	1 600	1 897	2 032	2 132	2 157	2 256	2 191	2 176	2 338
	总产	2 688	4 370	8 104	10 800	12 700	13 000	14 400	16 000	15 800	16 100	17 700

资料来源：FAO，农业统计年鉴（1990、2000、2001）。

表 1-2　20 世纪下半叶世界畜产品产量状况（万吨）

年代	1961	1970	1980	1990	1995	1996	1997	1998	1999	2000	2001
肉类	7 118	10 000	13 600	18 000	20 500	20 700	21 517	22 289	22 959	23 296	23 654
猪肉	2 474	3 579	5 267	6 986	7 856	7 844	8 217	8 762	8 970	8 958	9 119
牛肉	2 876	3 967	4 717	5 570	5 693	5 743	5 826	5 811	5 928	5 961	5 978
羊肉	603	683	734	969	1 055	1 029	1 059	1 068	1 111	1 144	1 129
鸡肉	755	1 314	2 288	3 551	4 663	4 786	5 081	5 299	5 587	5 819	5 985
鸡蛋	1 141	1 954	2 622	3 528	4 298	4 525	4 653	4 812	4 999	5 135	5 244
奶类	34 400	39 200	46 600	54 300	53 900	54 800	55 311	56 358	57 096	57 808	58 645

资料来源：FAO，农业统计年鉴（1990、2000、2001）。

（二）21 世纪初世界农业“生物经济”初见端倪

发达国家在相继完成第一次农业新技术革命之后，自 20 世纪 70 年代以来，又成功地把高新技术应用于农业，农业已发展成为最有竞争力的高新技术开发应用产业。从全世界范围来说，现代农业生物技术的主要任务是培育转基因动植物的新品种，赋予它们高产、优质和抗逆特性。农业生物技术的成功应用不仅促进了农业的进一步发展，同时也促使了农业“生物经济”的出现。目前，以农业生物技术开发的产品不断出现，农业的领域不断扩展，农业的产值不断提高，农业生物技术的商业化应用规模迅速扩大。以转基因生物技术为例，该技术不仅促进了转基因作物的大面积使用（表 1-3），促进了农民的增收，也带动了一大批农业企业的发展。

表 1-3　1996—2003 年全球主要国家转基因作物的种植面积（百万公顷、%）

年份	美国		阿根廷		加拿大		中国		其他国家		全球合计	
	面积	占全球	面积	占全球	面积	占全球	面积	占全球	面积	占全球	面积	占全球
1996	1.5	88.2	0.1	5.9	0.1	5.9	/	/	/	/	1.7	/
1998	20.5	73.7	4.3	15.5	2.8	10.1	<0.1	/	0.2	0.7	27.8	152.7
2000	30.3	68.6	10.0	22.6	3.0	6.8	0.5	1.1	0.4	0.9	44.2	10.8
2002	39.0	66.4	13.5	23.0	3.5	6.0	2.1	3.6	0.6	1.0	58.7	11.6
2003	42.8	63.2	13.9	20.5	4.4	6.5	2.8	4.1	3.8	5.6	67.7	15.3
2004	/	/	/	/	/	/	/	/	/	/	81.2	20.0

资料来源：李宏伟，世界转基因作物发展态势。2004 年数据来源于农业生物技术应用国际服务组织报告。

（三）农业生产社会化程度的提高，延伸了农业产业链

随着农业新技术革命成果在农业生产中的应用，农业生产规模开始向企业化生产模式转化，农产品生产由最初的分散经营逐步演变成企业化经营，由农业产前部门、产中部门和产后部门三部分组成的农工商综合体应运而生。农业作为国民经济的基础产业，效益是保持活力的前提。一般认为，农业是弱质产业，农业的弱质性表现在它不仅是人参与其中的经济过程，同时还是受自然力支配的过程，因而农业的效益不高。受自然力支配是农业区别于其他产业的一个特点，因此，实现农业的企业化经营，延伸农业产业链成为实现农业生产高效益的有效途径。

在现代农业部门的总产值中，产前、产后部门创造价值所占的份额呈上升趋势。在某些发达国家，在农业产后部门就业的人数超过了农业本身（表 1-4）。农产品的加工业和营销业有利于增加就业，提高产品的附加值。加工与营销部门增加的服务种类和数量是一个国家发达（程度）的可靠标志。农业产业化指农业的生产经营以市场为导向，以农业产业组织为主体进行企业化运作、产业化经营，农业产前、产中、产后实现一体化发展，是现代农业的运作方式。总体而言，农业产业化的主要意义在于改变长期以来一家一户为主要生产主体的农业生产组织方式，实现农业生产、农产品加工和销售环节的结合。因此，实现农业产业化的关键在于培育大量市场竞争力强的农业经营主体，包括实力雄厚的龙头企业、行业协会、中介组织等。实践证实，农产品加工业的发展、营销部门服务种类和数量的增加，有利于农业劳动力向外部门转移，有利于增加农产品的附加值，增加农业劳动者的收入。国内外市场（进口和出口市场）得到充分的拓展，既是农业产业结构高级化的条件，也是农业结构优化的结果。这种组织系统的发育程度反映着一个国家的发达程度和现代化的水平，也是增强

农业竞争力的有力保障。

表 1-4 2004 年世界几大洲人口数与农村经济活动人口数（千人）

国家	总人口	农村人口	农业人口	农业人口占总人口的比重	经济活动人口	农村经济活动人口	农村经济人口占经济活动人口的比例
世界	6 377 646	3 271 630	2 600 301	0.41	3 126 861	1 347 283	0.43
北美洲	433 718	89 448	28 702	0.07	212 697	11 597	0.05
南美洲	367 185	67 690	60 044	16.00	162 263	25 991	16.00
大洋洲	32 620	8 685	6 734	20.60	16 255	3 152	19.4
欧洲	725 567	195 308	53 307	7.35	360 619	27 336	7.58
非洲	869 182	528 353	466 405	0.54	378 183	209 674	0.55

资料来源：FAO，农业统计年鉴（2004）。

（四）农业生产专业化分工与协作日益明显

随着全球经济一体化速度的加快，整个世界已成为一个“地球村”。特别是农业贸易自由化进程的加快和因特网的联通，为整个世界农产品的生产与流通提供了十分便利的条件。世界主要农产品进出口贸易额不断增长，贸易量扩大。

现代农业技术在农业生产中起着关键性作用；生产工具的智能化和机械化，农业劳动生产率和土地生产率以前所未有的速度快速提高；农业劳动力比重很低，农业的贡献很大；农业与工业分工协作形式发生变化，城市与乡村关系具有了新的内涵。总体来说，农业生产向高度专业化和商品化方向快速发展。农业育种技术形成专业化市场，为新品种的专业化生产奠定了基础；农产品加工业的发展延伸了农业产业链条，促成了新的社会分工；农产品专业化生产开始转向以专用玉米、专用小麦、加工用葡萄为代表的专用农产品的方向发展。

由于农产品市场开拓、科技进步和大范围配置资源，行业分工越来越细，生产要素逐步向优势农户集中，加速了农户之间的联合与重组，农业生产组织规模不断扩大，专业化程度提高，形成了各具特色的生产带，充分地发挥各自的优势，有利于降低成本，提高生产率。

现代农业专业化的分工和协作，促进了农产品的深加工和世界贸易的不断扩大（表 1-5）。越来越多的农产品经过加工以后进入国际市场，不仅增加了农产品的附加值，提高了农民收益，而且使农业在整个国民经济和世界贸易中的份额越来越大。未来世界贸易中，农产品贸易将扮演越来越重要的角色，农业专业化和协作化生产则是农业生产和农产品贸易的决定性因素和制胜法宝。

表 1-5　不同加工程度农产品在农产品出口中份额的变化（%）

	加工农产品	半加工农产品	未加工农产品	总计
1990	41.3	8.5	50.2	100
1991	43.0	8.1	48.9	100
1992	44.6	8.2	47.2	100
1993	45.2	9.2	45.7	100
1994	44.7	9.2	46.1	100
1995	44.6	8.7	46.7	100
1996	45.3	8.7	46.0	100
1997	45.5	8.8	45.7	100
1998	46.6	8.3	45.1	100
1999	47.2	8.2	44.6	100
2000	46.1	7.8	46.1	100
2001	47.6	7.8	44.6	100
2002	48.1	8.1	43.9	100

资料来源：联合国贸易数据库和 WTO《2003 年国际贸易统计》。

（五）21 世纪初农业产量增长趋缓，全球食物安全依然严峻

2000 年以来，首次出现世界谷物生产量低于消费量的情况，2000、2001 和 2002 年的缺口分别为 1 600 万、2 700 万和 9 600 万吨，世界谷物储备也降到 30 年来的最低水平。而 2002 年末联合国的报告写道："我们必须承认，世界营养不良的人口是 8.4 亿，在过去的 8 年里，每年只减少了 250 万"。

近三四十年，促进 20 世纪农业繁荣的化肥、农药、良种、拖拉机等增产要素，在发达国家的投入性增长很低。随着整个农业生产水平的提高及这些传统技术趋于成熟，而技术的增产效应趋减，增产的边际空间也在变小（表 1-6）。

表 1-6　1950—1995 年间世界粮食供应单产变化（%）

年　份	全部粮食	水稻	小麦	玉米	其他
1950—1960	2.0	1.4	1.7	2.6	—
1960—1970	2.5	2.1	2.9	2.4	2.3
1970—1980	1.9	1.7	2.1	2.7	0.4
1980—1990	2.2	2.4	2.9	1.3	1.7
1990—1995	0.7	1.0	0.1	1.7	−0.8

资料来源：美国农业部。

传统技术的增产效应趋减，而又没有新的重大技术突破的推动下，世界人口又在高基数上大幅度增长，食物供应形势将更趋紧张。根据 FAO 和国际应用系统研究所 IASA 对全球食物供应形势的预测，在 2025 年前，各种方案的结果都是求大于供，全球资源与环境仍将承受着巨大的压力。未来的一二十年，世界农业及谷物生产形势不容乐观。从世界谷物的种植

面积趋势看，1978 年世界谷物种植面积达到最大，以后逐年降低，到 2002 年平均每年下降 0.3%；谷物单产出现跨越性发展在 1992 年，于 1949 年相比，几乎增长了 1.6 倍，20 世纪末的谷物单产值增长了 10%左右，年均增长 1.2%；谷物总产增长的跨越性发展发生在 1978 年，当年的谷物产量几乎是 1949 年的 2.4 倍，一直到 2000 年都是增长趋势，但增长速度减缓，特别在 20 世纪末甚至出现了滑坡。从 1992—2002 年的 10 年里，谷物的年均增长率是 0.2%，三个指标反映的增长率均低于我国，充分说明我国的粮食安全不能依靠国际社会，只能靠自己解决。另外，发达国家如美国的谷物种植面积从 1978 年开始就持续下降，到 2002 年已经下降了将近 1 400 万公顷，单产水平徘徊在 5 550 千克/公顷，总产量近年基本在 3 亿吨附近，一般增长率为 4%～10%，减产率在 4%以下。由于发达国家近几年非常重视农业生态环境建设，增加粮食总产的可能性不大，因此想依靠国外产粮大国的援助，不可能解决我国的粮食安全，我国必须立足于粮食的基本自给，粮食的国际贸易市场是经受不住中国冲击的，中国也要对第三世界的粮食进口国负责。

（六）世界资源环境压力日益严重

世界农业在高速发展的同时，也给全球的资源和环境带来了沉重压力，人口、土地、水资源、生物资源等越来越成为世界农业发展的重大制约因素。FAO 最近发表的声明指出，由于人口过快增长和贫困给土地造成越来越大的压力（表 1-7）。全球已有 100 多个国家，约 36 亿公顷土地正受到荒漠化的严重威胁。每年增加 200 万公顷的水土流失面积，有 200 万公顷土地受到次生盐渍化和有毒物质的污染。

表 1-7 世界及不同发展水平国家总人口及增长率预测

年 代	发达国家		欠发达国家		世 界	
	总人口（亿）	增长率（%）	总人口（亿）	增长率（%）	总人口（亿）	增长率（%）
1995	11.71	0.4	45.16	1.77	56.87	1.48
2000	11.87	0.26	49.04	1.65	60.91	1.37
2010	12.06	0.15	56.84	1.43	68.91	1.20
2020	12.19	0.07	64.53	1.22	76.72	1.03
2030	12.12	−0.13	71.59	0.97	83.72	0.81
2040	11.89	−0.21	77.41	0.72	89.30	0.59
2050	11.62	−0.23	82.05	0.55	93.66	0.45

注：年平均增长率以前 5 年平均值表示。发达地区包括：北美、欧洲、日本、澳大利亚和新西兰。

资料来源：United Nations，Department of Economic and social Information and Policy Analysis，Population Division，World Population Prospects the 1996 Revision Annex：I.

世界上现有耕地13.65亿公顷，但每年损失500万～700万公顷。在许多发展中国家，人口众多且增长迅速，而可供开垦的土地资源已十分有限，人与土地资源的矛盾日益突出。联合国环境规划署（UNEP）主持的一份新的研究报告中指出，过去的45年中，由于农业活动、砍伐森林、过渡放牧而造成中度和极度退化的土地达12亿公顷，约占地球上有植被地表面积的11%。FAO还估计，目前鱼的捕获量已超过可持续上限的30%。

随着人口的日益增多，世界各国都在大力发展灌溉，使农业用水迅速增加。1950—1975年的25年间，农业用水量从15 000立方米增加到21 000立方米；近20年来增加更快，世界灌溉面积占耕地面积的比例由14%增加到16%，这使世界粮食产量不断提高。全世界依然还有约占47%的土地处于干旱半干旱地区，干旱缺水始终制约农业的发展。根据科学家预测，全球气候干旱现象有加重的趋势，全球性的水资源问题已经成为可持续发展的重大挑战，许多国家纷纷研究解决水资源问题。

全球生物物种资源多样性受到破坏。农业从广义上讲是利用动、植物的生物特性为人类提供衣食之用的生产部门，因此，在生物、技术、劳动力、资本等农业生产资源中，农业生物资源具有决定性意义。由于人类对资源的过度开发利用，特别是对动物栖息地森林、草原的破坏，大大加速了生物资源的灭绝。据联合国估计，近二三百年，物种消亡速度正在加快，全世界平均每天有1～3个物种灭绝。近年来发展到每1个小时就有1种植物从地球上消失。得克萨斯大学1份统计报告预报，地球上30%～70%的植物将在今后100年的时间内消失。另据世界观察研究所揭示，由于拉丁美洲的森林大量砍伐，其现存的大约9.2万种植物，可能损失15%～16%，亚马逊平原的鸟类将会有12%～69%灭绝。因此，生物多样性的保护，已经成为全球共同面临的问题，也是21世纪世界农业面临的严峻挑战。

英国Essex大学Pretty教授领导的一个小组研究发现，如果进行全面的成本核算，现代英国农业所付出的代价，比生产过程的直接成本高出3倍。生态与环境的灾难，正抵消着科技进步给农业增长带来的正面影响，而且严重地制约着未来世界农业的发展。

（七）农业可持续发展受到了世界各国的普遍重视

在农业发展战略上，各国都把农业环保技术列为重点发展领域，采用恰当的农业技术进行生产，强调和注重传统有机农业技术与现代科学技术和管理方法的结合，从而把农业发展和环境保护有机地统一起来。所谓持续农业，就是一种既能生产出足够的食物和纤维，以满足当代人的需要，又不破坏甚至能够保护自然资源和改善生态环境，从而保持农业的长久永续发展，保证满足今后世世代代人的需要的农业系统。其基本内容包括：强调作物轮作制，以减少杂草和病虫害，提高土壤成分的替代来源，减少由农业化学品使用而引起的水土资源污染的危险性；推广对自然体系、生产者和消费者均无害的病虫害控制战略和方法，其中包括病虫害综合防治技术，即采用诸如抗性栽培品种、栽培时间的调整、病虫害的生物控制等方法减少对农药的需求；增加机械和生物的杂草控制及水土保持措施，增加动物粪便和绿肥的施用，以增加土壤的营养物质和有机质；选用对人类、牲畜和环境无危害的高效、低毒和低残留的农药，……。持续农业强调和注重传统有机农业技术与现代科学技术和管理方法的结合，从而把农业发展和环境保护有机地统一了起来。目前，持续农业已经成为世界农业发展的基本方向。

（八）世界各国更加重视对农业的政策保护

当今世界，不论国家社会制度如何，各国政府都把推动农业长期而稳定地发展作为政府农业政策的最基本目标。尤其是我国加入 WTO 后，更需要政府实施保护和扶持政策。因而，在 WTO 规则的“绿箱政策”下，最大限度对农业实施价格支持与补贴，实施缩小工农业产品剪刀差，增加财政支农绝对量并优化支农支出结构。农业保护就是各国运用各种方式干预农业的主要手段之一。而且数据表明，农业保护程度随国家经济发展不断提高，发达国家尤为突出。

农业保护主要分为四个方面：一是直接农业资助；二是实行优惠的农业信贷政策；三是实施价格支持；四是农产品的进口保护。随着世界经济一体化的不断加强，各国对农产品的价格补贴强度减小，而趋向于为世贸组织认可的绿箱操作，主要包括：农产品的研究与开发、病虫害控制、推广咨询和培训服务及营销等各项基础服务。大部分国家建立了从中央到地方配套、协调和分工合作的农业科研推广体系，对农业科研、技术推广、经济技术信息和农业教育提供资助。美国建立起以州农学院为中心的“农业教育、科研推广体”。自 1955 年以来，美国政府每年用于农业科研方面投入大体上以 8%的年平均增长率逐年增加。目前美国联邦政府对农业的科研投入仅次于基础研究和国防研究。西欧各国、日本、澳大利亚和巴西等国都普遍建立发达而完善的农业教育、科研体系及技术推广网络，及时为农民提供农业经营所需的各种经济技术信息，指导农民选择农业生产的方式、方法和技术手段。

二、21 世纪初世界农业科学研究的发展趋势

（一）农业基础研究不断深入，加快农业科学原始创新

20 世纪后期出现的又一次世界新技术浪潮，正在以更加超前的动力推动世界农业第二次技术革命的发展。1953 年发现 DNA 双螺旋结构，1973 年 DNA 重组技术带动了细胞工程、基因工程、酶工程，以及转基因动植物育种等生物技术革命，使得许多新物种、新材料、新品种不断出现。计算机问世带来了信息技术革命，出现了精确农业技术创新；近年的分子生物学理论不断创新，带动了农业分子生物调控技术迅速发展；生态系统学、景观生态学、恢复生态学及分子生态学等生态学理论日益丰富推动了生态工程、生态修复、生态农业技术的快速发展。

在未来的农业科学研究中，农业基础理论与原理、方法、规律等方面的突破将以比 20 世纪初期更加快速的技术周期（20 年代前约 100 年，50 年代约 30 年，目前只要 1～3 年）而加快新技术开发。世界科技发展历史证实，每次实质性的技术革命都是以科学理论与基础研究重大突破为源头或者引擎。因此，世界各国都投入巨资实施农业领域相关的重大基础研究，试图以原始性创新再次抢占世界农业科学理论的前沿。

（二）生物技术研究日益成为农业高技术制高点

科学家们预言，21 世纪是生物工程的世纪。生物技术必将在最终解决人类所面临的食物和其他农业重大问题上发挥日益突出的作用。自 20 世纪 80 年代起，现代农业生物技术发展已有 20 多年的历史，作为高新技术发展最快、变化最多、产生作用最明显的新领域之一，各国政府先后确立生物技术国家发展战略，采取高强度投入策略。近年来各国政府，特别是发达国家纷纷把发展农业生物技术作为科技工作的重点，以抢占农业生物技术制高点和发展产业的主动权，不断加大投资力度，建立研究开发基地，制定并出台重大计划等措施，加强生物技术研究与开发，提高技术创新能力。例如，美国先后出台了一系列生物技术发展的战略报告、蓝皮书和行动计划；欧盟专门成立生物技术专家委员会，并在第五个科技框架计划中把生物技术作为重点领域；日本出台了《开创生物技术产业的基本方

针》的文件，提出“生物产业立国”的战略。在各国的生物技术发展计划中，农业生物技术均占有重要的地位，以动植物重要功能基因的知识产权和生物技术产品市场开发为重点的国际竞争日趋激烈。以美国为例，政府和企业投巨资加强农业生物技术研究，美国政府1992年投入为5.95亿美元，到2002年达到14亿美元。孟山都公司自1980年开始投资农业生物技术以来，已累计投入21亿美元，近年来的研究开发经费每年都在1亿美元以上。

（三）信息技术研究将带动农业现代化迅速发展

随着计算机信息技术在农业各个领域广泛应用，以计算机技术、微电子技术、通讯技术、光电技术、遥感技术为主的多项信息技术已广泛应用于农业生产的各个领域。据美国伊利诺州统计，有67%的农户使用了计算机，其中27%使用了网络技术。目前，日本全国电脑自动化技术在农业生产部门中应用，普及率已达92%，农林水产省的“农副产品情报中心”已与全国77个蔬菜市场、23个畜产品市场联机，向各县农协提供农副产品价格、产地、市场交流等情报。

以全球卫星定位系统（Global Positioning System）为代表的高科技设备应用于农业生产，导致了“精确农业”（Precision Agriculture）的产生，大大提高了农业生产水平。目前，美国正在农业领域推广这种精确种植技术。全美已有15%的农户使用了装有全球卫星定位系统的农业机械。由于经济效益好，许多农场主和农业服务公司、农业合作社正在订购这类机械，应用面将越来越大。

（四）农业科学研究领域不断扩大，学科不断交叉融合

根据世界权威部门分析，21世纪初，世界农业科技发展和主要目标是优化结构，增加产量，改进品质，提高资源利用率和经济效益，以及保护生态环境。研究领域日益广泛，发展重点主要有以下几方面：一是充分利用生物的遗传潜力，培育高产、优质、抗逆性好的动植物新品种，重视资源与环境问题。种质资源是农业的物质基础，目前各国都在重视生物多样性的保护和研究，强化种质资源的搜集、保存、评价和利用工作。二是保持和提高土壤肥力。重点是通过土壤培肥和科学施肥，改善土壤物理化学性质，创造作物生产的最佳条件，提高土地生产力。三是保护和有效利用水资源。水资源不足和农业需水量增加的双重压力，使如何提高水资源利用率的工作备受重视。四是食物安全、人类营

养和健康。为确保人类粮食与食物的需求与总供给的基本平衡，迫切需要建立和完善一套有效的粮食与食物保障体系，改善人们的膳食结构，提高营养水平和健康水平。五是提高科学种植与养殖水平。提高农业生产各个环节的科学化、规范化、标准化，提高农业防御自然灾害能力，提高动植物综合生产力。六是改进农产品加工、贮运技术，大力发展农产品保鲜、加工、贮运、包装、销售和综合利用等技术，为农业产业化经营提供技术保证。

农业科学通过与生物科学的交融、更新和拓展，从理论、方法、技术手段上加速更新传统的农业科学及基础学科（如遗传学、育种学、土壤肥料学、作物栽培学、畜禽饲养等）；发展已经形成的交叉学科（如农业分子生物学、农业物理学、农业气象学等）；促进农业新的分支边缘学科体系的构建（如农业生物工程学、农业能源学、农业环境学、农业信息学、核农学等），从而在学科分化和综合的基础上，从整体水平、学科结构、应用领域方面把农业科学推向一个新的发展阶段。农业科技在形成自己完整体系的同时，其他众多门类的自然科学与社会科学、技术科学与经济科学不断向农业科学渗透、交融，从而形成许多新的科学交叉点和生长点，拓宽了农业的领域，大大推动了农业科学技术的发展。自然科学与社会科学、技术科学与经济科学的联系更为紧密。

（五）科技产业化成为世界农业科技发展的重要趋势

从世界农业发展的大趋势看，传统农业向现代农业转变，其本质是要依靠科学，依靠教育。世界各国在科技与经济政策的变化中，一个突出的特点就是强调科技与经济发展一体化。科技产业化的发展普遍被各国十分重视，并有了良好发展。进入 21 世纪，世界各国都制定了 21 世纪的农业发展规划或创新体系，制定农业科技政策，调整和改革农业科技体制和运行体制，增加农业科技投入，加速农业科技产业化发展。例如，由于农业生物技术潜在的巨大经济和社会效益，政府支持农业生物技术的发展，企业积极推动生物技术产业化进程。资本市场，特别是风险投资等鼎力支持农业生物技术产业的发展。以转基因植物为例，2001 年全球转基因作物种植面积达到 5 260 万公顷。在 1996 年至 2001 年的 6 年间，种植转基因作物的国家数量亦翻了一倍多，从 1996 年的 6 个增加到 2001 年的 13 个国家。据有关专家估计，至 2020 年，世界上 80％的农作物将为转基因作物，这些技术产品的年销售收入将达到 3 000 亿美元。国际上如 BAYER、BASF、DUPONT、MONSANTO 等著名企业先后调整技术开发方向，投入巨资支持农业高新技术产业开发。

三、21世纪初世界农业技术现代化的基本特征

回顾世界农业现代化的发展，发达国家已经经历了以良种化、化学化、机械化、水利化为主要特征的常规现代化发展阶段，许多发展中国家目前依然进行着这种现代化农业。21世纪初，21世纪的世界农业必然是建立在强大技术支撑基础上的科技型现代化农业。世界农业科技发展异常迅猛，技术创新日新月异，农业现代化建设虽然离不开良种、肥料、水利、机械等基础物质技术的投入，但与以往比较，21世纪初的现代农业技术出现许多新的特征。

（一）农业技术的装备自动化

20世纪世界农业现代化的实践表明，使用机械替代人畜力进行农业生产，是大幅度提高农业生产率的最重要的因素之一。农业装备水平成为各国农业现代化水平的重要标志。21世纪初农业装备技术的发展的总趋势是：高新技术在农业机械新产品上的应用将更加广泛；农业机械使用的方便性、舒适性、自动化和智能化水平将进一步提高；农产品的工业化、工厂化生产，如蔬菜、畜禽、水产品无害化生产系统将有重大的突破；农产品的精深加工及副产品的综合利用技术与装备将成为新的经济增长点。发达国家从本国的农业生产实际需要出发，发展适于本国特点的农业耕作机械。美国、加拿大、澳大利亚等国劳均耕地较多，在种植业中主要发展了大规模集约化经营所需大型高效机械。此外，日本在水稻育秧、插秧等方面有一整套的先进设备。高新技术如微电脑、空间技术、机一电一体化技术等将在农业装备上有更广泛的应用。农业机械的安全性、舒适性和操作方便性也将进一步提高。又如，在地面灌溉方面，以美国的波涌灌和水平畦灌为代表，使得地面灌水技术取得了突破性的进展，不仅大大地提高了灌水均匀度和灌溉水有效利用率，而且有效地解决了地面灌溉中灌水流量和灌水定额的控制问题。在喷灌方面，国外的发展趋势是朝着低压、节能、多目标利用、产品标准化、系列化，以及运行管理自动化的方向发展。在微灌方面，世界范围内，尤其是以色列、美国、澳大利亚、荷兰和日本等农业发达国家得到了很大的发展，研究出了适合于各种作物栽培需要的材料设备、设计方法。

（二）农业技术的生态工程化

现代生态学、系统学、材料科学以及管理学的发展，为农业技术向工程化、可控化发展提供了依据。所谓生态工程化就是指按照生态系统的基本理论，以系统工程原理与方法，进行农业技术要素的优化组合，对农业生产系统进行科学的人工设计和管理，重点解决农业生产活动过程中的生态合理化问题。这是新世纪现代化农业的重要技术特征之一，主要包括环境保护农业工程、设施农业生态工程、节水农业生态工程、废弃物资源化生态工程、水土保持生态工程、农田保护耕作工程技术等。

（三）农业技术的环境安全化

随着人类健康安全与农业生产关系的日益密切，现代农业技术尤其必须重视减低农业生产过程对环境和农产品的污染，将污染降低到最低水平。因此，21 世纪的现代农业技术的重要特征和趋势之一就是环境安全，由此带动了以替代农药、化肥、添加剂等传统投入品为主的所谓绿色农业技术开发，重点是生物农药、新饲料、新肥料开发。例如，新型化学肥料技术开发以复合化、高效化、缓效性、可控性为当今化肥发展的方向，肥料具备上述四种性能才能一次施肥满足作物对多种养分的需要，才能使化肥的养分释放速率与作物吸收速率基本同步，从而减少肥料损失，提高肥料利用率，减轻环境污染。

（四）农业技术的信息智能化

农业智能化技术的应用始于 20 世纪 70 年代。20 世纪 80 年代有了较大的发展，90 年代农业智能化技术取得了许多新的进展并成为 21 世纪初现代化农业技术的重要趋势。在短短几十年中，信息技术迅速渗透到农业的各个领域，发挥着越来越重要的作用。国内外的研究与实践证明，信息技术在品种选育、模式化栽培、配方施肥、节水灌溉、畜禽养殖自动化、自然灾害和作物产量预测预报，以及农业企业经营规划和管理、科研情报管理等方面，都大有可为。21 世纪农业信息网络智能化的处理技术将会得到进一步完善和发展。大量的农业生产、统计资料的信息采集和处理将向智能化发展，如今的计算机技术已为其提供了可用技术。农用田间数据采集、作物群体发育信息的自动采集、畜禽生长发育的个体动态信息的自动采集等以图像处理技术为核心的信息技术的应用将很有发展前景。进入 20 世纪 90 年代以来，精准农业在世界上，特别是在一些发达国家发展很快。精准农业技术是21世纪农业的新模式，对合理利用和保护农业资源、保护环境、降低成本、提高产品质量、减轻劳动强度、提高工作效率、增加经济效益等均会起到积极的推进作用。

（高旺盛）

主要参考文献

[1] 王志学，信乃诠主编．世界农业和农业科技发展概况．北京：中国农业出版社，2004
[2] 贾生华，张宏斌著．农业产业化的国际经验研究．北京：中国农业出版社，1999
[3] 李宏伟．世界转基因作物发展态势．全球科技经济瞭望，2004，217（1）：50～51
[4] 农业生物技术应用国际服务组织（ISAAA），2004年全球生物技术作物种植情况的年度研究报告
[5] United Nations，Department of Economic and social Information and Policy Analysis，Population Division，World Population Prospects the 1996 Revision Annex：I

第二章 我国农业发展及其对国家工业化贡献

新中国成立 57 年来，特别是改革开放 20 多年来，中国农业更是取得了前所未有的辉煌成就，广大农村发生了翻天覆地的变化。党的十一届三中全会以来的 20 多年，是中国历史上农业发展最具活力、增长最快、变化最大、取得成就最为显著的时期，不仅基本扭转了主要农产品供给长期短缺的局面，解决了长期困扰中国人民的吃饭问题，而且以占世界不到 1/10 的耕地，生产出了世界 1/4 的粮食，养活了世界近 1/5 的人口，创造了世界农业发展史上的奇迹，为人类的发展做出了重大贡献，也为国民经济和工业化起到重要的支撑作用，主要体现在产品、经济、劳动力、土地、生态、出口贡献等方面。

一、产品供给贡献

改革开放以来，我国农业综合生产能力稳步提高。粮食总产量 2000—2004 年，基本稳定在 45 000 万吨左右。棉花、油料、糖料、猪牛羊肉、水产品、水果、茶叶等产品产量也都有大幅度增长。目前，我国粮食、棉花、油菜籽、肉类、蛋类、水产品、水果等农产品产量均高居世界首位，中国已成为名副其实的农业大国。农产品生产不仅在产量上取得大幅度的增长，品种不断提高，种类也不断丰富。不仅满足了人民的物质需求，也满足了工业生产所需的原料。

（一）种植业产品贡献

1978 年粮食作物播种面积为 12 058 万公顷，占农作物播种总面积 15 010万公顷的 80.3%；2002 年粮食面积下降为 10 389 万公顷，减少 13.8%，占总面积的 67.2%，粮食总产量由 30 477 万吨上升为 45 706 万吨。经济作物中的油料作物的面积由 622 万公顷上升为 1 476 万公顷，增加 137%，占农作物播种总面积的比重由 4.1%上升为 9.5%，油料总产量由 521 万吨上升为 2 897 万吨；棉花的面积由 486 万公顷减为 418 万公顷，占农作物播种总面积的比重由 3.2%下降为 2.7%，棉花总产量由 216 万吨上升为 491 万吨（表 2－1）。

表 2－1　粮食和棉花、油料作物播种面积比重（%）

	1978	1980	1985	1990	1995	1996	1997	1998	1999	2000	2001	2002
粮食	80.3	80.1	75.8	76.5	73.4	73.9	73.3	73.1	72.4	69.4	68.1	67.2
棉花	3.2	3.4	3.6	3.8	3.6	3.1	2.9	2.9	2.4	2.6	3.1	2.7
油料	4.1	5.4	8.2	7.3	8.7	8.2	8.0	8.3	8.9	9.9	9.4	9.5

资料来源：中国统计年鉴（2003）。

在经济作物中，蔬菜、水果发展很快。2001 年果园面积占农作物播种总面积的 5.9%，蔬菜面积占 10.7%。水果产量由 1978 年的 657 万吨上升到 2002 年的 6 952 万吨，增长 9.6 倍；茶叶产量由 26 万吨上升为 74 万吨，增长 1.8 倍；糖料产量由 2 382 万吨上升为 10 293 万吨，增长 3.3 倍；核桃由 11 万吨上升为 25 万吨，增长 1.2 倍；油菜籽由 47 万吨上升为 82 万吨，增长 74%；蔬菜 2002 年产量达到 48 337 万吨，比 2001 年增长 14%，全国人均年蔬菜产量达到 376 千克。

（二）畜牧、水产贡献

在畜牧业中，肉类总产量由 1985 年的 1 927 万吨上升至 2002 年 6 586 万吨，增长 2.4 倍。其中猪肉由 1 655 万吨上升为 4 326 万吨，增长 1.6 倍，猪肉占肉类总产量的比重由 85.9%下降为 65.7%；禽蛋由 535 万吨上升为 2 462 万吨，增长 3.6 倍；奶类产量 2002 年达到 1 400 万吨，其中牛奶 1 299 万吨，比 2001 年增长 26.7%（表 2－2）。

表 2－2　畜产品产量（万吨）

	1985	1990	1995	1996	1997	1998	1999	2000	2001	2002
肉类	1 927	2 857	5 260	4 584	5 269	5 724	5 821	6 125	6 334	6 586
其中：猪肉	1 655	2 281	3 648	3 158	3 596	3 884	3 891	4 031	4 184	4 326
禽蛋	535	795	1 677	1 897	1 897	2 021	2 135	2 243	2 337	2 462
奶类				735	681	745	806	919	1 122	1 400
其中：牛奶				629	601	662	717	827	1 025	1 299

资料来源：中国统计年鉴（2003）。

畜牧业的发展带动了饲料工业的兴起。2001 年全国饲料产品总产量达 8 050 万吨，其中配合饲料为 6 300 万吨，浓缩饲料 1 450 万吨，添加剂预混料 300 万吨。在粮食总产量中用于饲料的占 30%以上。

在渔业中，水产品总产量由 1978 年的 465 万吨上升至 2002 年的 4 564万吨，增长 8.8 倍。其中海水产品由 359 万吨上升为 2 646 万吨，增长6.4倍；淡水产品由105万吨上升为1 918万吨，增长17.3倍（表2-3）。

表2-3 水产品产量（万吨）

年 份	1978	1980	1985	1990	1995	1996	1997	1998	1999	2000	2001	2002
水产品总量	465	449	705	1 237	2 517	3 288	3 601	3 906	4 122	4 278	4 381	4 564
海水产品	359	325	419	713	1 439	2 012	2 176	2 356	2 471	2 538	2 571	2 646
其中：人工养殖	45	44	71	162	412	763	791	860	974	1 061	1 131	1 212
淡水产品	105	124	285	523	1 078	1 275	1 425	1 549	1 650	1 739	1 809	1 918
其中：人工养殖	76	90	237	445	940	1 099	1 236	1 321	1 422	1 531	1 595	1 693

资料来源：中国统计摘要（2003）。

二、经济产出贡献

我国农业和农村对国家工业化和国民经济发展付出巨大的经济贡献，主要体现在：

（一）农业总产值不断上升

农业总产值是农村经济发展水平的重要指标。改革开放以来，我国农村经济呈现较快水平的发展，农业总产值不断上升（图2-1）。1978年农业总产值为1 397亿元，2002年上升为27 390亿元，增长18.6倍。其中种植业由1 117亿元上升为14 931亿元，增长12.3倍；林业由48亿元上

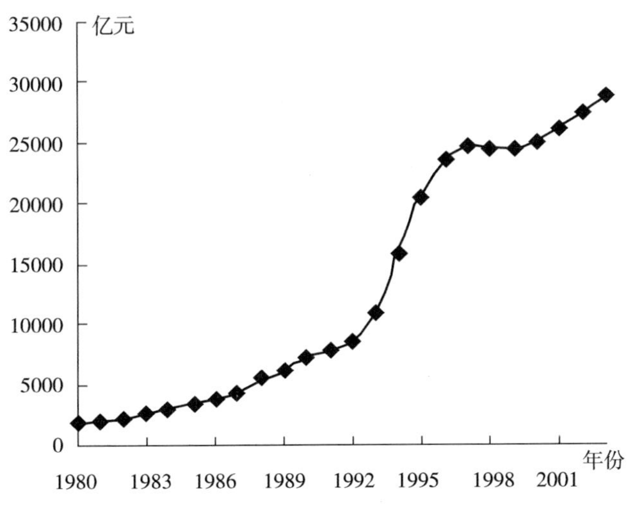

图2-1 我国农林牧副渔总产值变化趋势

升为1 033亿元，增长20.5倍；畜牧业由209亿元上升为8 454亿元，增长39.4倍；渔业由22亿元上升为2 971亿元，增长134倍。农业通过工农产品价格“剪刀差”形式，累计向工业提供了上万亿元的资本积累，极大地支持了国家工业化建设，为保障和促进国民经济的发展做出了历史性贡献。

（二）农村经济在国民经济中居于举足轻重的地位

我国农业对国民经济建设特别是对其工业与城市建设的贡献，主要反映于工农业的产值方面，且以20世纪70年代以前尤为明显。1952年，包括第一产业（农业）及第二产业（工业与建筑业）、第三产业（交通运输等）的国内生产总值为466亿元，其中第一产业（农业）的产值为326亿元，占其总产值的70%。但是在其后的第一产业（农业）产值持续不断的增长中，其所占总产值的比例却持续不断地下降，至2003年，第一产业（农业）的产值仅占其总产值的14.5%而已。与之相反的是第二、三产业的产值在其总产值的比例中，已高达85.5%。上述第一产业与第二、三产业在其总产值中所占比例的升降过程明显地反映了我国第一产业（农业）对二、三产业（工业、建筑业及交通运输业）所做出的巨大贡献。显然已经到了完全可以实现二、三产业反哺第一产业（农业）的亟待优选的地步。关于1952—2003年我国国内生产总值及其第一产业（农业）与二、三产业的发展状况尚可参见表2-4。

表2-4 1952—2003年中国国内生产总值及其第一产业（农业）与第二、三产业的产值发展状况

年份	国内生产总值（亿元）	第一产业（农业）		第二、三产业（工业与交通等）	
		（亿元）	占总产值（%）	（亿元）	占总产值（%）
1952	466	326	70.0	140	30.0
1957	1 241	537	43.3	704	56.7
1966	2 534	910	35.9	1 624	64.1
1971	3 842	1 068	30.7	2 414	69.3
1976	4 536	1 258	27.7	3 278	72.3
1980	4 517	1 359	30.1	3 158	69.9
1985	8 964	2 541	28.3	6 423	71.7
1989	16 909	4 228	25.0	12 681	75.0
1995	58 478	11 993	20.5	46 485	79.5
2000	89 468	14 628	16.3	74 840	83.7
2003	117 251	17 092	14.5	100 159	85.5

资料来源：2004年中国统计年鉴。

（三）乡镇企业对国民经济贡献巨大

2002年全国乡镇企业2 133万个，从业人员13 288万人，超过城市企业职工人数，实现增加值32 386亿元，相当于全国GDP的30.4%；出口交货值11 563亿元，占全国出口额的42.9%；缴纳税金2 694亿元，占全国税收17 631亿元的15.3%；拥有固定资产净值26 912亿元，占全国固定资产总额43 201亿元的62.3%。2001年乡镇企业职工工资人均5 909元；在农民人均纯收入2 366元中，来自乡镇企业的804元，占34%。乡镇企业每年从税前利润中拿出10%用于以工补农和以工建农以及社会性支出，促进了农业的现代化和社会福利事业的发展，这是乡镇企业的重要特点。尽管在不同时期，乡镇企业的发展受到政策变化的影响，但一直保持了很高的发展速度。乡镇企业增加值的增长高于全国平均水平，且与效益的增长是同步的。乡镇企业不仅在国民经济的存量中居于举足轻重的地位，而且对全国GDP增量的贡献是很大的。由此可见，我国国民经济的高速增长，在很大程度上是依靠农村二、三产业发展的支撑。例如，1993年GDP增长13.5%，其中农村贡献占75.4%，而城市仅为24.6%，如果除去农村部分，城市的增长是低速的（表2-5）。

表2-5　乡镇企业对GDP增长的贡献

	1991	1993	1995	1997	1999	2000	2001	2002
全国GDP增长率（%）	9.2	13.5	10.5	8.8	7.1	8.0	7.3	8.0
第一产业贡献率（%）	6.9	8.1	9.4	7.2	6.5	4.7	5.7	5.2
第二产业贡献率（%）	62.8	67.7	67.4	66.0	63.3	67.2	67.0	71.2
其中：城市	19.2	10.4	43.3	30.8	31.8	37.8	37.5	41.0
乡村	43.6	57.3	24.1	35.2	31.5	29.4	29.5	30.2
第三产业贡献率（%）	30.3	24.2	23.2	26.8	30.2	28.0	27.3	23.6
其中：城市	20.3	14.2	14.3	11.9	19.5	20.7	19.7	18.1
乡村	10.0	10.0	8.9	14.9	10.7	7.3	7.6	5.5
城市合计	39.5	24.6	57.6	42.7	51.2	58.5	57.2	59.1
乡村合计	60.5	75.4	42.4	57.3	48.8	41.5	42.8	40.9

资料来源：中国社科院农村发展研究所、国家统计局农经调查总队，《农村经济绿皮书》（2002—2003）。

（四）农民收入增加大大拉动内需

改革开放以来，我国农民收入大幅度增长，农民生活发生了巨大变化，农村消费水平的提升能够极大地拉动内需，促进了国民经济的发展

（图 2-2）。2003 年，我国农民人均纯收入达到 2 622 元，是 1980 年的 14 倍，年均实际增长 14.3%。人均生活消费支出从 1980 年的 161 元增加到 2003 年的 1 943 元。农民在吃、穿、住、行等方面的生活条件明显改善，生活质量不断提高，有力地拉动国内经济的发展。

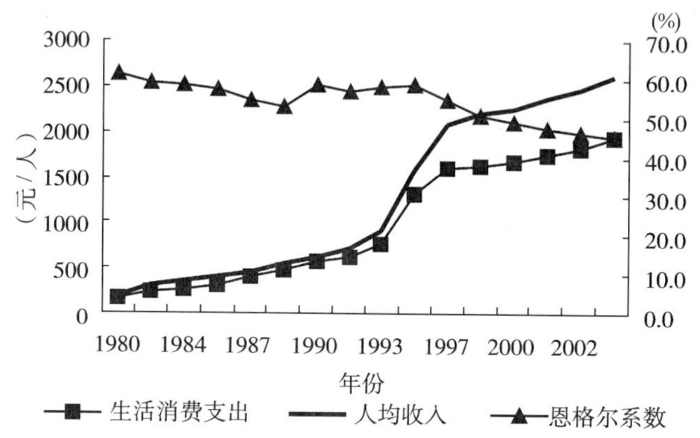

图 2-2　我国农村人均收入、生活消费支出及恩格尔系数变化

此外，金融政策向工业和城市倾斜，农村资金流失严重。据估计，改革开放 20 多年来农村通过各种金融渠道，净流出的资金数量高达 8 000 亿～10 000 亿元。农民交纳的各种税费负担繁重。农民的税费负担虽然近两年有所减少，但是农村税费的征收数量仍十分惊人。国家统计局的数据表明，2000 年，农村税费总量达到 1 359 亿元，平均每个农民交纳税费为 168.4 元，占当年农民纯收入的 7.6%。

三、劳动力贡献

工业化进程的主要表现是工业产值比重和就业比重不断上升，同时农业产值比重和就业人口比重不断下降。

改革开放以来，随着我国经济社会的发展及农业生产水平的提高，农业人口占总人口的比重不断下降，从 1981 年的 82.19% 下降到 2003 年的 72.55%，平均年下降速率为 0.59%；乡村从业人员比例不断增加，从 1980 年的 39.26% 上升到 2003 年的 52.23%，平均年增长率为 1.25%（图 2-3）。其中，东部发达地区工业化进程快，农业人口比重下降更快，1981—2003 年平均下降速率为 0.72%；中西部地区工业化进程比东部慢，农业人口比重下降率为 0.61%。

随着工业水平的提高，将创造大量的劳动就业岗位，能促进农村剩余

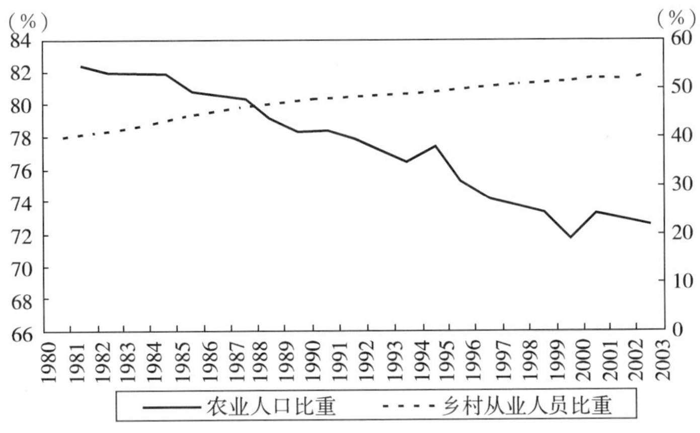

图 2-3　农业人口比重与乡村从业人员比重变化

劳动力的顺利转移。从图 2-4 中可以看出，1983 年以后我国工业化率开始超过了第一产业的就业比率，而且工业化率的总体趋势是不断上升，而第一产业就业比率的总体趋势是不断下降。这反映了我国农村为工业化的推进贡献了大量劳动力。

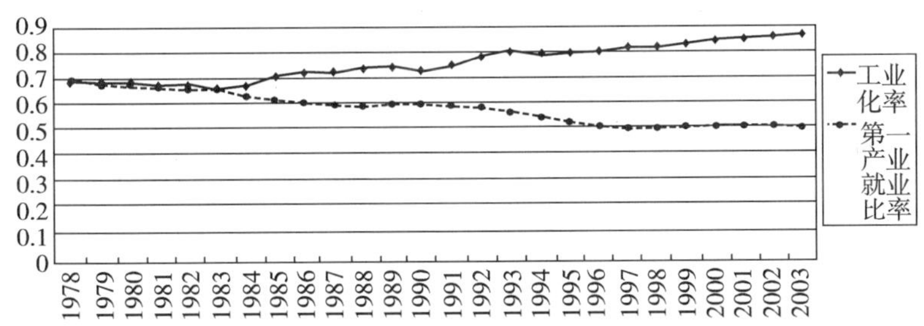

图 2-4　1978—2003 年我国工业化率和第一产业劳动就业比率变化图
（资料来源：高霞，高启杰．工业化进程中各省劳动力转移情况的差异分析．中国农村观察，2005，5）

四、土地资源供给贡献

工业化进程必然带来了土地的占用。在人多地少的亚洲，尤其是经济发展较快的国家，如日本、韩国、印度尼西亚，一方面人地关系本已紧张，另一方面伴随着经济腾飞，耕地资源大量的非农利用。20 世纪 90 年代以来，我国的耕地流失与粮食安全问题在国际上引起了广泛的关注。莱斯特·布朗（1995）推测我国工业化、城市化过程将会消耗大量的耕地。

Yang（2000）研究了1978—1996年我国耕地变化情况，认为农业产业结构和建设占用是耕地减少的主要原因。从图2-5可以看出，我国东部发

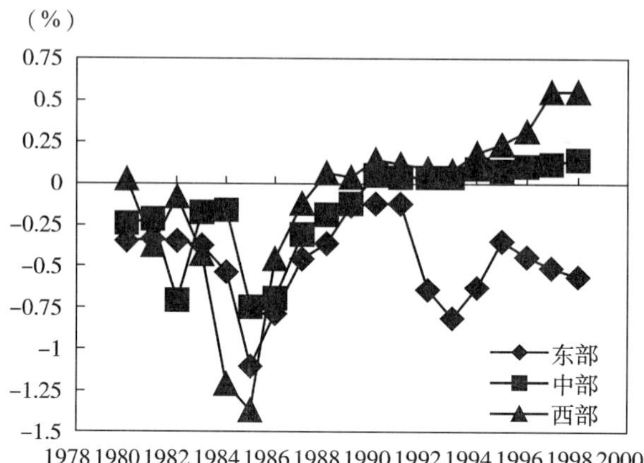

图2-5　我国东中西耕地变化率

（来源：高旺盛，2004）

达地区自1980年以来耕地面积一直维持净减少的趋势；中部地区在1990年以后耕地面积基本上趋于稳定；而西部地区1988年以来耕地面积基本上是净增加的。说明随着工业化进程的加快，经济不断发展，占用的土地也不断增加。20世纪80年代以来，我国耕地面积整体呈下降趋势，而伴随着是城镇化率的不断增加（图2-6），这两者有着一定必然的联系。这说明我国农业发展进程是不断“让地”于工业化进程，农业不断“牺牲”自己的土地资源使得工业化进程得以不断加速。

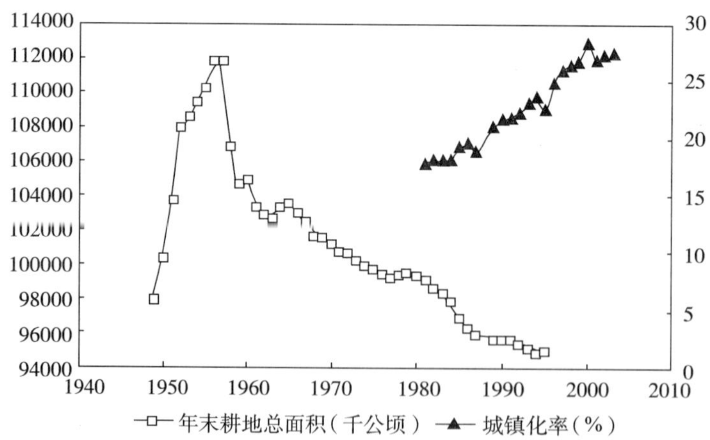

图2-6　我国耕地面积与城镇化率的变化趋势

五、生态建设与服务贡献

由于工业化的快速推进，整个人类生存的地球生态系统都受到了非常严重的破坏。农业不仅要满足不断增长的人口对食物的需求，而且还要为工业发展提供足够的原材料；同时，农业作为人类与自然之间能量交换的纽带，其减少工业化对生态环境的破坏程度、维护自然生态平衡的功能将日益凸现。农业生态功能的发挥与其现代化路径有着密切的联系。因此，广大发展中国家在追求农业现代化以及选择农业现代化模式的过程中，将面临着既要让农业在工业化进程中尽量发挥其产品贡献、市场贡献、要素贡献和外汇贡献的作用，又要充分发挥其改良环境、保护生态作用的双重约束。总的来说，我国在工业化进程中农业的生态贡献主要表现在：

（一）土地改良

我国农业的发展历程对土地改良做了许多重要的工作，突出表现在中低产田的改造和水土流失治理上。新中国成立以来，我国不断加大投入进行中低产田改造，建成近 10 亿亩的中高产田、8 亿亩的灌溉农田，有力地保障了我国社会经济发展对粮食的急剧需求。水土流失比较严重对我国农业生产和经济社会发展产生了很大的影响。总的来说，我国水土流失西部地区比东中部地区严重。根据水利部遥感调查，全国土壤侵蚀面积为 492 万千米^2，占国土面积的 51.6%，其中西部地区有 410 万千米^2，占全国总量的 83.3%。水蚀面积超过 10 万千米^2 的 7 个省份中，西部地区就占了 6 个，中部地区只有山西省，东部地区则没有。另据数据显示，我国东部地区的水蚀面积由 13 万千米^2 减少到 9 万千米^2；中部地区由 62 万千

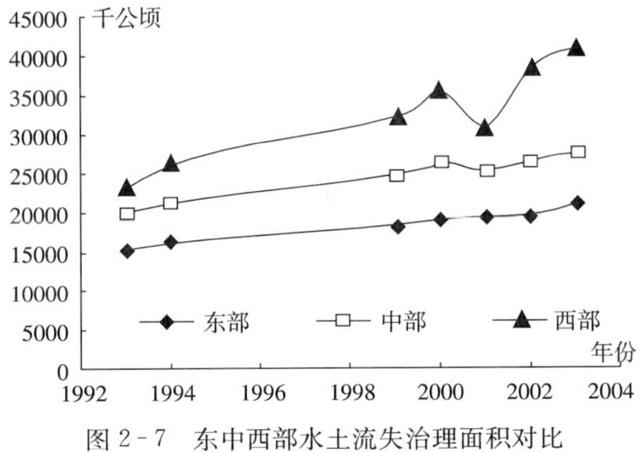

图 2-7　东中西部水土流失治理面积对比

米^{2}减少到49万千米^2；而西部地区则由104万千米^{2}增加到107万千米^2。国家和地区为了防止水土流失带来的负面影响，每年都采取积极的措施防止水土流失，近年来水土流失治理面积不断上升。从区域的角度来看，西部地区的水土流失治理面积最大，中部居中，东部地区最低（图2-7）。

（二）水利工程

20世纪90年代以来，我国农业生产的灌溉面积有了一定水平的提高，近10年平均增长率为1.7%。以灌溉面积除以总播种面积来计算灌溉比例，由图2-8可以看出，东部地区的灌溉比例是最高的，且增长趋势最快，由1992年的45.1%增加到2003年57.8%；西部地区次之，灌溉比例由1992年的43.6%增加到2003年52.3%；中部地区的灌溉比例是最低的，1992年为29.0%，到2003年才增加到33.7%。从灌溉面积中的有效灌溉率（有效灌溉面积÷灌溉面积）来看，中部地区是最高的，近10年平均有效灌溉率是97.0%；东部地区次之，平均为92.0%；西部地区最低，为87.4%（图2-9）。

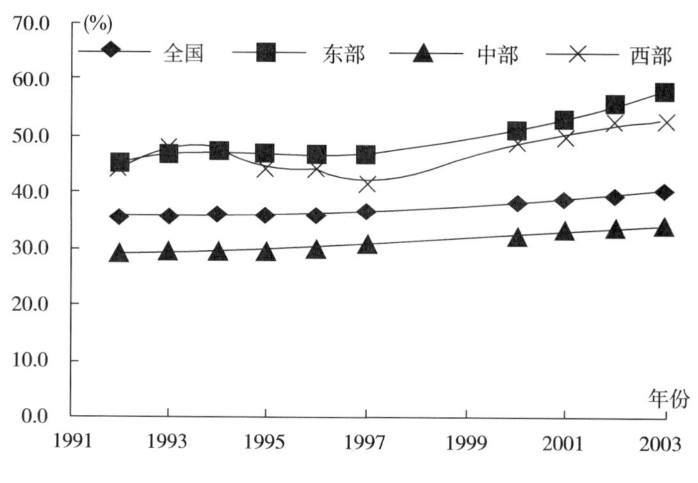

图2-8 东中西部灌溉比例变化

（三）生态工程

我国多年来也一直致力于农业生态环境的改善治理，以提高其生态贡献功能。近几年来，在生态环境建设上加大了投入力度，采取了许多重大措施：第一，退耕还林还草工程建设。自1999年至2002年，全国已累计

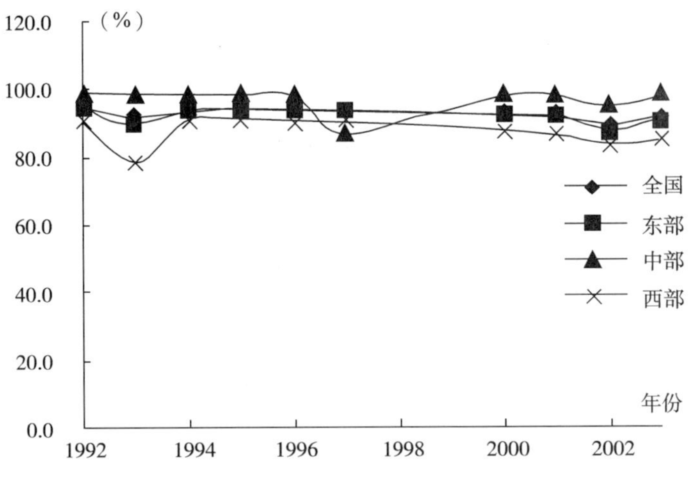

图 2-9　东中西部有效灌溉率变化

完成退耕还林 643 万公顷，其中退耕地造林 318 万公顷，宜林荒山造林 325 万公顷，中央投资累计达 231 亿元。第二，水土流失及荒漠化治理。2001 年，水土流失面积由 367 万千米^2 下降为 356 万千米^2；水蚀面积由 179 万千米^2 减为 165 万千米^2，到 2001 年，全国累计水土流失综合治理保存面积 85 万千米^2，其中营造水土保持林 433.3 万公顷，修筑梯田 88 万公顷，种植经济林 466 万公顷，种草 433 万公顷。第三，防护林体系建设。林业已成为实施生态建设、生态安全、生态文明的基础产业。第四，生态农业县建设。1993 年在国务院领导下，由农业部等七部委组成生态农业县建设领导小组，在不同生态类型地区选择了 51 个县进行试点，经过 5 年的实践，取得了明显的经济效益、社会效益和生态效益。到 1998 年，这 51 个县的水土流失治理率达到 73.4%，土壤沙化治理率达到 60.5%，森林覆盖率提高了 3.7 个百分点，秸秆还田率达到 49%，增加了土壤有机质含量，省柴节煤灶推广率达到 73.4%，废水净化率达到 57.4%，固体废弃物利用率达到 31.9%等。

（四）碳汇贡献

地球陆地碳储量的变化对全球气候变化影响较大，利用土壤固碳是解决全球气候变化的有效手段，农业土壤对二氧化碳具有源和库的双重效应。美国和加拿大土壤学家研究认为，多年的少耕免耕和合理轮作等农业管理措施显著增加北美土壤有机碳含量，使得农业土壤从“源”到“汇”的转变。中国科学院等研究表明，目前中国农业主要表现在碳汇能力整体不断加强，区域上表现南方上升北方下降，未来整体提升的潜力很大。农业碳汇能力下降主要是由于自然土壤开垦后耕地土壤表层有机碳库的损失，在华北、东北和西南地区达到60%以上。反映碳汇能力的有机质增长幅度在南方要高于北方，而东北仍表现为有机碳损失。尽管国外科学家认为土壤碳库一直是我国农业的环境问题，最近20多年来我国农业土壤中较普遍地出现了碳的固定趋势。通过生物地球化学过程模型（DNDC）的模拟研究结果也发现中国农业对减缓全球温室效应的最大贡献发生在1980—2000年间，在这20年中，全国水稻田的灌溉方法由持续淹灌逐渐改为晒田间灌。减少中国农田二氧化碳排放的最有效措施是提高地面秸秆还田的比例。如果地面秸秆还田比率由当前的15%增加到80%，中国农田的碳平衡将会由亏转盈。

（五）生态服务价值

我国农业的发展历程对工业化的生态贡献主要体现对工业化带来的外源污染物的消纳，甚至牺牲自身的生态功能为工业化服务。例如，乡镇企业对农业生态环境破坏严重。据调查研究，乡镇企业中1/5属污染企业，涵盖造纸、建材、化工、食品、电镀、冶炼、制革、印染、酿造和机械十个行业，废物排放量占全国工业废物排放量的10%，加上比邻农田近距离污染，其污染农田面积占全国农业污染面积的30%。此外，还表现在工业化进程占用土地带来的生态价值损失。杨志新等（2005）研究表明，北京市由于耕地面积显著减少，京郊农田生态系统生态总服务价值由1996年的451.3亿元下降到2002年的342.7亿元，减少108.6亿元，6年间农业总生态服务价值平均值大约是其农业增加值的8倍；谢高地等（2005）研究证明，我国农田生态系统为人类年提供19 509亿元生态服务价值和经济产品价值，其中41.9%是由农田生态系统自然过程提供和产生的，58.1%是由人类种植业活动过程产生的。

总体来说，我国农业对工业化的生态贡献是“入不敷出”。由于过去在经济发展模式上重蹈工业化国家的覆辙，走了以牺牲资源与环境为代价高速发展经济的老路，付出了极其沉重的代价，以致历史欠账太多，目前的生态状况仍是局部有所改善，总体继续恶化。农业仍处于基础脆弱、后劲不足、抗灾能力下降的状态。水土流失、荒漠化（南方为石漠化）、工业“三废”（气、水、渣）、酸雨等“生态赤字”仍很严重。在农业内部的面源污染加剧，化学农药、肥料超标、农作物秸秆焚烧、大型畜牧场粪便、不可降解的农膜、重金属对土壤和水体的污染等，不仅影响产品质量和出口，而且危害人的健康，已成为发展无公害、绿色、有机、安全食品的重大障碍因素。

六、出口创汇贡献

改革开放以来，我国农产品出口对国家经济发展水平也做出了较大的贡献，从表2-6可以看出，蔬菜、水果及水产品等具有国际竞争力的农产品出口数量不断增加。农副产品及其加工品的出口创汇能力不断增加，蔬菜1995年出口金额达157 130万美元，2002年达到188 771万美元；水产品1995年和2002年的出口金额分别为208 728万和287 202万美元；水果（包括鲜、干水果及坚果）1995年和2002年的出口金额分别为18 175万和46 386万美元。总的来说，1980年我国海关出口商品分类的总金额为181.19亿美元，其中的初级产品额为91.14亿美元，占其上述总额的50.3%。在上述的初级产品中，由农业提供的包括食品及主要供食用的活动物、饮料及烟类，非食用原料及动植物油脂及蜡等的出口金额为48.34亿美元，占其上述初级产品总金额的53.0%。至2003年我国海关出口商品总额上升为4 382.28亿美元，其中的初级产品金额随之上升为348.12亿美元，占其上述总额的7.9%，呈下降之势，表明工业已处于迅猛发展之中。但是，在上述初级产品中，由第一产业（农业）提供的食品及主要供食用的活动物、饮料及烟类，非食用原料及动植物油脂及蜡等的出口金额为236.97亿美元，竟仍然占其2003年上述初级产品总额的61.7%。表明农业仍然为我国的出口贸易做着极其重要的贡献。

表2-6　海关出口主要农产品数量（万吨）

	活猪（万头）	大米	原棉	蔬菜	水果	水产品
1980	316	109	1	34	24.2	11.2
1985	296	101	35	51	21.4	12
1990	300	33	17	98	22.6	35.8
1995	253	5	2	158	39.8	61
2000	203	295	29.2	245	82	120
2001	196	186	5.2	298	81	154
2002	188	199	15	360	113	163

资料来源：中国农村统计年鉴（2003）。

（陈源泉　高旺盛　武志杰）

主要参考文献

[1] 高旺盛主编．中国区域农业协调发展战略．北京：中国农业大学出版社，2004
[2] 潘根兴，赵其国．我国农田土壤碳库演变研究：全球变化和国家粮食安全．地球科学进展，2005，20（4）：384～393
[3] 谢高地．我国粮食生产的生态服务价值研究．中国生态农业学报，2005，13（3）：10～13

第三章　我国农业科技成就与发展趋势

新中国成立以来、特别是改革开放20多年来，我国农业科技地位不断提高，农业科技投入不断增加。通过“863”计划、“攻关”计划、“星火”计划等国家计划的支持，以及各有关部门的合作，我国农业科技事业取得了巨大成就，为农业发展进入新阶段和全面建设小康社会做出了重大贡献。实践表明，农业科技的创新与进步，已成为我国发展农业生产、结构调整、提高农民收入，以及增强农产品的国际竞争力等的决定性因素。

一、新中国农业科技取得的主要成就

（一）优质、高产动植物新品种的不断选育和繁育，为保障我国农产品安全提供了重要支撑

近20年来，我国已成功培育了4 000多个农作物新品种，使粮、棉、油等主要农作物品种在全国范围内更换了5～8次，平均每次更换均增产10%以上，并使作物的抗性与品质得到改善。目前，全国粮、棉、油等主要农作物的良种覆盖率已达85%～90%。作物种质资源保护力度不断加大，加快了农作物新种质的有效利用，加速了新品种的选育进程。动物品种改良也获得了很大成功。例如，利用引进的瘦肉型猪新品种与地方品种进行二元、三元杂交，已培育出商品瘦肉猪新品系9个；利用体细胞克隆、常规技术等手段，选育出瘦肉型猪专门化品系7个。此外，筛选了一批适合抗风浪网箱养殖的鱼类。有效促进了我国畜禽水产业的发展。

（二）作物栽培和动物饲养技术的迅速提高，为实现农产品优质提供了必要前提

研究提出了水稻、小麦、玉米、大豆、棉花、油菜、花生、马铃薯等8种主要农作物及园艺作物优质高效无公害生产配套技术，形成了相应的

技术规程和体系，建设了一批示范基地。应用模式化栽培、立体种植和多熟制等技术，有效提高了农作物复种指数和单位面积产量，改善了农产品质量。通过改进施肥技术与方法，研究和开发水肥配施适用技术与设备，使作物产量提高8%～15%，化肥利用率提高10%以上。良种良法配套、集约化饲养技术的推广和应用，以及新型饲料的研制与开发，推动了养殖业的科技进步，大幅度提高了养殖业的整体效益。科技在畜牧、水产业增长中的贡献率已达到50%左右，为丰富“菜篮子”、保障人民的营养和健康，促进农产品出口做出了重要贡献。

（三）农业重大病虫害和疫病防治技术的改进，为减轻农业病虫害和动物疫病损失提供了有力保证

小麦条锈病、黏虫迁飞预报关键技术以及飞蝗根治技术的突破，使我国基本上控制了麦类黑穗病、东亚飞蝗、小麦吸浆虫、黏虫等农业毁灭性重大病虫害的暴发成灾；通过应用有害生物综合防治技术，使30多种农业主要重大病虫害得到基本控制。自主研制出多种新型农药和菌剂，如植物源农药1%雷公藤碱乳油、苏云金杆菌制剂（Bt）等，大面积推广应用使多种农林害虫得到有效防治，每年可挽回粮食损失2 500万吨、棉花40万吨、果品330万吨、蔬菜2 800万吨。

此外，动物疫病防治也取得不错的进展。例如，我国已成功构建了伪狂犬病毒TK基因缺失的鸡传染性支气管炎病毒、含马力克氏病毒gB基因的重组禽痘病毒等，并研制成功一批实用安全有效的动物疫病疫苗。

（四）区域农业与生态农业技术的发展，为农业生态环境建设与保护提供了技术源泉

20世纪80年代以来，针对黄淮海平原、北方旱区、黄土高原丘陵沟壑区和南方红黄壤地区农业发展均存在水资源匮乏、水土流失严重、季节性干旱等共性问题，先后提出了不同类型区的区域治理、中低产田改良及高效农业发展模式，有效提高了土地资源的利用效率，减少了水土流失，保护了农业生态环境；农业面源污染与防治技术的应用，对减轻农业面源污染、保护农业生态环境同样发挥了十分重要的作用。

此外，防沙治沙技术取得显著突破，基本形成了适合北方地区不同地域特点和条件的防沙治沙技术体系。突破了20余项关键技术，形成了10多套防沙治沙技术体系及8种各具特色的退化草原、沙地综合治理与沙产业模式，分别在首都圈、农牧交错带、草原带、荒漠绿洲和高寒荒漠带等辽

阔的北疆风沙线上建立起12个具有广泛代表性的防沙治沙试验示范基地。

（五）农产品深加工技术的迅速发展，为提高农业整体效益提供了有效途径

农产品采后储藏保鲜和贮运技术的发展，有效降低了农产品的采后损失，延长了农产品的货架期，提高了农产品商品率，取得了显著的经济效益。粮食、油料、果蔬、肉类、奶类、林产品及水产品等加工关键技术，如大豆功能因子的高效提取技术、苹果防褐变与芳香物回收技术、蜡质玉米淀粉α-化湿热预处理技术等的推广和应用，有效调节了农产品的市场供应，大幅度提高了农产品附加值。此外，农产品加工全程质量控制和检测技术的研究与开发，推动了主要农产品监测、检测网络体系的技术升级，为促进我国农产品加工业的跨越式发展起到了十分重要的作用。

（六）农业生物技术、农业信息技术等农业高技术的重大突破，为实现从传统农业向现代农业的跨越发展提供了强劲动力

水稻基因组物理图谱测序和粳稻基因组全序列精细图，以及主要农作物核心种质构建，采用分子标记辅助育种、作物转基因技术等手段，培育了一批优质、高产、多抗农作物新品种，创制了一批具有特异性状的新材料。例如，建立了水稻种传白叶枯病菌的血清学和分子检测技术；收集了一批重要农作物、果树、蔬菜、林木基因资源，选育并鉴定了300多个相关植物新品种；利用花药育成的水稻，小麦等新品系已进入大面积推广；转基因抗虫棉花、转基因杨树等转基因植物新品种的选育和推广；牛、羊、猪等胚胎移植与分割技术、胚胎性别鉴定和体外受精技术等研究获得重要进展并部分应用于生产等。

此外，经过“863”计划多年支持，“电脑农业”取得重大成果，农业信息技术已开始在国家宏观决策中发挥重要作用。数字农业技术的研究与开发，以及国家农业科学技术、农产品产前与产后加工储藏、植物保护、作物品种等实用农业信息系统的建立，推动了我国农业信息技术跃上新的台阶。

（七）农业科技创新体系不断完善，基础条件逐步改善，为农业科技发展提供了坚实保障

我国逐步建立了具有国际先进水平的农业科研与技术开发体系；专业队伍与农民科技组织相结合的农业科技推广与服务体系；精干高效的农业科技管理体系，以及强有力的农业科技保障体系。据统计，全国地（市）

以上的农林科研机构 1 347 个，科技人员 10.9 万人，其中直接从事农业科研的人员达 6.4 万人。新型中介服务机构的发展，如陕西省创建的“农业专家大院”等，是对农业科技创新体系的有力补充和完善。

近年来，为改善农业科研条件，强化农业科技原始创新能力，国家大幅度增加了农业科研条件建设的投入。据初步统计，已建设国家重点实验室 8 个，部级重点实验室 84 个，国家农业工程技术研究中心 25 个，国家农作物改良中心、分中心 70 个，国家农业科技园区 36 个，国家、行业农产品安全质量检验监测中心 281 个，农业科技示范场 198 个，为农业科研提供了较好的基础条件。与此同时，农业科技人员的业务素质普遍提高，中青年科技骨干和学科带头人正在茁壮成长，为农业科技的发展提供了良好的前提和基础条件。

（八）农业科技国际交流与合作能力不断增强，合作领域不断增加

随着对外开放方针的实施，我国不仅与发达国家、发展中国家互派团组，进行考察与交流，还对非洲、亚洲发展中国家援建了一批水稻、玉米、甘蔗、烟草、蔬菜农场、试验站或技术推广站。我国已与 130 多个国家和地区开展科技交流，同国际农业研究磋商领导小组的 15 个研究中心建立了双边、多边的科技合作与交流，均取得了明显成效，不仅引进先进技术、培养了人才，而且还扩大了国际影响，使我国农业科技工作开始走向世界。

二、我国农业科技发展现状及与世界先进水平比较

当前世界农业科学技术发展很不平衡，发展中国家与发达国家的差距在 20 年甚至更远。而从我国的情况看，尽管与发达国家有一定差距，但在发展中国家应该是居领先水平的，且经过近年的努力，在部分领域已接近或达到国际先进水平。

(一)在农作物新品种选育方面

我国继在世界上率先实现三系杂交稻并大面积成功应用之后，又首先建立了两系杂交水稻育种理论与生产技术体系，包括以光、温敏雄性不育系选育为基础的两系杂交稻育种技术；以光、温敏雄性不育系稳定繁殖为技术关键的两系杂交稻种子生产技术等。在玉米、棉花、油菜、小麦、大

豆等作物育种方面，特别是在杂种优势利用方面亦具有一定优势。近年来，通过探索，在农作物优质、专用新品种选育方面取得了突出成效，特别是水稻优质米改良、超级稻新品种培育、优质小麦新品种培育、高油玉米新品种培育、高赖氨酸玉米新品种培育、低芥酸油菜新品种培育、长绒棉新品种培育等方面已接近或达到国际先进水平。

（二）在农作物品种资源收集、保护与利用方面

我国是一个农作物种质资源十分丰富的国家，目前种质资源的收集、保存数量居世界第二位，与美国较接近，超过俄罗斯、印度等国家。但是，对农作物种质资源地理区系、分布、种类、数量的考察等仍有待进一步深入。近年来，相关领域研究进展较快，并取得了较大成绩，但从总体看，我国在农作物种质资源鉴定、评价与利用等方面的深度还有较大差距，特别是在分子水平方面的研究工作还刚刚起步，仅相当于发达国家20世纪90年代中期水平，在发展中国家居领先水平。

（三）在农作物栽培与耕作方面

近年来，我国相关领域研究发展迅速，部分研究已在国际作物栽培学科领域占有一席之地，主要包括：

一是作物高产栽培和生理研究方面：除在光合生理、水分生理、营养生理及生育控制机理等方面取得重要进展外，在“源”、“库”理论研究方面取得重要进展，并在此基础上提出了水稻群体质量及优化调控技术，完善了小麦、玉米、棉花、油菜等高产栽培理论与技术。

二是在作物节水栽培和旱地农业技术研究方面：针对华北地区冬小麦的生长特点和规律，提出了相应的配套栽培技术，可使冬小麦平均水分生产率达1.1～1.3千克/毫米，每公顷冬小麦产量达7.5～8.2吨，比传统栽培下的水分利用效率和单产分别提高1～1.2倍和30%～50%。针对雨养农业区特点集成的旱地农业技术体系，不仅实现了每毫米降雨生产粮食1.0～1.3千克的高水分利用效率，而且还大幅度提高了作物单位面积产量。

三是作物生长发育信息的化学调控研究方面：早在20世纪90年代初期，我国科学家即已开始了“化控栽培”的相关研究，开辟了植物生长调节剂应用的新阶段。如“缩节安”在棉花生产上的大面积应用，“多效唑”在南方双季晚稻、油菜上的应用，“玉米健壮素”在玉米高产栽培上的应用等。通过应用不同类型的植物生长调节剂，有效克服了作物高产、稳产

栽培中徒长、倒伏、低温冷害等突出问题。近年来，在作物激素的信息机理及检测等方面研究，已达到国际领先水平。

四是在作物间、套种技术方面：在充分发挥作物最大生长潜力的前提下，充分利用作物的异质性（种间形态、生理、生态的异质性）效应、密度效应、时空效应和补充效应等原理，达到提高农田作物总密度、增加叶面积、延长光合作用时间、提高光能利用效率、增加作物产量的目标。该技术是具有中国密植栽培、土地集约化利用特点、国际领先的栽培技术模式。

（四）在土壤学及土壤改良技术方面

目前，我国在农业土壤发生分类、土壤电化学、黏土矿物化学等方面已达到国际先进水平、或部分处于国际领先水平。但从总体看，我国土壤科学研究队伍小、设备较差、研究面不广、研究深度不够等问题还较为明显，与发达国家尚有较大差距。

在土壤改良技术方面，我国土壤学研究者先后完成了黄淮海平原盐碱地、南方丘陵区红壤、退化黑土等低产田改良技术研究，并取得了较大成绩，不仅在国际土壤改良研究中具有重要地位，也有力地促进了农业的持续发展，并为发展中国家提供了具有较大参考价值的模式。

在土壤生态学与土壤环境变化研究方面，我国从 20 世纪 80 年代才开始相应研究，且当时主要局限于养分元素的平衡以及引进国外研究理念等，实质性的研究不是很多。经过多年的追赶，目前我国在环境污染修复研究方面已逐步接近世界先进水平，部分研究已达到世界领先水平。但是，在土壤生态学研究方面，目前我国还没有跳出传统生态学研究的范畴，研究方法落后、针对性较差、研究目的不明确等，与发达国家尚有较大差距。

（五）在新肥料研究与开发方面

近年来，我国在有机肥资源化利用、缓/控释肥研究等方面取得了较大进展，为农业可持续发展提供了有力保障。但是，从总体看，我国目前化肥品种少、养分含量低、单质化肥多等状况并未得到根本改善，特别是缓/控释肥研究中包膜材料的选择以及肥料释放时间的控制等方面与发达国家还有较大差距。

其次是复合肥生产与施用方面，目前我国生产的复合肥总有效养分含量大多仅 25%左右，与发达国家 45%以上甚至 70%以上还存在较大差距，这也直接导致了我国相关研究与发达国家的差距。

在肥料使用方面，发达国家依靠其雄厚的工业化基础，已实现机械化、自动化精准施肥，GPS、RS 等技术广泛应用于农田推荐施肥方面，但我国目前尽管部分研究已接近世界先进水平，大田施肥目前主要还集中在经验判断，加上肥料供应渠道不畅、肥料供应比例不协调等原因，施肥的随意性仍很大，肥料的利用率仅 35%～40%，比发达国家低 10～20 个百分点。而且，由于肥料的不合理施用，也对农业生态环境带来了巨大的压力。加快肥料品种与施用技术研究，尽快缩小与发达国家的差距，是当前我国肥料与施肥研究的当务之急。

（六）在植物保护技术方面

“九五”以来，我国在农作物病虫害发生规律、流行与预报方面作了大量研究，特别是在迁飞害虫的迁飞过程、迁飞行为、发生与调控的生理生态机制等方面进行了系统研究，并在相关方面取得了良好进展。经过 20 多年的发展，我国已成为世界化学农药生产、使用大国。据初步测算，目前全国农药销售数额已超过 10 亿美元，是世界最大的化学农药消费国之一。但是，由于历史原因，我国目前生产的化学农药主要是仿制欧美国家品种，具有自主知识产权的农药品种很少，创新能力显著不足。“九五”以来，我国在农作物病虫害生物防治研究方面取得重要进展，生物农药研究不断取得成果，白僵菌、绿僵菌防治相关病虫害效果显著；自主研制出植物源农药 1%雷公藤碱乳油、高效低毒化学农药螟蛾克星和微生物农药净瘟灵三种新产品。完成了木霉菌 T23 厚垣孢子和分生孢子生产工艺研制，初步明确了几种生防菌与化学杀菌剂复配制成的种衣剂的效果等，为我国农作物病虫害防治做出了重要贡献；同时，也为我国生物防治技术进入世界先进行列奠定了强有力的基础。

（七）在畜禽遗传育种技术方面

我国在畜禽遗传育种方面一直落后于世界先进水平，牛胚胎移植是我国最早引进研究的技术之一，牛、羊胚胎移植也是目前我国推广应用最广泛、并已形成产业化的技术。“九五”以来，在国家的有效组织下，通过广大科技人员的联合攻关，相关技术取得了突破性进展，特别是猪、牛、羊、蛋鸡等畜禽优良品种不断选育成功，使其良种覆盖率分别达到 90%、35%、43%和 42%，肉鸡的良种普及率接近 100%。近年来，中国美丽奴羊、荷斯坦牛等优良品种选育成功并大面积应用，黑白花奶牛亦成功选育，加速了我国优良畜禽品种的更新换代。在畜禽繁殖技术方面，我国最早引进的牛胚胎移植技术已成功应用，羊胚胎移植技术也得到大面积推广，已经形成了产业化规模，对改良牛、羊等品种发挥了十分重要的作用。同时，近年来我国试管杂交牛、羊、动物克隆技术获得巨大成功，为早日赶超世界先进水平奠定了良好基础。

（八）在畜禽高效、健康养殖方面

我国肉牛、肉羊的饲养水平目前与发达国家比较尚有较大差距。平均体重、出栏率均较低，优质和高档牛、羊肉比重小，出口牛、羊肉数量也少，大体上落后于发达国家 10 年以上。

我国是猪肉生产大国，但在生产效益和猪肉品质上与发达国家差距较大。如我国生猪出栏率仅 120％左右，而发达国家则为 140％～150％；我国猪肉的瘦肉率不到 50％，但发达国家一般在 60％以上；在猪肉品质上，由于饲料和养殖过程等环节控制不严，我国猪肉生产中的药物残留问题较为严重。

在家禽方面，近 20 年来我国家禽业的发展十分迅速，但依然是禽肉净进口国家。目前我国肉鸡生产中由于疫病和药物残留问题，严重影响了其在国际市场的竞争力。

在畜禽疫病防疫方面，新中国成立以来，我国科技工作者先后创制了马传染性贫血弱毒疫苗、猪瘟兔化弱毒疫苗和兔病毒性出血症疫苗等数十种居世界领先水平的疫苗，对控制疫病的发生和流行起到了十分关键的作用。但从总体看，我国在畜禽疫病发生与防治理论及应用方面，发展还很不平衡，理论创新还有较大差距，且兽药研究落后、质量不高、生产工艺落后、生产设施陈旧、多数达不到 GMP 标准，尤其是诊断制剂奇缺，在相关方面总体水平目前仅相当于发达国家 20 世纪 80 年代水平。

（九）在水产养殖与遗传育种方面

我国水产养殖业历史悠久，在常规水产育种方面取得了巨大的成就。近年来，通过杂交育种技术，已先后筛选出多种优质组合鲤鱼，且所育成的品种具有较显著的杂交优势。运用传统育种技术，先后培育出荷包红鲤、兴国红鲤、黄河鲤、红罗非鱼等优良品种；运用染色体组工程育种技术获得了全雌鲤、异育银鲫、不育鲤（湘云鲤）、工程鲫（湘云鲫）等。

应该说，通过多年的努力，我国在相关研究中虽取得了十分可喜的成绩，但是，与发达国家比较还有较大差距，特别是水产养殖的动植物仍以直接驯化利用野生种为主，占淡水养殖产量60%～70%的四大家鱼，目前仍为野生种；海水养殖中除海带有培育的良种外，其养殖鱼类几乎全部为野生种；利用生物技术进行水产新品种选育目前尚处于起步阶段，鱼类遗传和定向选育应用基础理论及配套技术研究目前仍十分薄弱，许多关键技术领域远落后于发达国家。

此外，在水产高密度养殖方面，我国起步也很晚，且主要是引进国外先进技术设备。近年来尽管部分设备的国产化率有较大程度提高，但与发达国家比较还有较大差距，主要表现在产品质量较差、使用期较短、自动控制水平低等。因此，在生产实际中难以得到应用。

（十）在饲料新品种研制与生产方面

我国饲料工业在20世纪50年代，随着粮油加工业的发展，出现了糠麸饲料；到1997年底，全国各种配合饲料、混合饲料、预混合饲料、浓缩饲料等不断涌现，产量已达5 800多万吨。20世纪90年代，我国已能自行合成多种维生素等添加剂。此外，饲料生产及机械业取得一定的进展，到20世纪80年代中期，我国饲料机械行业基本上形成了具有研究、设计、制造和开发能力的体系。总体来说，我国的饲料工业起步较晚，经过20多年的努力，初步形成了饲料加工业、饲料原料工业、饲料添加剂工业和饲料机械工业以及饲料质量监测（查）在内的饲料工业体系。但目前尚处于初创阶段，产品种类不多，数量还少，质量差别甚大；饲料粮有限，饲料原料工业及添加剂工业薄弱，饲料资源有待开发等。与发达国家比较，我国饲料的研究与开发可以说是全面落后。

（十一）在农业装备研制与设施农业技术方面

与发达国家早在数十年前实现农业现代化相比较，我国农业装备研制与设施农业技术可以说是全面落后。如在土地平整机械研制与生产方面，一是机具产品品种少、用途单一、对农艺要求满足程度低；二是已有产品的系列化、通用化、标准化程度低；三是农业装备研制中先进技术的应用和普及程度低；四是新材料采用少、机械设备制造工艺水平低、产品质量可靠性差。因此，与发达国家比较，其差距是相当大的。

在设施农业方面，我国目前应用较多的设施栽培面积大多是拱棚和单面温室，尤其是不加温的日光温室，已成为我国设施农业的主体。近年来，尽管自控温室的面积和数量不断增加，但由于日光温室数量和面积很大，实际上自控温室的比例仍很低。同时，由于我国温室大棚的经营主体为个体农户，经营规模小，且劳动生产率低，因此，我国设施农业的生产效率目前仅相当于国外发达水平的 1/10 甚至 1/100，规模化、产业化水平则更低，可控水平也远远落后于发达国家。

（十二）在农产品加工技术研究方面

我国农产品加工真正开始有针对性地研究是 20 世纪 70 年代末、80 年代初，而且，从农产品加工整体水平看，我国目前粮食加工用粮不到粮食总产量的 8%，以粮食为原料的加工食品只占总量的 2%，苹果和柑橘的加工比例不足 5%，肉禽类不足 4%，远远低于发达国家 70%以上的水平。同时，我国农产品加工品种单一，以小麦为例，我国以小麦为原料的专用面粉只有 9 种，而日本目前有 60 多种、英国有 70 多种、美国有 100 多种；全世界以粮食为原料的变性淀粉品种达 2000 多种，但我国目前不到 100 种；食用油加工产品发达国家一般有数百种，如日本有 400 多种，但我国目前尚不足 10 种。目前，我国农产品加工业产值与农业总产值的比例约为 0.4∶1，而发达国家已达到 2.0～3.7∶1。同时，在加工设备和专用加工材料方面，我国目前还主要依赖进口，缺少具有自主知识产权的产品，导致我国在相关产品的生产方面很大程度上受到发达国家的制约。尽管如前所述，我国农产品加工技术在近年内，特别是在国家“十五”农产品加工重大科技专项的支持下有了较大的发展，但与发达国家差距很大，要达到世界先进水平，还有很长的路要走。

三、我国农业科技发展总体趋势

目前，中国农业已经进入发展新阶段，中国农业发展正面临着一系列十分难得的机遇，但其同时也面临着一系列十分严峻的挑战。20 世纪 80 年代以来，在日益激烈的农业国际竞争中，发达国家依靠其雄厚的科技实力占据明显的优势，发展中国家与发达国家的差距仍在继续扩大。面对水土资源严重不足、农业环境问题日益突出、农村小康社会和社会主义新农村建设任务十分繁重的现实，要达到资源节约型、环境友好型社会的发展目标，必须充分依靠科技进步，实现农业跨越式发展。

当前，党中央、国务院十分重视农业和农村科技工作。在中国共产党第十六届五中全会上，审议通过了《中共中央关于制定国民经济和社会发展第十一个五年规划的建议》，并提出“十一五”时期要立足科学发展，着力自主创新，完善体制机制，促进社会和谐，开创中国特色社会主义事业的新局面，为后十年顺利发展打下坚实基础。要保持经济平稳较快发展，加快转变经济增长方式，提高自主创新能力，促进城乡区域协调发展，加强和谐社会建设，不断深化改革开放。要按照生产发展、生活宽裕、乡风文明、村容整洁、管理民主的要求，统筹城乡经济社会发展，推进现代农业建设，加快实现建设社会主义新农村的我国现代化进程中的重大历史任务。这既为农业科技发展指明了方向，也对我国农业和农村科技工作提出了更高的要求。按照这一目标和要求，结合我国农业科技发展的实际需要，我国农业科技发展的总体趋势是：

（一）农业基础研究不断深入

科学理论或基础研究的突破，是推动农业科技革命的主导力量。20世纪后期，随着生物技术和信息技术的突破，世界正经历第二次新技术革命。DNA 双螺旋结构的发现和 DNA 重组技术的成功，带动了细胞工程、基因工程、酶工程以及转基因动植物育种等技术的创新与发展，使得许多农作物新品种、新种质、新材料不断出现；计算机技术的进步，推动了农业信息技术、精准农业技术等的发展。可以预料，在未来农业科学研究中，农业基础理论和原理、方法、规律等方面的研究，将以比 20 世纪更快的周期快速发展。同时，世界各国，特别是发达国家均投巨资，试图以原始创新的领先继续占领世界农业科技发展的领先地位。因此，适应世界农业科技发展的规律，从赶超世界先进水平、在世界农业科技领域占据一席之地的角度出发，21 世纪我国在基础研究领域的投资将不断增加，相关研究也将不断走向深入。

（二）以生物技术、信息技术为主导的高技术将在农业发展中占据愈来愈重要的地位

21 世纪是高技术时代，以生物技术、信息技术及新材料技术等为基础的高技术，在包括农业在内的各个行业的应用将日益普及，并深刻地改变着我们的日常生活。近年来，转基因植物新品种选育、细胞工程技术、动物克隆技术、农业信息技术等农业高技术不断发展，正深刻改变着传统农业的面貌，大幅度提高农业劳动生产率、降低农业生产成本，展现出十分广阔的发展前景。随着高技术的发展及其在农业中应用日益广泛，所展示出的效益日益增大，其在现代农业发展中所占据的地位也将愈来愈重要。

（三）农业科研领域不断拓展、新的学科领域不断产生

21 世纪的农业科研首先是将从传统农业的范畴不断拓展，海洋农业、生物质农业、精细加工农业、资源农业、环控农业等概念将逐步进入现代农业范畴，农业不再局限于传统的种养殖业范畴。与此相对应的是，相关研究领域也将得到进一步拓展。其次，农业高技术的发展，也将对传统农业学科领域的发展带来一系列影响，并不断产生和形成新的交叉学科，推动农业科研领域的不断拓展，这既是农业发展所固有的规律，也是科学技术本身发展的必然要求。

（四）农业科技成果转化与产业化在农业科技发展中的地位日益增强

我国农业科技成果转化率低，仅为发达国家的一半左右，这已是不争的事实。加快农业科技成果转化，促进其尽快转化为生产力，这在我国各级政府中已形成了共识，这一趋势不仅是现在，而且在今后一段相当长的时期内还将继续。随着国家对农业科技成果转化与产业化的重视，以及支持力度的逐渐加强，其在现代农业发展中所占的地位也将相应增强。

（五）农业环境与可持续发展相关研究日显重要

农业环境问题是当前世界性的问题，也是我国农业持续发展的重要瓶颈。近年来，随着我国农产品出口中质量问题的不断暴露，以及农业环境问题的逐渐加剧，我国政府对农业环境问题也更为关注。而且，由于我国水资源短缺、耕地面积不断减少、人口数量逐渐增加的趋势在短时期内难以改变。因此，必须依靠提高单位耕地农产品的生产量来解决不断增加的粮食和食物需求，由此引起的对环境的威胁也将会逐渐增大，相关研究也将逐渐成为农业科研的重点和热点。

（六）农业科技领域的国际交流与合作大幅度加强

我国是世界农业大国和人口大国，农业科技在历史长河中也显现过十分辉煌的时期。但是，随着工业化的发展，发达国家逐步实现了农业机械化、现代化，而我国则长期处于传统农业发展阶段，农业科技在许多领域，特别是农业高技术和农业机械化等方面与发达国家的差距越来越大。因此，急需加大国际合作力度，扩大国际合作的领域和范围，学习和借鉴发达国家的先进经验，加快我国从传统农业向现代农业发展，这也在很大

程度上决定了我国未来农业的发展方向。

（曾希柏　魏勤芳）

主要参考文献

[1] 刘江主编．21世纪初中国农业发展战略．北京：中国农业出版社，2000
[2] 农业科技发展纲要（2001—2010年）．国务院2001年4月28日发布
[3] 邓楠，万宝瑞主编．21世纪中国农业科技发展战略．北京：中国农业出版社，2001
[4] 张宝文主编．新阶段中国农业科技发展战略研究．北京：中国农业出版社，2004

第四章　新农村建设的科技需求与科技方略

中央提出的新农村建设的总体目标是“生产发展、生活宽裕、乡风文明、村容整洁、管理民主”。要实现这一综合目标，需要得到政策、管理、投入、科技、文化等多领域的重大进展和强有力支撑。其中，生产发展、生活宽裕、村容整洁三大目标与农村科技密切相关，随着新农村建设的不断推进，对农村科技的需求也随之不断强劲。

一、基于乡村生产发展目标的科技需求

生产发展一直是新农村建设的核心内容，是重中之重的第一任务。生产发展不仅是广大农村和农民生活宽裕的物质保障，也是农村文明、村容整洁的基础支撑。只有实现生产发展，不断强化农村的产业支撑，加强农业和农村的实力和竞争力，不断增加农民收入，才能为农村社会和农民的全面发展奠定坚实的物质基础。

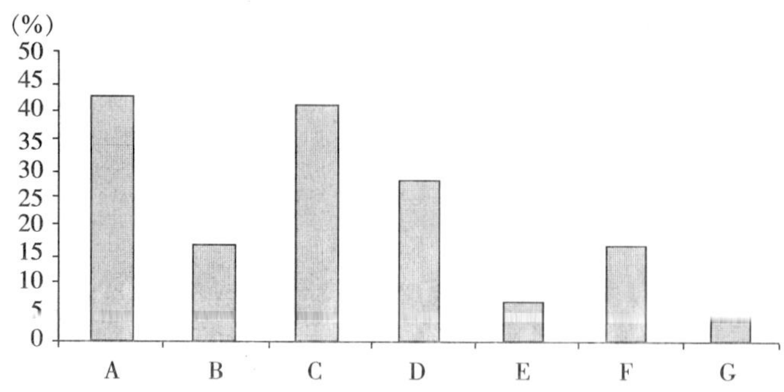

图 4-1　农民对社会主义新农村建设的期望重点

A. 发展生产　B. 培育新型产业　C. 农民素质的提高

D. 优化居住环境　E. 乡风民俗的改善　F. 增加资金投入　G. 其他

[数据来源于高旺盛课题组 2006 年对全国 26 个省（自治区、直辖市）2411 户农户的调查结果]

农民是新农村建设的主体，是生产发展的主力军，要达到生产发展的目的，必须激活广大农民的积极性，调动农民的参与热情，深入了解农民对生产发展的需求，针对农民的意愿来制定和部署农村科技工作，这样才能调动农民的生产积极性，推动新农村建设的有效进行。根据中国农业大学区域农业研究中心 2006 年的农户调查显示，农民期望新农村建设的重点排在第一位的是发展生产（图 4－1），农民在新农村建设中设想搞好农业生产的比例最高，其中，搞好粮食生产的比例占了 31.22%，搞好养殖

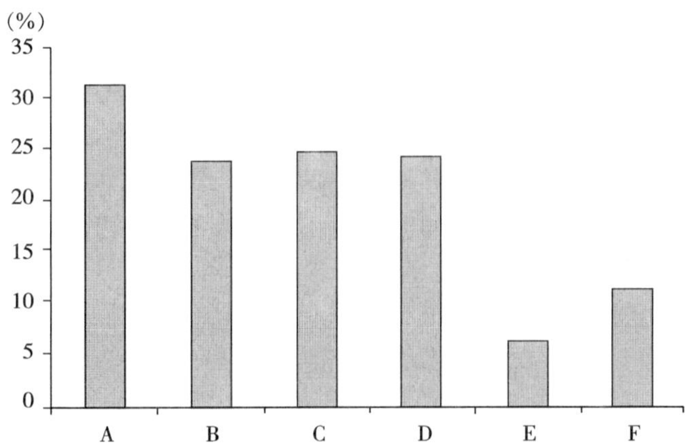

图 4－2　农民在新农村建设中自己的设想
A. 搞好粮食生产　B. 搞养殖业　C. 出去打工
D. 做小生意　E. 跑运输　F. 其他
（数据来源同图 4－1）

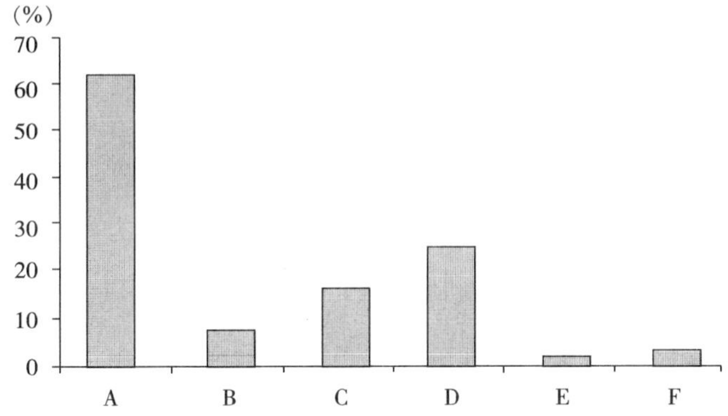

图 4－3　新农村建设中农民对技术的需求
A. 种养加工技术　B. 电子机械技术　C. 电脑信息培训
D. 农产品手工工艺技术　E. 海产品养殖技术　F. 其他
（数据来源同图 4－1）

业的比例为23.78%，两项合计达55.00%（图4-2）。通过进一步深入了解农民对科学技术的需求，调查结果显示农民目前对种养加工技术的需求最高，达到了63.27%。此外，希望得到农产品手工工艺技术培训的人占23.88%，希望得到电脑信息技术培训的占15.96%（图4-3）。

因此，为了促进新农村建设提出的生产发展的目的，针对农民的技术需求，重点要从乡村种植业、乡村畜牧业和乡村特色资源产业等方面加大科技创新力度，为生产发展的新农村提供科技支撑。

（一）乡村种植业技术需求

中国是一个有着13亿多人口的大国，粮食对我国至关重要。尽管现在我国居民尤其是城市居民的膳食结构发生了一些变化，但是粮食仍然是城市居民的主粮。在人口居世界第一位的国家，粮食必须自给自足，农业必须保障全国人口粮食的供应。新农村不能忽视粮食的种植，不能以牺牲粮食的种植换取所谓的新农村。特别是我国粮食主产区的农村，一定要采取积极的政策刺激农民种粮，引导农民科学种粮，提高种粮农民的收入。这样，我们的新农村才建立在了坚实的基础之上，才能建设成和谐而全面小康的社会。因此，新农村建设中以生产发展为目的的乡村种植业，也要在“粮食安全”为前提下构建与新农村建设要求相适应的农业科技创新与应用体系，为全面建设农村小康，繁荣农村经济提供强有力的农业科技支撑。

从农户对新农村建设的需求调查也发现，尽管受农户文化水平及区域差异的影响，农户对科技的需求存在差异。但是在广大的中西部粮食主产区，农户对增产技术的需求仍处于首位。张瑞珍（2003）调查发现，提高农产品产量是农户的第一需求，比重约40%；提高产品质量技术居第二位，约占21%；减轻劳动强度和降低生产成本的技术分别居第三位和第四位，其比重分别为17.5%和16.2%。追求农产品产量仍是农户所追求的首要目标。农民最想采用的农业技术是良种、新的种植技术和防病防疫技术。这说明在农产品商品化程度逐步扩大的情况下，良种、种植技术对提高农产品产量和质量，增加农民收入起着重要作用，是农户农业技术需求最多的。

1. 农作物良种技术

（1）因地制宜选用良种。

（2）合理布局与品种搭配。品种合理布局和搭配，是相互关联而又有区别的。品种的合理布局就是使品种类型与地域相配套，将优良的品种种植于最佳生态区，充分发挥其增产潜力。

（3）注意做好品种的防杂保纯。

2. 优质高产种植生产技术

（1）现代农业集约高效生产技术。围绕优质高产和节本增效目标，开发主要农作物良种良法配套技术，推广配套栽培技术、测土配方施肥技术、提纯复壮技术以及多茬轮作种植技术模式；实施优质粮食产业工程、良种产业化工程。

（2）重要经济作物优质高产技术。培育改良食用菌、农用益生菌、保健益生菌；大力发展有基础、有潜力的大蒜、大葱、牛蒡、辣椒、山药、旱藕等经济作物和板栗、黄金梨、冬枣等特色林果，建立生产基地，做大做强形成品牌。

3. 病虫草害综合防控技术

（1）加强植物检疫，选用抗病品种。

（2）抓好农业防治，推广健康栽培。

（3）推广药剂拌种和土壤处理。

（4）杂草的防除，要以优化作物生态环境为中心，采用农业防除和化学防除相协调的先进技术，实行综合治理。

4. 农业机械化技术

（1）要进一步建立和完善农业机械化发展的政策扶持体系。新农村建设，政府是主导，农民是主体，政策是关键。良好的政策环境与各级政府的政策支持是农机化发展的重要前提。

（2）要积极推进农机生产经营方式的转变，加快农机服务产业化进程。

（3）要加快农机化科技创新和推广应用步伐，提高农业机械化水平。

（二）乡村畜牧业技术需求

20 世纪 80 年代以来，我国畜牧业产值连续 20 多年快速增长，大大超过了农业的递增速度。据统计，2000 年全国肉、蛋、奶总产量分别为 6 250万吨、2 220 万吨、900 万吨，其中肉、蛋总产量继续保持世界第一的地位。畜牧业在整个国民经济中的作用越来越重要，畜牧业占农业总产值的比重已从 1978 年的 13%上升到 1999 年的 31.5%，“十五”末期达到 33%的份额。“十一五”时期是我国全面推进农业现代化，加快社会主义新农村建设的关键时期，畜牧业作为农村经济中最具活力的主导产业，将在新农村建设中发挥重要作用。

首先，新农村建设呼唤高效畜牧业，畜牧业发展水平的高低是农村经济发展水平的重要标志。在关于建设社会主义新农村的若干意见中已经明确提出了“要优化农业产业结构，2010年养殖业占农业总产值的比重达到50%的要求”。在市场经济大力发展的今天，更要注重经济效益。减少养殖成本，提高养殖效益是我们亟待解决的问题。一是要抓好畜禽良繁品改；二是要大力推广预混料、浓缩料、全价料等科学饲喂技术，发挥饲料的最佳效价作用；三是要适时出栏，获得最佳的料肉比。

其次，畜牧业是实现村容整洁的需要，是发展生态农业的重要途径。随着城乡居民对农产品质量的要求提高，发展绿色无公害农产品已成为重要趋势。现在养殖模式基本上是分散养殖和一家一户饲养的传统养殖状态，由于受饲养管理水平、科技知识水平、生产效益及不正确的排污方式的影响，严重损害乡村面貌，危害人类的健康。逐步发展畜牧业与种植业相互结合，互为补充，合理改造和建设猪舍，集中收集、科学处置畜禽粪肥，是实现村容整洁的必要保障。

再次，畜牧业是实现生活宽裕的需要。合理规划，发展一批养殖场（户），大力推广和应用先进的环保技术发展畜牧业，科学养殖，使畜产品保持一定的生产量，满足居民对畜产品的消费需要是必须的。

从上我们可以看出，畜牧业在新农村的建设中将发挥及其重要的作用，同时畜牧业在新农村的建设中也将是机遇与挑战并存。目前，我国畜牧业正处于由传统畜牧业向现代畜牧业发展的转型时期，社会主义新农村的建设为畜牧业的发展提出了更高的要求，这必然要求加快畜牧业的转型步伐。

新农村的建设呼唤生态畜牧业。大力发展循环经济，建设资源节约型和环境友好型社会，是社会主义新农村的具体要求，这就要求畜牧业的发展要与环境保护相协调，按禁止、限制、适度养殖原则进行规划，在郊区偏远村集中规划，发展生态养殖小区，实现人畜分离，从源头上减少污染量。同时，还可以通过发展沼气解决农村能源问题，实现家居温暖清洁化、庭院经济高效化和农业生产无害化。

新农村建设呼唤安全畜牧业。随着中国经济的不断发展，人民生活水平不断提高，人民群众对优质、安全的需求不断增加，这不仅仅拓宽了畜牧业发展的市场空间，同时也是对畜禽产品的安全提出了更高的要求。中国的入世，畜产品在世界贸易中越来越受到西方国家“绿色壁垒”的制约。因此，畜牧业的发展应确保畜产品质量的安全化、无害化。

（三）乡村特色资源产业开发技术需求

发展特色资源产业，是建设社会主义新农村的重要途径。中国地貌、土壤、植被以及土地类型复杂多样。乡村特色资源产业，能够充分发挥地区优势。一个地区有其特定的自然条件，形成了特有生物资源。不仅“一方水土养一方人”、“所树适其土”，而且每个地区只有充分利用其特有资源生产特色农产品，发挥地区农业优势，才能调整好农业结构，改变产品结构、产业结构，避免区域结构趋同的弊端，在市场竞争中生存和发展。

特色产业，就是利用本地区独特的农业资源开发特有的名优产品，并将其转化成为特色商品的现代农业。特色产业的关键在于“特”，发展特色产业可从以下几方面入手：

1. 明确特色农业发展的指导原则　在我国加入世贸组织和西部大开发的良好国际和国内环境下，要充分挖掘和发挥自然资源和产品优势，确立制种、优质杂粮、草食畜、干鲜果、蔬菜等五大特色农业产业，狠抓品种、加工和营销三个环节，进一步理顺农业产业化经营和科技创新两项机制，将重点工程和支持服务体系建设相结合。为使特色农业达到农业增效、农民增收的“双增”目标，必须坚持比较优势、规模效益、名牌效应、市场优先、科技推动、产业化经营，以及合理布局的正确指导原则。

2. 利用本地的自然资源，开发特色农产品　各地根据自身的自然条件，发展独具特色的农副产品，不仅能充分发挥资源优势，取得事半功倍的效果，也容易创出名牌，提升本地农副产品的市场竞争力。通过发展品质特异、生产性状优良、适合深加工的特产新品种，建立起规范化、优质化产业示范基地，开展集约型、环保型的产地加工技术和规模化、现代化的精深加工技术研究，拓宽特色产品的应用领域，提高特产种植业、养殖业、加工业的综合效益，推动农业产业结构的调整，增强我国农林特产的科技创新能力和国际竞争力。从资源培育、精加工技术、新产品开发、标准制定、集成示范等方面考虑，要加强茶资源高效加工与多功能利用技术、辛香料资源高效利用和品质控制技术、麻与蚕桑资源高效开发利用技术、蜂产品安全与高效利用技术、植物多糖胶资源高效利用与新产品、特种经济动物高效养殖技术、特产昆虫资源高效利用关键技术、食用菌资源高效扩繁、品质控制与综合利用技术、特色生物化工资源精深加工产品开发、松脂水性化加工技术研究和绿色化工产品的开发等。

3. 利用传统习惯发展特色产业　即我们通常所讲的种植、养殖或加工习惯，是特色产业发展之“本”。利用当地农民的传统习惯、传统技术，发挥当地农业的特点，不仅顺民心、合民意，农民愿意干，而且也更容易推进特色产业的发展。

二、基于经济发展目标的科技需求

社会主义新农村建设的首要目标和前提是生产发展，没有农业生产和农村经济的发展，就无法实现广大农民的生活宽裕，乡风文明得不到有效的保证，村容整洁和管理民主同样难以实现。生产发展需要依靠科技进步和新技术的运用推广发展经济，新农村的经济发展目标提出了对科技发展的新要求。只有不断适应新农村经济发展目标并采取相应的对策，科学技术才能最有效地促进新农村建设的经济发展。

根据中国农业大学的调查显示（表 4－1），全国农户年纯收入平均为 2 374 元，从收入组分来看，全国农户平均年纯收入的差距较大，收入在 0～1 000 元的农户比例最大，占了 46.79%；其次是收入在 1 000～2 000 元的水平，农户比例为 23.82%；其他收入水平（大于 2 000 元）的农户所占比例较少。因此，我国农村家庭年均纯收入依然维持在较低水平，纯收入在 2 000 元以下农户比例占了 70.61%。

表 4－1 不同省（自治区、直辖市）农村家庭年纯收入情况（元、%）

	平均	0～1 000 元	1 000～2 000 元	2 000～3 000 元	3 000～4 000 元	4 000～5 000 元	>5 000 元
全国	2 374	46.79	23.82	9.13	6.07	4.06	10.13

注：数据来源同图 4－1。

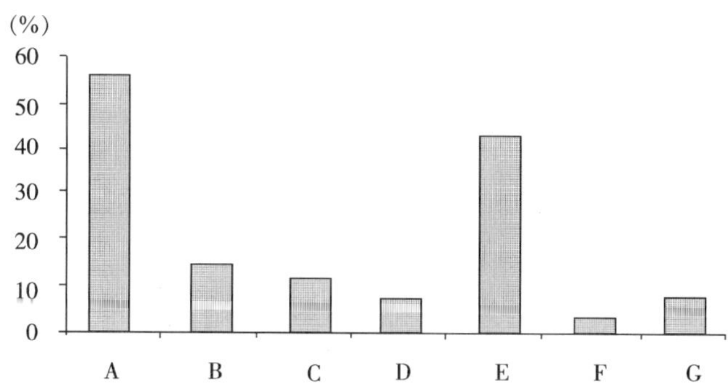

图 4－4 农村家庭收入来源分析

A. 农产品收入 B. 养殖业 C. 家庭副业 D. 本地乡村企业收入
E. 外出打工 F. 自己的企业 G. 其他

（数据来源同图 4－1）

通过进一步对农户的收入来源调查分析结果显示（图 4－4），全国农村家庭收入的主要来源是农产品收入和外出打工的收入，其中依靠农产品收入为主要来源的农户比例为 56.29％，依靠外出打工收入为主要收入来源的农户比例为 42.58％。

此外，为了促进农村经济发展，需要针对农民的实际从业情况发展相应的产业。通过调查，目前全国农村地区家庭成员中从事的行业中有 88.16％是务农，有 65.27％外出打工或就业，从事农业生产以及外出打工或就业是目前我国农村地区家庭成员从事行业的重点（图 4－5）。因此，从这点出发，新农村建设的重点要放在如何通过有效措施促使农民发展生产，使广大务农的农民能够从农业中获取更多的经济收益。此外，对于出外打工或就业也是多数农村家庭成员的主要行业之一，如何通过发展经济收益高的产业以及农村特色工业，促进农户增收、提高农村经济水平是新农村建设需要考虑的重点。

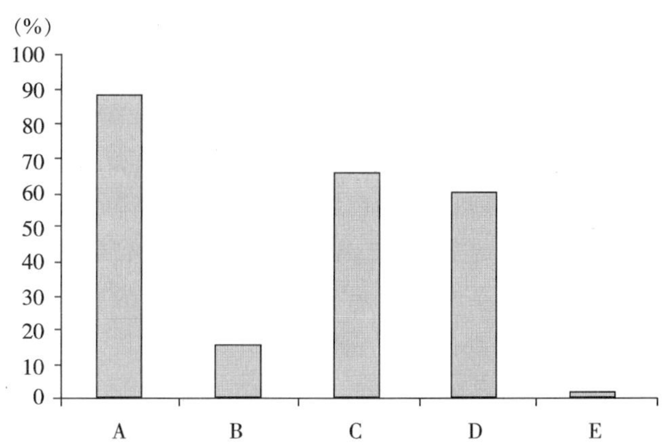

图 4－5　农户家庭成员从事行业情况统计

A. 务农　B. 仅家务劳动（包括看护小孩、照顾老人等家务劳动）
C. 外出打工、就业　D. 不工作（上学，或由于年老、年幼、身体健康等原因不能参加劳动）　E. 其他
（数据来源同图 4－1）

（一）乡村原产地农产品加工业技术需求

随着新农村建设的发展和城镇一体化进程的不断深入，以农产品初级、次级加工业为主体，集农业、制造业、现代服务业于一体的乡村原产地农产品加工业，已逐渐成为农业和农村经济中的支柱产业，成为引领农

业和农村发展、促进农业增效和农民增收的新兴产业。被誉为21世纪经济发展的“朝阳产业”的农产品加工业，不仅可以实现大量农村劳动力的转移，又可以大幅度提高农产品的附加值，从而实现农民收入的增加。总之，发展农产品加工业，推进农业产业化经营，是实现小规模农业生产与现代化大生产对接的必由之路，也是破解农产品卖难、农业增效难和农民增收难的战略举措。它符合我国特色农业现代化发展道路的要求、符合农业和农村经济发展进入新阶段的要求、符合城乡居民生活水平不断提高的要求、符合农业国际化程度日益提高的要求、符合农民渴望增加收入的要求。

有关统计资料显示，到2003年底，我国农产品加工业产值达3.1万亿元，占整个工业产值的22.4%；规模以上农产品加工业从业人员1 608万人，占全部工业从业人员的28.2%。但从总体上看，我国农产品加工业与发达国家相比还存在较大差距，发达国家农产品加工业产值与农业产值比例平均为3∶1，而我国只有0.6∶1。另外，我国农产品加工业的科技支撑严重不足，目前发达国家农产品加工业总体科技水平比我国领先10～20年，拥有农产品加工领域高新技术的核心技术的知识产权，发达国家科技贡献率在70%以上。而我国农产品加工业整体科技贡献率仅为30%～40%。其中饲料产业的科技贡献率为45%，粮油储运与加工的科技贡献率为30%，畜产品加工业科技贡献率不到30%。

我国农产品加工企业普遍存在规模小、工艺技术装备落后、技术创新能力不强、科技含量不高等问题，严重制约着我国农产品加工业的进一步发展。与发达国家相比，我国农产品加工率很低（表4-2），大量农产品在原产地无法就地得到加工和增值。

表4-2　我国与世界发达国家农产品加工率对比

	农产品加工率（%）	工业食品用粮比重（%）	蔬菜商品化率（%）	水果加工率（%）	肉制品加工率（%）	水产品加工率（%）
中　国	40～50	8	30	7	3～4	30
发达国家	90	70	90	20	80	65

注：根据魏益民（2004）发表于《中国食物与营养》的“国外农产品加工与食品产业发展趋势”文章整理。

就目前我国原产地农产品加工业的现状来看，今后我国原产地农产品加工业的科技重点应主要包括以下方面：

（1）调整和优化产品结构，不断提高农业加工产品质量，大幅度提高农产品加工率，推动农产品加工业的发展。目前我国农业加工产品的结构相对单一，多样化程度不高，市场竞争力不强。因此要重点多方位开发农产品加工，同时不断提高产品质量，实现多样化开发和高品质生产。

(2) 大力引进和开发标准化和优质化的农产品加工技术和生产线，适应农产品加工业标准化、优质化的要求，重点开展粮油、果蔬、肉制品等主要农产品原产地的加工新技术、新工艺、新设备研究，建立一批农产品深加工示范生产线，实现农副产品的综合利用，节约成本，提高效益。

(3) 依靠科技进步，努力提高农产品加工业的深度。应用高新技术改造传统农产品加工业，拓宽加工层次，推进农产品精深加工结构调整，增加产品的科技含量和附加值。逐步实现由初加工向深加工、由粗加工向精加工的转变，满足人们不断提高的生活需求，提高产品竞争能力。

(4) 充分利用现代科技，发展资源节约和清洁生产的农产品加工业，使乡村原产地农产品加工业向安全卫生、方便营养、绿色、无污染及天然保健方向发展，确保农业资源的可持续利用和农村、农业生态环境的保护。

（二）乡村高效设施农业技术需求

设施农业又被称为工厂化农业，是涵盖建筑、材料、机械、自动控制、品种、园艺技术、栽培技术和管理等学科的系统工程，其发达程度是体现农业现代化水平的重要标志之一。设施农业是通过采用现代化农业工程和机械技术，改变环境，为动、植物生长提供相对可控制甚至最适宜的温度、湿度、光照、水肥等环境条件，而在一定程度上摆脱对自然环境的依赖进行有效生产的农业。具有高投入、高技术含量、高品质、高产量和高效益等特点，是最具活力的现代新农业。设施农业包含设施栽培、饲养，还包括所有进行农业生产的保护设施。

当今世界各国都在以设施农业为切入点，建造现代化农业设施。通过应用自动化、机械化、微电子智能化的高新技术，使设施内温度、湿度、光照、营养等综合环境自动控制，以达到作物所需的最佳状态。生产作业高度自动化和机械化，达到科学配置和利用资源。由于自动化和智能化高科技的应用，栽培环境不受自然条件的制约，使农业产品现代化生产成为现实。同时，由于现代化设施农业向人们提供了无污染绿色农产品最理想的种植与养殖方式，能大幅度提高单产，从根本上提高产品质量，从而有利地促进可持续农业发展。因此，现代化设施农业已经成为现代化农业的一个重要发展方向。

表 4-3　世界主要国家温室栽培面积、品种与产量水平

国家	面积（公顷）	品种结构	产量水平
荷兰	12 000	花卉占 60% 蔬菜占 40%	番茄 60～70 千克/（米^2·年）
日本	51 011	花卉占 53% 蔬菜占 34% 果树占 13%	番茄 40 千克/（米^2·年）
美国	19 000		番茄 54 千克/（米^2·年）
以色列	3 000	花卉占 40% 蔬菜和香料占 60%	番茄 50 千克/（米^2·年） 玫瑰 300 万支/（公顷·季）
中国	45 万（其中日光温室 22.7 万公顷，塑料大棚 22.3 万公顷，现代大型温室 200 公顷）	以蔬菜为主，部分现代温室生产花卉和苗木	蔬菜 11～34 千克/（米^2·年）（指引进温室产量）

注：全世界目前塑料温室面积约为 47 万公顷，玻璃温室面积约为 40700 公顷。

国外的设施农业是发展较早的产业。其中荷兰、以色列、日本等国最为典型，设施农业在这些国家均形成了产业化、社会化的生产体系，已成为这些国家国民经济中的支柱产业。目前，国外设施农业主要向无土栽培、覆盖材料多样化、温室生物防治、自动化和智能化等趋势发展。我国从 20 世纪 70 年代末 80 年代初，第一次大量的温室引进（日本、美国），揭开了我国设施农业研究开发和应用的序幕。

我国乡村设施农业的现状，对科学技术提出了新的要求，设施农业不仅仅是将露地生产简单地移植到室内，人为地控制复杂的生物环境因子，而是一项跨学科、跨领域的综合技术系统工程，它是生物高新技术与工程技术相结合的产物。针对我国现有的设施农业技术现状，需要摆脱传统观念，进行一系列的技术革命和创新。近期内我国乡村设施农业科技的重点有以下几方面：

（1）以市场为导向，科技为先导，产品化为目标，高起点、高水平、高速度建设一批技术设施一流，具有科技、生产、管理和人才培养示范作用的工厂化高效农业的示范基地。进而带动我国乡村设施农业的全面发展和提高。

（2）根据各地不同的地理和区位优势，结合当地生产实际，消化吸收国内外引进的先进现代化温室技术，通过技术创新，自主地研制适合我国生态气候特点、结构优化、配套齐全、环境可控、生产效能高、具有中国特色区域特点的现代化温室。

（3）大力开发和引进、应用设施农业新技术，主要包括环境调控技术、专家系统和无土栽培技术。同时进行相应的技术配套和设施服务，在保护环境和资源可持续利用的前提下，生产出无污染高品质的绿色食品。

（三）乡村休闲观光农业技术需求

乡村休闲观光农业是一种以农业和农村为载体的新型生态旅游业。随着人们收入的不断增加和生活水平的不断提高，以及生活节奏的加快和生存竞争的日益激烈，人们渴望远离喧闹城市的自然休闲场所，尤其希望能在典型的农村自然环境中放松身心。于是，农业与旅游业相互交叉的一种新型产业——乡村休闲观光农业应运而生。

乡村休闲观光农业是把观光休闲游与农业结合在一起的一种旅游活动，它的形式和类型很多。根据国际上的实践，基本上可以分为以下三种：一是纯休闲观光类农园，在城市近郊或风景区附近开辟特色果园、菜园、茶园、花圃等，让游客入内摘果、摘菜、赏花、采茶，尽情享受田园乐趣。这是最普遍的一种休闲观光农业形式；二是休闲观光农业公园，即完全按照城市公园的经营思路，把农业生产场所、农产品消费场所和休闲旅游场所结合为一体，形成劳（动）、吃、玩的一条龙服务；三是教育休闲观光农园，这是兼顾农业生产与科普教育功能的休闲观光农业经营形式，它可以让长期生活在城市的人们在农村环境中得到对大自然和农业认识的提高和陶冶。

现代农业不仅具有生产功能，还具有改善生态环境质量，为人们提供观光、休闲、度假的生活功能。因此，乡村观光休闲农业也是伴随着全球农业的产业化发展而产生的，它是现代农业发展的必要和必然组成部分。我国地域辽阔，气候类型、地貌类型复杂多样，拥有丰富的农业资源，并形成了景观各异的农业生态空间，具备发展休闲观光农业的天然优势。因此，从20世纪90年代开始，我国农业休闲观光旅游在大中城市迅速兴起。目前，我国乡村休闲观光农业也主要在大中城市近郊发展，经过十几年的发展，在北京、上海、无锡、苏州、珠海等地形成了一定的规模。乡村休闲观光农业具有投入少、收益高的特点，也颇受投资者的青睐。但我国乡村休闲观光农业发展到现在，仍然是处于农业资源的简单利用，产业的科技含量不高。要想使乡村休闲观光农业作为一项新型产业得到进一步的提升，当务之急是加大科技投入，充分挖掘农村和农业资源潜力，使乡村休闲观光农业成为新农村建设和发展农村经济、实现农民富裕的支柱产业。新形势下，乡村休闲观光农业对科技的需求主要体现在以下几个方面：

(1) 科学合理规划和布局设计。通过合理规划，对资源进行整合，使有限的资源得到有机的整合，提高资源利用率，用最少的投入产生最大的效益。从省一级到市、县、区、乡镇，以至于小到一个农场、农户，都要有一个近、中、远期的规划，包括指导思想、市场定位、开发原则、项目设置、经费预算、效益分析等。

(2) 提高“情景消费”的科技含量。休闲观光农业能够提供的产品，除去实物的产品外，卖点的奇观、氛围、风景和主题，都应成为促进顾客消费的有效手段。通过有形产品和无形产品的开发，促使休闲观光农业消费的拓展，实现产业的科技增值和效益提升。

(3) 建立乡村休闲观光农业业主和大专院校、科研单位的长期合作关系，充分利用大专院校和科研单位的优势，帮助乡村休闲观光农业业主培养经营管理人才、进行技术辅导和理念培训，使乡村休闲观光农业从经营者、服务人员到整个产业的科技含量不断得到提高，有效保证产业的健康、持续、有效地发展。

三、基于乡村村容整洁目标的科技需求

村庄整治是社会主义新农村建设的重要内容，搞好农村人居环境和景观建设，改善农民居住条件，配套必要的设施，搞好环境卫生，改善村容村貌，可以有效地改善农民的生活环境，促进农村稳定和城乡经济社会协调发展。

据不完全统计，目前我国农村污水处理率仅为17.5%，生活垃圾无害化处理率为12.4%。农村农业面源污染日趋严重，全国70%以上水面富营养化。畜禽粪便年排放量45亿吨，90%的养殖场无粪便污水处理设施。农作物秸秆年产量约为7亿吨，其中约有31.5%直接作为了燃料，42.5%被闲置浪费或就地焚烧，没有被充分利用，而且由于随意排放或直接燃烧，严重污染农村环境。环境污染已经对农村社区生态环境和人体健康构成了严重威胁。农村生产和生活带来“脏、乱、差”的突出生态环境问题对新农村建设要求的“村容整洁”是一个极大的挑战，亟待通过科技创新，建设生态环境优美、生态服务功能强的现代乡村社区，为新农村建设提供支撑。通过科技创新，发展农村清洁能源工程、加强功能协调的乡村景观、有效利用农林废弃物和农村生活废弃物、加快农村饮水安全建设等，是解决乡村生态破坏、环境污染严重以及能源缺乏等问题，促进乡村生态良性循环、村容整洁的重要途径。

（一）乡村清洁能源技术

农村家庭燃料是农村生态环境的影响因素。调查显示（图 4－6），我国目前农村依然有超过一半的农户的燃料来源是柴草，有 40.94％的农户家庭燃料来源是煤炭，23.13％的农户采用了燃气（煤气或液化气），使用沼气的农户为 7.88％，使用其他燃料（比如电力或晒干的牛粪等）的比例很少，仅占 3.88％。如何通过科技创新转变农村能源结构，使用生态友好型、经济优惠型的清洁能源是促进村容整洁的重点。

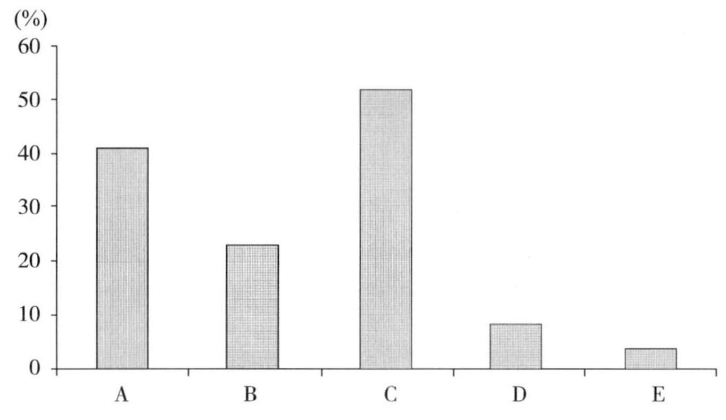

图 4－6　农户家庭生活主要燃料来源

A. 煤炭　B. 燃气（煤气、液化气）　C. 柴草　D. 沼气　E. 其他

（数据来源同图 4－1）

面向我国能源发展战略和新农村建设的重大需求，需要通过科技创新重点攻克一批对我国能源建设、能源安全和农村发展具有重大影响和应用前景的农村新能源开发与节能关键技术，开发一批适合我国不同地域农村特点的新能源利用和节能产品。

1. 乡村建筑太阳能综合利用关键技术　重点包括乡村建筑太阳能热水供热采暖系统的优化设计技术研究，与生物质能结合的户用太阳能供热采暖加热装置研究，村镇建筑太阳能、生物质能、常规能源综合供热采暖系统的优化设计和智能化控制研究，以及典型示范工程研究等。

2. 农村生物质能综合利用关键技术　重点研究使用太阳能改善沼气的产气均匀性关键技术及设备开发，包括研究使用太阳能来改善沼气发生的季节性不均匀问题，开发相应的户用型配套系统，对增加的太阳能设备在环境温度较高情况下的功能延伸进行系统集成，开发便捷实用的一体化装置，研究新型的低成本沼气脱硫净化技术；研究秸秆厌氧生物处理成套技术，包括研究秸秆干发酵的新型菌种、工艺及其配套技术，开发配套气质的在较宽的压力波动范围内呈现良好的热工性能指标的专用燃烧器；研究农村户用高效商品化沼气系统，包括研究并开发撬装式沼气系统（沼气池、输气管材、阀门等附属设备）的低成本化技术，开发长寿命、高可靠性的关键技术和设备并实现标准化，进行新型沼气燃烧器具的低成本化设计与开发等。

3. 农村户用风/水/光发电关键技术

（1）农村户用风/水/光发电单元关键技术研究与开发，包括研究和设计新型高效户用风力发电机，开发户用变速恒频风力发电机组以及与其配套的变速恒频控制器；开发微型鼠笼异步水力发电机组及其配套控制器；研究基于改进型电压控制的光伏电池最大功率点跟踪技术，开发户用型光伏发电单元及其控制器。

（2）户用互补成套发电系统优化配置与运行控制关键技术研究与开发，包括研究风/水/光户用发电系统优化配置方法，确定发电系统中各发电单元装机容量和系统储能容量的最优方案；研究户用发电系统经济运行控制理论和方法以及发电系统保护技术，开发具有独立/并网运行、故障保护和经济运行等控制功能的智能系统控制器。

4. 乡村低品位能源综合利用关键技术　重点研究村镇浅层地热地源热泵综合应用关键技术，包括农村专用的免维护高可靠性低成本的高效小型水源热泵机组研究开发，紧凑组装式小型浅层地热地源热泵系统的研究开发，村镇浅层地热地源热泵系统标准设计技术的研究，典型示范工程研究等；研究村镇地下储能直接冷却与直接蒸发冷却应用关键技术，包括地下土壤储能直接冷却应用技术研究，地下水直接冷却应用技术研究，直接蒸发冷却应用技术研究，典型示范工程研究等。

（二）乡村植被建设技术

村庄生态环境良好是村容整洁的重要组成部分，而村庄的植被、绿化情况是村庄生态环境好坏的直观体现。调查显示（图 4－7），全国有 52.55％的农民认为自己村庄的植被、绿化情况“一般”；认为“很好”的农民比例为 21.98％；认为“较差”和“很差”的比例分别为 17.17％和 8.12％。

针对目前乡村生态系统由于植被度低下、植物结构与种类单一、植被景观破碎，以及过去缺乏对村镇植物种类、结构、植被构建技术研究不足等问题，重点开展乡村植物品种选择、组合搭配、植物栽培管理等关键技

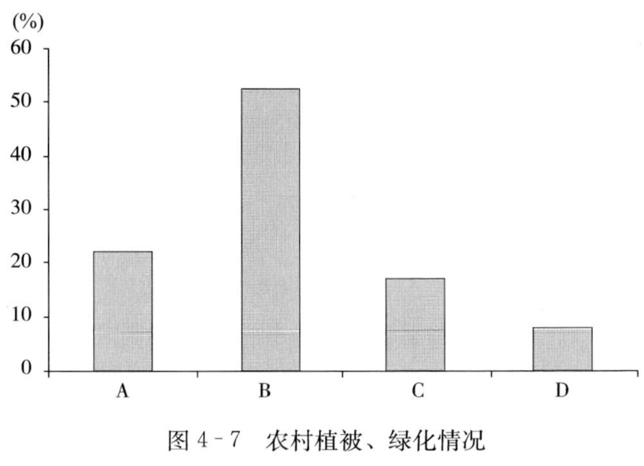

图 4-7　农村植被、绿化情况

A. 很好　B. 一般　C. 较差　D. 很差

（数据来源同图 4-1）

术的研究，提高乡村植被覆被度，建设环境优美、生态良好且具有农村田园特色的村镇生态植被体系。主要技术应该包括：

1. 乡村庭院生物植被配置技术　通过林木、果树、花卉、蔬菜等生物品种选择与搭配，配置相应的科学栽培管理技术体系，构建适合不同区域环境特性与农户经济需求的复合生物配置模式。

2. 乡村周边生态防护植被配置技术　重点研究防护林、经济林木、村落灌木、村落草地的物种培育选择与合理配置技术，构筑村镇边缘生态防护的“生物墙”。

（三）乡村废弃物处理技术

在我国农业集约化、城镇化发展过程中，随着农村畜禽养殖、水产养殖和农副产品加工等产业的发展，生产和生活污水、废弃物的随意排放导致水质日趋恶化、水环境破坏严重，直接威胁到农村人居环境和水环境质量。迫切需要研究适合村镇特点的村镇水体环境治理技术与工程模式。此外，一些地区水资源短缺和浪费并存，水资源利用效率低。据调查，目前我国 76.97%的农村居民依然使用的是传统的“旱厕”，使用“水冲式”卫生厕所的比例仅为 18.19%，“无厕所”的农户占了 4.46%，农村环境卫生质量整体水平较差。农村有 44.26%的农户把秸秆当作柴火做饭，30.99%农户用秸秆喂牲口，25.29%的农户把秸秆直接还田，仅有 6.01%的农户将秸秆做其他处理（大多数是随意丢弃或直接在田间地头焚烧），不利于生态环境质量。需要积极探索有效途径和机制，促进我国大量秸秆的“变废为宝”。全国有54.27%的农户生活垃圾及污水是随意堆/排放，严重污染和影响村庄的生态环境和卫生质量；有30.38%的农户把生活垃圾及污水处理到自家的农田肥田，仅有13.78%的村庄进行统一处理（图4-8）。由此可以看出，我国农村卫生环境质量整体较差。

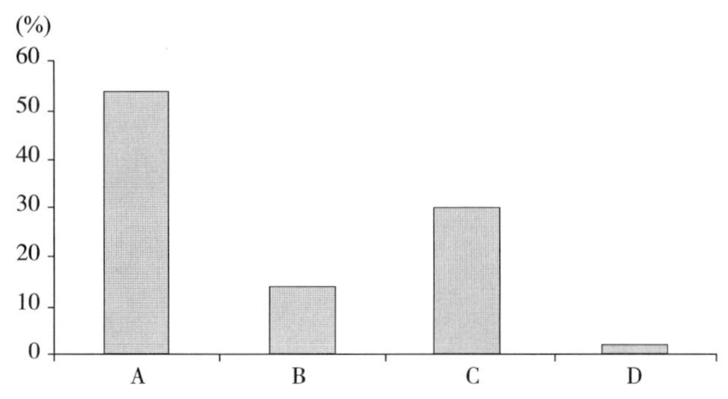

图4-8 农户家庭生活垃圾、污水处理方式

A. 随意堆/排放 B. 村里统一处理 C. 堆到自家农田肥田 D. 其他

（数据来源同图4-1）

针对乡村经济低、小、散，废弃物收集困难，加上缺乏经济实用废弃物处理与利用技术，造成农村地区“污水乱泼、垃圾乱倒、粪土乱堆、柴草乱垛、畜禽乱跑”的环境问题，可通过生物技术与工程技术相结合的手段，研究村镇生活垃圾、农作物秸秆、畜禽养殖废弃物无害化处理和利用技术，消除废弃物中所含病原体对人类健康的威胁，为实现村容整洁、环境优美，实现废弃物资源安全循环利用，为增加农民收入开辟新的渠道。主要技术应包括：

1. 乡村生活垃圾处理利用技术 重点研究村级混合垃圾集中处理利用技术；村镇生活垃圾小型处理工程技术；农村废弃物收集、贮存技术和设备。

2. 乡村秸秆粪便处理与利用技术 重点研究农村分散养殖废弃物处理技术模式；畜禽粪便干发酵处理利用技术；秸秆粪便和绿化废物原位快速腐熟技术。

3. 乡村污水治理技术及工程 重点研究污水综合治理技术，通过对不同类型水处理工程、生物技术集成和示范，建立适宜不同乡村实际情况的、低成本的水环境优化模式和配套工程技术体系。

4. 乡村水资源高效利用研究 重点研究不同类型多种可利用水资源的集水、保水和节水技术，以及循环利用模式，提出乡村水资源高效利用模式和技术。

（四）乡村饮水安全技术

农村饮用水的来源从某种程度上可以反映农村的居民生活质量以及村庄生态环境质量的好坏。调查显示（图 4－9），目前全国农村居民有 38.45％的人能够喝上自来水；28.04％的农户饮用水来源是浅井水；还有 20.87％的农户饮用水来源是深井水。整体上我国农村居民的饮用水主要来源于井水（包括深井和浅井水）和自来水，有近 1/3 的农村居民饮水安全存在安全隐患（包括 28.04％的浅井水、5.44％的江河湖泊水和 1.39％塘水），这部分居民的饮水安全问题是新农村建设值得考虑的重点。从解决乡村饮水安全的角度，需要重点研究开发以下技术：

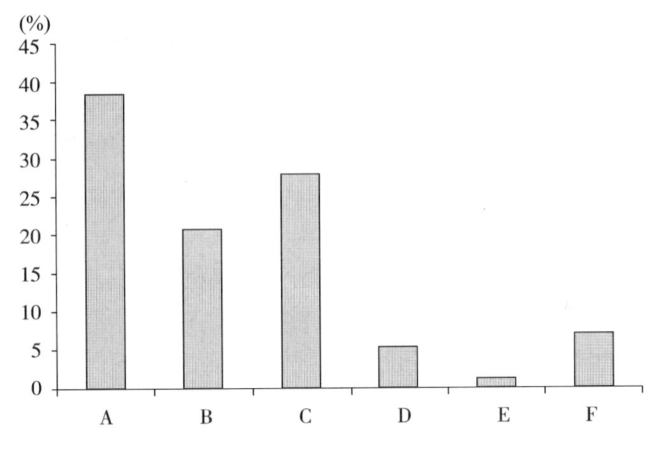

图 4－9　农户家庭饮用水的来源

A. 自来水　B. 深井水　C. 浅井水　D. 江河湖泊水　E. 塘水　F. 其他水

（数据来源同图 4－1）

1. 饮用水源开发利用技术　重点包括淡水体的物探找水技术、地下贫水区取水工程技术、地下水回补技术、有效降低地表水净化难度的水源工程技术等。

2. 劣质地下水处理技术　重点包括降氟技术及设备、高砷水处理技术及设备、苦咸水淡化技术及设备，形成不同预处理工艺与电渗析、反渗透、电吸附技术的优化组合应用模式。

3. 微污染水处理技术　重点包括微污染物质去除关键技术及设备，针对地表水中的有毒有机物和地下水中的“三氮”（氨氮、硝态氮、亚硝态氮）等微污染物质，开发和筛选高效复合生物滤池、电化学处理、硝化-反硝化等关键去除技术及装备；地下水集中供水工程的微污染水净化处理工程技术集成模式；研制适用于农户分散取水和应急条件下的集成化的微污染水净化装置。

4. 雨水安全集蓄与利用技术 重点包括雨水安全集蓄共性技术、村级雨水安全集蓄与利用技术、单户雨水安全集蓄与利用技术，以及集流面形式及材料、贮水设施形式及材料、净化技术等。

5. 农村安全供水消毒技术 重点包括集中供水工程安全消毒技术与装置、消毒剂自动投加装置、分散供水工程消毒技术与装置等。

6. 农村生活排水处理技术 研究开发农村生活排水集中处理和分散处理的关键技术及设备，形成集中供水条件下农村生活排水收集、处理与资源化的工程技术模式，提出农村生活排水工程规划设计与施工技术指南。

（五）乡村土地复垦与土壤环境改良关键技术

针对我国城镇化过程中，由于农村土地产权、土地管理混乱及村镇建设缺乏科学规划，村镇居民点用地中存在大量的闲散地、废弃地、“空心村”、“马路村”和景观破碎，以及由此导致的土壤污染和退化问题，通过开展对不同类型区村镇土地复垦、土壤环境改良及景观重建技术的研究和示范，充分挖掘村镇内部土地潜力，提高土地利用效率，保护耕地总量的动态平衡，确保粮食安全和社会的可持续发展。主要研究内容包括：

1. 乡村土地复垦及生态系统恢复技术 通过对不同类型村镇废弃地、未利用地调查与评价，研究土地数量和质量，并进行复垦配套工程技术措施集成和创新，提出村镇土地复垦及生态系统恢复技术。

2. 乡村土地退化、污染土壤的修复关键技术 通过对村镇土地退化成因及污染源的调查和评价，研究村镇土地退化和土壤污染程度，集成不同土地退化、污染土壤的修复技术。

四、新农村建设的科技方略

（一）强化农村科技创新

1. 加强高新技术带动与应用 新农村建设要重视以生物科技、信息科技和工程科技为代表的高新科技，加大投入，建立创新环境，在突破关键技术的同时，注重资源利用效率的提高和农业生态环境的保护，促使高新技术的广泛应用，以提升农业生产水平。

2. 加大农业科技研发支持力度与重点项目支持　加大农业科技投入力度是实现农业科技创新的主要动力，目前我国农业科技资金投入不足，与国外相比还有较大的差距，固定资产浪费与闲置现象时有发生，存在科研“吃不饱”问题，严重影响科研创新进程。另外，农业科技的研发要重点突出，目标明确，着力支持解决农业生产当前最需要的科技问题，例如针对新农村建设要重点解决的是高产、优质、高效、生态、安全农业、农田水利建设、农业机械化、化肥、农药、动植物病虫害防控和农业市场等科技问题。

3. 加强农业科技推广应用　农业科技成果具有明显的时效性特征，只有快速的推广到农业实践中，才能发挥应有的价值。目前针对农业科技成果管理与推广存在的弊端，如农业科技成果宣传不力，农技推广动力不足和农业科技应用不多等问题，进行整治与改革。必须创新农业科技管理与科技推广应用机制，提高农业科技资源利用效率，吸引社会和企业参与农业科技应用推广，建立有助于新农村建设的良好机制。

（二）强化农村科技服务战略

据调查，目前全国72.67%的农民认为当地农村的农业科技宣传“较少、很不够”，认为宣传“还可以”的农民仅占20.49%。全国有70.49%的农民从来没有机会参加科技人员或者相关专家的指导培训工作，每年能够有机会接受1次的人仅为17.26%（图4-10）。

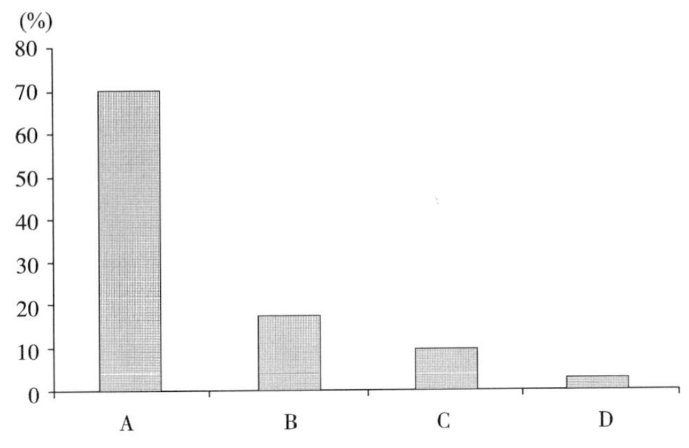

图4-10　农民接受农业科技培训的情况

A. 从没有　B. 1次　C. 2～3次　D. 3次以上

（数据来源同图4-1）

进一步调查有机会参加农业技术指导培训的农民的满意程度的结果显示（图 4－11），农民对目前的农业科技培训“不满意”的为 29.32％，认为“一般”的为 35.99％，认为“比较满意”的为 27.25％，“十分满意”的仅为 6.33％。说明我国目前的农业科技培训服务效果不甚理想，总体来说，能够基本满足老百姓需求的仅约为 1/3，有近 2/3 的农业科技服务效果不能满足农民的需求。因此，针对农民对新农村建设的重大科技需求，亟须加强农村农业科技服务能力建设。

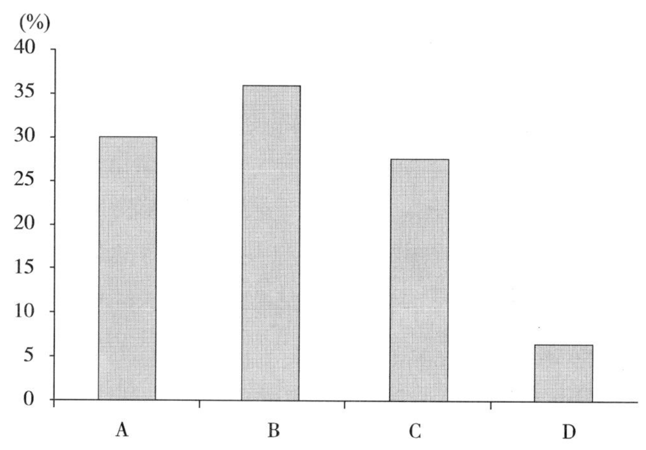

图 4－11　农民对农业技术培训效果的满意程度

A. 不满意　B. 一般　C. 比较满意　D. 十分满意

（数据来源同图 4－1）

农业科技服务是实施农业科技战略的重要环节，社会主义新农村建设必须建立新型农业科技服务体系，才能适应农村现代化建设的需要，同时也是最大发挥农业科技潜力的重要途径。

1. 建立健全基层农业科技推广体制　基层农业科技推广体系是农业科技应用的重要环节，健全推广机构对提升科技服务水平与服务质量具有重要的意义。除了充分利用国家原有的推广体系外，建立集体、个人和企业参与的农业推广综合体系是一条重要的选择途径。

2. 改善农业科技基层推广队伍的待遇　我国许多地方的基层农业科技推广部门由于工资低，人才流动比较严重，因此提高待遇是稳定基层推广队伍，提高农业科技服务质量的根本保障。

3. 提高农业科技推广队伍的工作素质　基层农技推广部门往往被认为是“不理想单位”，大中专院校的毕业生不愿意去，因此人员老化和业务能力下降严重，这是基层推广组织最大的问题之一。除了创造条件，吸引人才以外，对现有人员的培训非常重要，且有必要形成制度化，确保农技工作队伍的整体素质。同时要改变农业科技推广工作方法，改善工作条件，建立责利挂钩机制、激励机制和竞争机制。

4. 调整科研单位与基层农业科技推广部门之间的合作关系 由于我国基层农技推广体制的改革，导致好多地方上的基层农技推广单位处于“有钱养兵，无钱打仗”的尴尬局面，农业科技推广无法正常开展，而农业科研单位又无法承受推广部门相应的科技推广费用，导致农业科研单位与基层农技推广部门之间的合作非常被动，常常是科研单位四处求人，而科研单位由于人力、时间与财力所限又不能和千家万户直接挂钩，这样就严重挫伤科研人员的积极性，科研成果不能发挥其应有的效能。如果能有相应的国家或政府项目支持，情况会有所改善。但国家应该从长远利益出发，建立农业科技推广体系，健全农业科技推广体制，为农业科技应用与实践创造一条“农业科技高速路”，以有效的改善农业科技服务质量。

（三）实施农村科技入户战略

为适应我国目前农村体制，实施农业科技入户战略，既是适应家庭承包经营的重大科技推广制度创新，也是大力提高农民科技文化素质和科学种田水平的重要举措，还是当前推动农业科技进步，转变农业增长方式的着力点。科技入户工程的顺利实施必将为我国的家庭承包经营体制注入新的活力，意义重大，影响深远。科技入户要体现在产前、产中和产后三个环节上。

1. 农业科技入户 农业科技入户首先是科技人员入户，鼓励科技人员下乡支农，建立科技推广入户服务制度，是把科技成果直接传递到千家万户最快速和最有效的保障途径。由于多数农村还不富裕，交通闭塞，科技信息传播缓慢，处于科技网络终端用户也是最末端的农户对科技并不敏感，因而农业科技效果往往较差。农业科技入户使科技直接与农民见面，实现了科技到田和科技到人，减少了中间环节，节省时间，不但提高了科技时效性，而且提高了农业科技的经济效果。农业科技到户除了发挥国家科技推广体系外，还应该吸引集体和个人参与，国家在政策上予以支持，同时对其实施必要的监管，以稳妥推进农业科技入户战略的持续发展。

2. 科技示范到田 农业科技示范是农业科技成果推广的重要环节，农业科研单位把科技示范安排在农民的责任田里，安排在农户的家里，迎合农民眼见为实的心理，以少带多，以点带面，逐渐扩大示范效果，使更多的农户从农业科技中收益。

3. 科技教育到民　科技教育或科技培训是农业科技推广的良好开端，是实施科技到户的重要环节，国外非常重视农民科技教育，常常达到事半功倍的效果。现代农业高新技术更是离不开科技教育这一重要的环节，例如设施生产技术与管理、标准化生产技术、无公害生产技术、农作物病虫害综合防治技术、畜禽疫病防治技术和农作物新品种栽培技术、畜禽新品种养殖技术等都离不开科技教育。科技教育要根据农业科技特点有重点、有选择、有计划、有目的地开展，切忌搞盲目教育。

4. 农产品物流到村　农业生产的开放性逐渐加强，农产品与市场的联系也就越来越紧密，如果得不到市场的认可，再好的科技，哪怕是再好的产品对经营主体农民来讲都是失败的，农民得不到实惠，这方面的教训已经很深刻了。所以，在加强科技生产的“源”头的同时，还要建立与之相适应的“物流”，促使农产品快速进入市场，到达消费区域“库”，保障“源—流—库”畅通无阻。因此，以生产基地为主收购农产品，建立物流运转中心，是农业科技到户战略顺利实施的关键，同样还要重视农产品物流到村的建设战略。

（四）推进农村科技培训战略

培训是科技传播的重要途径，是农业科技发挥持续作用力的重要环节。农业科技培训要以提高农民科技素质为起点，以传播农业科技为内容，以新农村建设为目标，必须实施全方位、立体式、多形式的培训战略。

1. 建立长期培训与短期培训制度　目前农村培训大多是“点式培训”与“突击培训”为主，往往是针对单项农业技术而言，加上时间短，从根本上解决不了实质问题。中国国情是农民素质普遍较低，接受农业科技的能力较差，在培训制度缺位的情况下，新农村建设面临的困难很大。从新农村建设的实际情况出发，建立“点面结合培训”和“长短结合培训”制度是非常有必要的，同时要把党的农业政策作为培训的重要内容之一，许多地方农民通常对国家农业政策处于“不知、不问、不懂、不用”的“四不”状态，导致农业政策不能发挥应有的作用。所以，必须改变这种现状，使农民能够及时了解和把握农业发展动向，更好的体现政策对农业、农村和农民的宏观调控作用，以有效地调动“三农”的积极因素，促进新农村建设的快速发展。

2. 实践培训与理论培训相结合　农业科技培训通常都是以实践方式为主，如在农业生产现场手把手传授和观摩等方式，或者是“傻瓜科技”，农民只知其一，不知其二，缺乏灵活应变技能，一旦遇到生产条件改变，就束手无策，造成损失。农业科技培训要对农民群体进行重新与准确定位，要让农民不但要能够接受，而且对之有所思考、有所启发、有所收获，灵活掌握，自如应用农业科技，为此要增加理论培训，加强理论教育，在培训形式、内容、要求和制度上有所提高、有所升级，不能照搬原有的模式，要形成新农村建设下的农业科技培训平台，为农村发展提供坚实的基础。

3. 充分利用各种媒体手段实施科技培训 农村现阶段的广播与电视的普及率有了很大的提高，2004 年我国农村广播普及率达到 93.72%，电视普及率达到 94.97%，在广播与电视节目中开设农业频道和农业科技栏目，可提高节目的可视性、知识性、趣味性与参与性；同时选择合适的播出时间，并有一定的重播，特别是在地方台（省、市与县台）中加大农业节目的数量，将会产生良好的培训效果。另外，在目前 VCD 与 DVD 家庭普及率比较高的情况下，国家及各级政府拿出一定的资金出版一批农业科技光盘，由农村科技图书馆统一管理，建立借阅制度，能够加深农业科技的认知力度；还可借助电信部门建立农业科技与农业信息传播机构，定期向农村用户免费（需要国家政府支持）发送农业科技知识与农业科技信息，以高速、高效、大范围的传播农业科技知识；最后在经济条件好一些的地区，鼓励农村用户接入 Internet 网络，根据实际情况降低费用，让农户能够足不出户就能浏览农业科技知识。值得一提的是在条件还不是很好的地区，可由各级政府出资在每个自然村的村委会至少设置一台能够上网的电脑，并培训农村网络技术员，以及时向村民宣传农业科技知识、农业政策、农业法规和农业信息等，这样不但能够增强村民凝聚力，同时还能够让村民更多地了解外面的世界，对改变思维，提高农民素质具有非常重要的帮助作用。

4. 建立乡村科技图书馆 城市公民大多有再教育的机会，农民一般没有接受再教育机会，主要是因为农村缺少教育资源，再加上农民觉得没有必要再学意识的存在，导致农村再教育长期处于缺位状态，农民素质很难提高。目前农业科技更新换代的频率逐渐加快，如果把农业科技图书和农业科技资料向大部分农民发送，就会加重国家与地方政府的财政负担，人手一册（份）的可能性就更小；同时多了、时间长了还会变为垃圾，既浪费资源，又破坏环境，另外也没有必要这么做。若借用大学和研究所图书资料的管理经验，采用借阅农业科技资料的管理方式，不但能把农业科技培训由被动转入主动，而且培养了农民自觉学习农业科技的习惯与热情，这样就能够持续有效地开展农业科技培训计划。农业科技图书馆最好设立在乡镇一级，相对集中，便于农民借阅与交流，在条件较好的或偏远山区还可以设立乡村农业科技图书分馆。国家及各级政府相关部门组织专家编写农业科技科普读物，按计划、有步骤、有针对、有目的的出版，并就农业科技科普读物的编写、出版制度化，建立长效可持续发展机制。

（陈源泉　高旺盛　王济民　王国升　隋鹏　杨世琦）

主要参考文献

[1] 张宝文．加强农业科技创新与应用能力建设，大力提高农业科技支撑能力．农业科研经济管理，2005（1）：4～9

[2] 瞿振元，李小云，王秀清．中国社会主义新农村建设研究．北京：社会科学文献出版社，2006

[3] 林毅夫．“三农”问题与我国农村的未来发展．农业经济问题，2003（1）：19～24

[4] 鲁德银．中国农产品加工技术与发达国家的差距与政策．科学管理研究，2005，23（6）：93～96

[5] 张玉梅．农村科技需求的情报调研分析．农业图书情报学刊，2004，16（11）：98～100

第五章　新时期我国农业科技跨越发展战略

一、农业科技跨越发展的基本理论探讨

（一）农业科技跨越发展的定义

1. 跨越发展　是指在经济全球化条件下，经济、技术相对落后的国家和地区，利用后发优势，超越常规的发展模式，跳过某一发展阶段直接过渡到更高发展阶段的发展形式；是发展中国家和地区在追赶发达国家的过程中，借助科学技术的助推力，实现超常规发展，从而缩短与发达国家的差距，甚至超越的一种经济发展过程。

2. 科技跨越发展　是指后进国家或欠发达地区在借鉴发达国家发展经验的基础上，集成自主创新和发达国家与地区的先进科学技术，跨越科学技术发展的某些阶段，直接研究和应用科学技术的最新成果，形成优势学科和技术领域，在科学和技术方面实现迅速追赶，提高国家科学技术实力和国家科技竞争力。

3. 农业科技跨越发展　是指在特定国家或地区的农、林、牧、渔等科学技术领域，越过发达国家农业转型过程中所经历的某个特定阶段，具有高起点、超前性，直接研究和采用当代最先进的农业科学技术，实现农业科学技术快速根本性变革的过程。

（二）农业科技跨越发展的内涵

农业科技跨越发展有两种理解：一种是超常规的快速发展，即在某些领域，依靠自己的各种优势，通过实施巧妙的创新战略，使我们的农业科技水平真正达到国际先进甚至领先国际水平，即“绝对跨越”。另一种是超越发展阶段的发展，即相对我们目前较低的农业科技水平，通过我们的努力，跳过发展的某个或某几个阶段，直接上升到较高的水平，即“相对跨越”。

跨越发展战略的内涵包括以下几个方面：

一是速度与效益的统一性。跨越发展既要有数量的赶超，又要着力提高农业科技的整体素质。

二是创新的前提性。跨越发展要通过创新来实现，要不断发现新情况，解决新问题，提出新思路，创造新方法。

三是非均衡性。要坚持有所为有所不为的原则，集中人力、物力、财力，在基础好、具备发展条件的重点领域、重点产业、重点区域实行重点突破。

（三）农业科技跨越发展的分类

农业科技跨越发展可以从不同的角度进行分类：

一是根据发展的连续性与间断性，可以把农业科技跨越发展分为渐进式和飞跃式。渐进式是在已有的农业科学技术成果的基础上研究开发出新的科学技术成果的发展形式；飞跃式是上升到一个完全崭新的科学技术领域。一般来讲，飞跃式比渐变式的效果显著，但是跨越难度要大。

二是根据发展的路径差异，可以把农业科技跨越发展分为路径追赶型、路径跳跃型和路径创造型三类。路径追赶型发展是在其他领先者已经走过的科学技术发展轨迹的每一阶段上跟随和追赶，加速发展的过程；路径跳跃型发展是越过某个或某些阶段，跳跃式地发展的过程；路径创造型发展是自发展的初始起点开始，即另辟蹊径、独立发展的跨越过程。

三是根据创新程度的不同，可以把农业科技跨越发展分为模仿式跨越和自主创新式跨越两类。模仿式跨越就是在农业产业化进程中，引进和移植先进国家成熟的农业科学技术成果，通过创新集成和开发推广，推动本国农业产业结构的调整和升级，缩短或省略农业产业结构调整的某些阶段；自主创新式跨越就是在现有农业科学技术水平基础上，通过消化吸收引进的科学技术，再进行自主创新，在若干关键领域实现农业科学技术的跨越，培育拥有自主知识产权的产业，促进农业产业结构升级的过程。

（四）农业科技跨越发展的基本特征

农业科技跨越发展是一种超越常规的、跳跃式的发展，它的基本特征是：

1. 技术跳跃性 一般而言，农业科技进步演进沿着“传统技术—常规先进技术—当代世界最先进的农业技术”的路径，螺旋式交替，不断前进。而在技术跨越模式下，则会出现技术阶段跳跃式的技术变革特征。例如，70年代的绿色革命，使发展中国家的粮食生产技术跳过当时发达国家农业普遍采用的某些常规技术阶段，直接进入到当时先进的粮食高产技术行列。

2. 异常迅速 跨越发展的速度，超越常规发展的一般速度，以较快的速度迅速完成某个发展阶段的任务，更快地进入到下一个发展阶段。墨西哥从1960年推广矮秆小麦，在短短3年时间内达到了占种植面积的95%，总产接近200万吨，比1944年提高5倍，并部分出口，可见其速度异常迅速。

3. 规模较大 农业科技跨越发展涉及的规模较大。绿色革命就是大规模地推广矮秆、半矮秆、抗倒伏、产量高、适应性广的小麦和水稻等作物优良品种，而且推广绿色革命的国家达11个之多。

4. 目标明确 跨越发展的主要目标是国民经济的超常规大跨步的发展，它追求的主要是社会经济目标特别是速度规模。绿色革命就是以采用农作物高产良种为中心的一场技术革命，为追求粮食高产不惜采用大量灌溉、施肥等技术。

（五）跨越发展与常规发展的异同

1. 常规发展 是指按照事物发展的一般性规律，即由低到高、由慢到快、由简单到复杂的逐步发展过程。常规发展的主要特征有两个方面。一是“层次性”或“阶段性”，即严格按照事物发展的内在规律所决定的发展层次，逐级迈进；二是“常速性”，即保持比较适宜的发展速度，循序渐进。常规发展是事物发展的基本规律，是各种事物发展都普遍遵循的一般性规律。

2. 跨越发展 是相对常规发展而言的，跨越发展是后发国家和民族利用与发达国家的位差，汲取发达国家的先进成果，进行“异常迅速”的跨越发展的过程。它是在世界普遍交往的历史背景下，后发国家依据农业科技而产生的双重发展目标和任务的客观要求，采用以高级形态带动低级形态，以低级形态促进高级形态，使两种不同形态相互融合协同并进，从而加速历史进程，提升农业科技水平的一种后发型发展方式。它具有不连续性、开放性和异常迅速的特点。

（六）农业科技跨越发展的驱动力

从农业科技发展的状态及趋势来看，引发农业科技跨越发展的驱动力主要来自以下几个方面：

1. 国家需求 当代经济的发展主要依靠技术创新。不重视技术创新，一个地区乃至于一个国家就会停滞不前，甚至倒退。因而我国把实施跨越发展战略作为国家目标，结合跨越计划，以农产品国内外贸易为背景，以市场需求为导向，以产业升级、精品名牌产品开发为重点，以快速提高我国主要农产品的市场竞争力为主攻目标，实现农业科技的跨越发展。国家目标是实施农业科技跨越发展的主要驱动力之一。

2. 社会需求 “跨越”一般发生在农业发展相对落后的国家或地区。后发国家迫于生存与发展的压力，客观和主观上需要借助“跨越”某个常规发展阶段，以赶上世界发达国家或地区农业发展水平。中国经济水平、科技实力较之世界发达国家还有很大的差距，必须通过引进先进国家的科学和技术，替代有关科学与技术的研究与开发，大大加快社会发展进程。因而，社会发展是促使我们实施跨越发展战略的动力之一。

3. 农民需求 中国农村地少人多，数亿农民处于隐性失业状态，只有解决好就业问题，农民的收入才能提高。科技产业化是农业科技跨越发展的新趋势，实行产业化经营，大幅度增加农业整体效益，才能保证农民收入水平的提高和脱贫致富。而只要占全国人口 2/3 的农民的潜在消费需求能够转化为现实需求，仅此一项就能够推动中国经济以 10%的速度增长 10 年。因而，农民需求是推动农业科技跨越发展的重要驱动力之一。

4. 市场需求 经济发展的舞台，也是科技展现的平台，科技跨越必须在市场条件下才能实现，良好的市场运作机制与管理机制能够有力的推动科技跨越发展，放大科技跨越的效果。特别是我国涉农企业要发展壮大必须加快高新技术产业化，促进产业、产品结构升级优化，提高经济竞争力；必须加强技术创新体系建设，加强具有自主知识产权的技术的研究和开发，提高研究开发的水平和能力，通过科技跨越发展，增强后劲。因而，企业壮大的要求也可以促进科技的跨越发展。

（七）跨越发展的条件

跨越发展不是发展的普遍规律，而是事物发展在一定条件下的特殊表现，必须具备充分而必要的条件才能实现。

1. 外在条件 世界科技革命迅猛发展，经济全球化进程加快，这两者对我国经济和社会发展的影响都是双重的，既使我们面临巨大的压力、挑战，也给我们实现农业科技跨越发展提供了难得的机遇，为我国直接借鉴世界先进科技成果，实现农业科技的跨越式发展提供了客观基础条件。全球化是农业科技跨越发展的必要条件，经济落后的国家可以通过向发达国家学习，直接吸取一些比较先进的技术，从而跳过一些发展的阶段。

2. 内在条件 实现农业科技跨越发展，关键看一个国家的科学技术跨越能力。这种能力主要包括以下几个方面：

（1）经济实力。跨越发展是针对经济落后的国家和地区而言的，后发国家可以通过引进先进国家的科学技术和装备，替代有关科学技术与装备的研究与开发，从而大大加快发展进程。从经济基础实力来看，我国的国内生产总值（GDP）排名紧随美国、日本、德国、法国、英国等发达国家之后，我国的经济增长速度在世界上也处于前列，这是实现农业科技跨越式发展的物质基础。

（2）科技实力。世界经济发展历史一再证明，后进国家只要抓住科技革命的机遇，注重吸收先进的科技并加以消化、改进和创新，充分发挥后发优越，就可以实现跨越发展，赶上和超过先进国家。从我国的科技基础实力和水平来看，通过实施“863”计划、攻关计划、火炬计划等国家重大科技计划，我们突破了一大批关键技术，在若干高技术及其产业领域缩短了与发达国家的差距，为我国农业科技的跨越发展奠定了基础。

（3）体制环境。体制创新是实现农业科技跨越发展的重要方面。必须努力营造有利于农业科技跨越发展的良好体制环境，全面提高对外开放水平。深化改革，完善社会主义市场经济体制，为科技的腾飞创造一个更大的发展空间。同时必须构建国家创新体系，增强综合竞争力。

（4）人才素质。人才素质是农业科技跨越发展的“内发力量”。我国在知识积累和人力资本方面与发达国家的差距，使我国在参与新的国际分工中处于不利地位。因而，要采取一切有效手段消除排外观念，引进吸纳各类高级科技专门人才；大力培养信息技术人才和各类专门技术人才；不断创新和完善用人机制，吸引人才，留住人才和使用好人才，这是实现农业科技跨越发展的关键所在。

二、我国农业科技跨越发展的潜力与制约分析

（一）中国农业科技跨越发展优势与潜力

中国农业科技跨越发展的优势与潜力很大，主要表现在以下几个方面：

1. 我国农业科技跨越发展的后发优势

（1）经济全球化的不断深化加快了国家间农业生产技术转移速度，加速了国际农业科技知识向国内的转移。

（2）国际技术——经济模式的变迁和替代，创造了全新的农业新技术发展机会和技术替代的可能，为我国这样的后发国家提供了实现农业科技跨越式发展的重要契机。

（3）国际农业科学和技术合作的快速发展，以及我国农业科技机构国际科技合作能力的增强和大批国际科技合作人才的成长，为我国利用全球农业科学知识和技术储备创造了良好的条件。

（4）信息技术的发展为我国农业科技跨越式发展提供了必要的技术支撑。通过率先采用最先进的信息技术成果，实现农业科学、技术和产业资源的集成整合，可能为我国农业科技原始创新和集成创新能力与效益的整体提高奠定基础。

2. 我国农业科技跨越式发展潜力巨大 我国是一个传统的农业大国，素有精耕细作的优良传统，但农业生产的整体水平仍然较低，基本上还处于粗放经营的传统农业范畴，尤其是在农业劳动生产率、化肥和灌溉水利用率、农业机械化程度、饲料转化率和猪牛出栏率等指标上，于发达国家存在着明显的差距（表5-1）。

表5-1 我国同发达国家农业总体水平几个主要指标的比较

项目指标	中国	发达国家
科技对农业生产的贡献率	42%	70%～85%
农业劳动生产率	每个劳动力年生产：粮食1 450千克，肉类70～80千克	每个劳动力年生产：粮食2万～10万千克，肉类3 000～4 000千克
粮食单产	4 890千克/公顷	6 195千克/公顷
肉牛酮体重	169千克	305千克
作物良种覆盖率	80%以上	100%
化肥当年利用率	30%～40%	60%以上
灌溉水利用率	35%～40%	60%以上
农业机械化程度	机耕率：54%；机播率：28%；机收率：14%	全面机械化

资料来源：卢良恕，面向21世纪的中国农业科技与现代化建设，农业经济问题，2001（9）：5。

差距既表明一种劣势和落后，同时也预示着一种优势和机会。如果我们能够迅速整合资源，实现农业科技的跨越式发展，并通过一种适当的途径将科技因素和农户的农业生产相结合，我们就完全有可能通过引入科技因素来改造传统农业，提高农业生产率，让农业既成为我国经济发展的增长点，又成为解决农民增收的一个大产业。

3. 我国科技投入的空间很大 新中国成立初期，GDP只有679亿元，到1998年，已接近8万亿元，扣除物价因素，年均增长7.7%，大大高于世界同期年均增长3%的水平，GDP居发展中国家首位，在世界排名第七位。据有关专家初步预测，未来我国国民经济将继续保持较快增长。到2015年以前，GDP年均增长率仍有可能保持在一个比较高的水平。

强劲的经济发展势头和强大的综合国力，为我国农业科技投入的迅速增加提供可能。2001年，我国科技投入经费总量首次超过1.1%，农业科技投入也随之有所增加。估计未来这种增长的势头还会持续，而且总量会大大增加。科技投入的增加必然带来科技创新能力的提高，科技成果产出的增加，将为我国实现农业科技跨越式发展提供坚实的保证。

（二）制约我国农业科技跨越发展的关键因素分析

中国农业科技跨越发展的基本条件日趋成熟，但目前还存在一些问题需要亟待解决，才能实现跨越发展。主要的制约因素有：

1. 体制与机制制约　实事求是地讲，我国的农业科研体制还存在不完善的地方，例如农业科技教育供给资源渠道过于单一，供应量也不足；科技管理体系条块分割、多头管理、机构重复、力量不集中，学科组织缺乏活力，创新机制的吸引力不够；农业科研过分偏重于产中技术，对产前和产后支持不够；农业科技开发与管理与现有的市场化和产业化的机制不协调，政府对科研成果急功近利，使科学研究不能集中精力地深入研究；农业科技成果管理相对混乱难以有效地进入市场；农业科研协调与组织不力导致课题重复或分散现象时有发生；中央与地方政府在科研项目管理政策上的不协调导致不是管得太死就是放羊式管理；科技队伍建设也存在断层或老化；科技工作者待遇不高，科研积极性不强；科研经费分配不合理导致经费太多的花不了或缺乏经费不能正常运转；农业科学研究立题机制不健全存在课题分配不合理，出现重点不突出或者分配太过于集中难以达到预期的研究效果等不一而论，所以亟待研究建立适应市场经济规律的科技管理体制与运行机制。建立有活力的现代科技管理制度是农业科技跨越发展的核心和关键措施。

我国目前还缺乏有效的科技积累与科技资源共享机制。科技管理体制存在着重项目、轻基地和机构能力建设，重物不重人、重课题不重知识积累的现象。学术界内部未能形成良好的交流与合作机制，存在着一定程度的学术封锁。分散在各个科研院所的科技资源难以实现有效共享，造成巨大的人力和财力浪费。

因此，要使我国农业科技出现跨越式发展，就必须针对我国农业知识创新中创新能力不强、实验条件较差、信息交流不畅、数据资源难以共享等突出问题，整合现有科技条件资源，集中投入，建立具有开发性、共享性的农业知识创新基础条件平台，特别是要加强重点创新基地、重大仪器设备、重大科技数据和公共情报信息等基础条件建设，向全社会提供农业知识创新的基础条件平台，既为专业创新队伍提供更好的创新条件，也为全社会其他人员提供开展知识创新的平等机会。中央和地方政府要制定有关的政策，增加农业知识创新的基础设施投入，支持农业科学基础研究的前沿探索，引导和鼓励企业等其他非政府机构参与投入农业知识创新；要提高农业科研人员的待遇，改善农业科技工作条件，为开展农业知识创新提供一个良好的环境。

2. 投入不足制约　由于我国目前尚未形成与国民经济发展同步增长的科技投入机制，因此与我国经济增长和国家财政增长水平相比，与《科学技术进步法》的“国家财政用于科学技术的经费的增长幅度，高于国家财政经常性收入的增长幅度”的要求相比，我国科技投入仍然存在较大差距，而且已连续多年出现国家财政对科技支出比重下滑的情况。具体就农业科研投入而言，情况更为严重。目前，发达国家农业科研经费占农业生产总值的比重为3%～5%，世界平均水平为1%，而我国仅为0.2%左右，不仅明显地低于发达国家，而且低于一些发展中国家的水平。由于农业科研经费严重不足，造成仪器设备老化而不能更新，一些田间试验和实验室实验规模缩小，试验农牧场缺乏必要的设施和农机具，科技图书和期刊大量削减，必要的学术会议和现场考察无财力参加。

农业科技经费投入严重不足，影响了农业科技事业的健康发展，使农业科技单位步履维艰。我国农业科研投资长期处于较低水平，既低于世界平均农业科研投资强度，又低于我国其他科研领域投资强度。不仅如此，我国农业科技开发投资少得可怜。根据资料统计，国际上用于科研、应用开发和产业化开发3个环节的投入比例，一般为1∶10∶100，而我国这一比例即使在上海等大城市也仅为1∶1.5∶26。

3. 资源紧缺制约　中国是一个农业资源极度缺乏的国家，严重制约了农业的发展，再加上巨大的人口压力，要实现跨越发展的难度很大。中国的人均耕地只有世界平均水平的40%，而且在未来15年内耕地资源由于建设与社会发展还将持续减少，加上生态环境建设的需要，非农耕地的退耕还林还草，即使整治、复垦和开发，但下降的趋势难以逆转；中国水资源只有世界平均水平的1/4，是人均水资源极度缺乏的国家，水资源的时空分布极不平衡，合理开发利用的难度很大，严重制约了农业与农村经济的发展；中国的经济基础很差，严重制约了对农业领域的投资与开发，在很长一段时间内，农业发展的基础仍然很薄弱，农业生产环境很难有较大的改善。

4. 生态环境制约　中国是世界上水土流失和土地荒漠化最严重的国家之一，水土流失面积367万千米^2，占国土流失面积的38%，每年的土壤流失量超过50亿吨；土地荒漠化面积262万千米^2，仍每年以2 400多千米^{2}的速度增加；草地资源退化面积达到90%；渔业资源日趋枯竭，加之化肥、农药和除草剂造成的污染问题很突出，地表水的断流与污染问题困扰着各级政府，自然灾害频繁发生，这些生态环境恶化的问题已急需要解决。改善生态环境，实现山川秀美的任务很艰巨，因此农业发展面临的任务重、压力大。

5. 区域不平衡制约　我国农业地域资源差异很大，加之受社会经济等因素的影响，形成了东、中、西农业产业布局差异，而且这种差异愈来愈大，极不利于农业的全面整体推进与发展，特别在全球一体化的时代很难适应经济市场的规则，在国际贸易中容易遭受各种壁垒。面对复杂国际贸易争端的挑战，这种经济发展差距难以在短期内缩小，区域农业与农村科技能力的差距十分悬殊，促进区域农业生产协调发展的任务十分艰巨。

6. 人才制约　特别表现在农业科技领域中的“领军型”人才稀缺。新中国成立后，特别是改革开放以来，在党和国家的高度重视下，我国农业科技创新人才队伍建设取得了长足的进步。在人员数量和结构上都有了较大的提高和改善，但是，由于科技政策不很完善，经济基础条件较差，我国农业科技创新人才事业中还存在不少问题。具体表现在：

（1）缺乏农业科技尖端人才和学科带头人，导致高新技术研究乏力；缺乏市场意识强、管理水平高、开拓能力大的开发型人才，导致农业科技产业化发展滞后。特别是我国加入世贸组织之后，农业人才进入全球市场流动的大循环，尖端人才的流失问题极为严重，成为影响我国农业科技水平提高的重要因素。

（2）基层农业科技队伍不稳定，科技人员工作、生活条件差，待遇较低。20世纪90年代以来，我国农业科技人力资源密度不断下降，由1990年每万名农业人口1.03人下降到1995年的0.78人。这种下降趋势与国际上随着经济的发展科技人员密度增长趋势相违背。同时，农业科技人员的分布也很不均衡，东部沿海地区多于中西部地区，县以上部门多于基层。由于基层工作和生活条件较差，农业技术推广队伍不稳定。

（3）全国现有100余万科技人员从事农业科研、教育和技术推广工作，但这支人才队伍相对于一个有近13亿人口、9亿农民的大国来说，显然又是人数偏少的。从事创新工作的人员又相对更少，专门从事创新研究并有创新任务的不足农业科技人员总数的5%。近年来，我国农业科技创新人力资源密度处于下降的趋势，这与国际上随着经济的发展科技人员密度增长的趋势不相一致，也与我国农业科技创新发展的实际需要存在较大差距。

2000年统计，我国农业科技人员中有研究生学历的占5.9%、大学学历的占36.0%、大专学历的占22.4%、中专及以下学历的占35.6%（图5-1）。国家级、省级和地区级科研单位拥有博士学位的科研人员的比例分别为5.5%、1.2%、0.06%，拥有硕士学位的农业科技创新人才比例也只有12.6%、5.9%、1.1%。大专院校农业科技创新人才的比重较低，从事科技创新的人数仅占全部教师人数的10%左右。创新人才在省、地之间的分布差别较大，相当多的创新人才集中在大中城市，这对不少与自然生态条件密切相关的农业科技创新工作是不适应的。

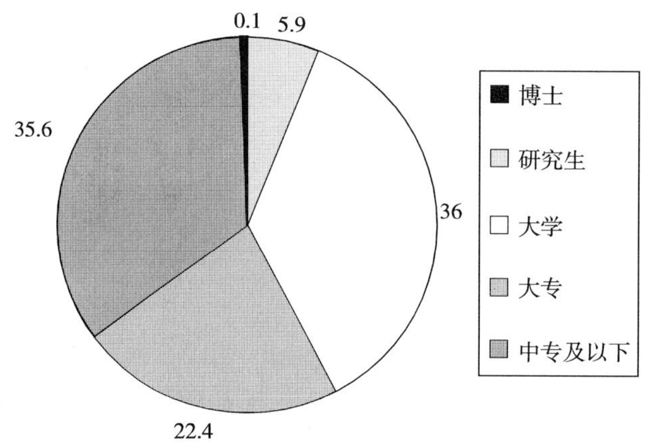

图5-1 2000年我国科技人员比例（%）

（4）从我国农业科研力量的专业结构看，科技创新力量仍然主要分布在种植业等几类传统领域中，科技创新工作不能满足农业新形势对专业多元化的需求。例如地区以上农业科研机构中，2000年硕士生以上学历的农业科技创新人员从事种植业的占73.2%，从事畜牧业的占16.2%，从事渔业的占6.0%，从事农垦的占2.4%，从事农机化的比例为2.2%。

7. 文化因素制约 我国目前“重工轻农”社会文化因素依然存在。农业以及农业科技发展中的许多问题都与深层的社会文化因素有关，以“三农”问题为例，该问题历来是我国社会经济生活中的一大基本问题，由这一问题折射出来的制度成因也是多方面的。但要探析与“三农”问题形成相关的终极制度原因，根植于中国历史文化中的社会等级制度当为其要。

新中国成立以来一直延续至今的我国二元社会体制，是通过实行工农产品“剪刀差”价格机制、城乡二元户籍制度和偏斜的国民收入再分配政策，以大量的农业与农村的经济剩余补给城市建设和工业发展资金，结果使农村社会、农业发展和农民生活历史性地停滞不前，城乡之间的差别越拉越大。事实上，二元社会体制本质上反映的是按社会等级高低决定发展的先后顺序、接受各种公共服务的多寡以及就业的选择机会等。就农民而言，除了土地可算做是有保障的生活来源外，其他社会公共服务和福利保障少而又少；相反，中国农村多数县乡财政的窘况和供养人员过多，不仅危及到对农民的公共服务，更加重了农民的负担。

此外，农业被习惯性的看成是亏损产业，农业部门的投入相对少很多。农村的农业科技基础极其薄弱，多数学生不愿意到农业学校就读，进入农业学校的学生也有很大一部分学非所用。农村基础教育资源不足，农村人口文化素质低是重要原因之一，这几年一些地区义务教育也很难有效的贯彻，失学现象大量存在，加之经济的贫困，义务教育就更难以保证，初中以后辍学进城打工成为农民子女选择的主要就业途径。新时期中国农村教育的现状不容乐观，在知识成为发展的重要资源的时代，如何带动农村队伍谋求发展成为国家与政府思考的焦点。在15～20年后中国农村的经济发展也许还会面临人口素质低的问题，现在急需要做的工作就摆在我们的面前——重视教育，政府有责。

三、我国农业科技跨越发展的战略目标和任务

（一）跨越发展的总体目标

农业科技跨越发展的总体目标是：实施国家科教兴农战略，构筑新型农业科技创新体系，提高农业科技创新能力，尽快缩短与发达国家间的差距；在总体上接近世界先进水平，部分领域居于世界前列；全面提升农产品国际竞争力，维持生态平衡，增加农业效益和农民收入，保持农业和农村经济持续、稳定、协调发展。

（二）跨越发展的总体思路

我国农业科技要实现跨越发展，必须立足国情，坚持面向农业、面向农村、面向农民，把农业科技的发展与改革有机地结合起来，针对农业与

农村经济发展迫切需要解决的技术问题，突出重点，有所为有所不为，以新的农业科技革命为动力，跨越式促进农业产业革命，实现农业可持续发展。

1. 自主创新　农业科技跨越发展必须建立在自主创新的基础上，国外的高新技术不可能很好地向我国转移，即使有些农业技术的引进也不一定适合我国特定的国情。因此，我国农业科技要自主加强软科学研究，提倡和支持自然科学与社会科学交叉研究，把科学技术的应用与加强管理紧密结合起来，大力开展应用研究的同时，重视基础性研究，加大原创性、有自主知识产权的科技成果比重，为农业科技创新提供理论与技术储备。

2. 体制优先　要深化农业科技体制改革，建立农业科研、教育、推广三位一体的农业科技体制和具有活力的运行机制。要打破行政区划的界限，以农业区域布局为基础，建立跨行政区划的农业科技网络，把科研单位、高等院校等科技资源整合起来，确定适合本区域优势的科技攻关项目，在人、财、物方面形成合力，集中优势"打歼灭战"，解决重大科技问题。科技管理部门对科研项目实行公开、公正、公平的原则，导入竞争机制，增强活力，优胜劣汰，使科技成果与效益紧密结合起来。为此需要建立并实行激励科技人员创新的奖励制度，从根本上改变科研与生产脱节的现象；对农业科技单位采取适合农业客观规律的稳妥的改革措施和必要的对公益性研究单位同样的财政拨款与经费支持。

3. 以人为本　中国农业要赶超世界先进水平，必须向知识农业大步跨越。为此必须注重人力资本对农业和农业科技发展的重要作用。要加强科技队伍建设，跨越式培养、造就和储备大批科技人才。我国的农业科技人员虽然占人口的比例很小，但绝对数量是不小的，人才的使用上存在严重浪费现象，高等农业院校毕业生有一半左右改行；要加强农民的科技培训，提高农民科技素质。充分利用培养农民技术员的"绿色证书工程"、"青年农民科技培训工程"、"农业远程教育培训工程"以及农业电视、广播、函授等多种农业教育形式，使农民掌握现代农业技术。大力发展中等农业专业教育和成人职业教育，根据地区农业发展的主导产业，培养掌握主导产业的主导技术，提高农民的整体素质。

4. 重点突破　当代农业科技发展日新月异，新兴学科不断涌现，高技术应用生命周期不断缩短。科技实力的竞争已成为综合国力竞争的核心，农业科学技术已成为推动世界农业发展的强大动力。以农业生物技术和信息技术为特征的新的农业科技革命浪潮正在兴起。这就使得我国在许多领域与发达国家处在相同或相近的起跑线上，也决定了我国不可能、也不必要在所有领域重复发达国家所走过的科技和产业发展道路。因此，必须贯彻“突出重点”的原则，充分利用各种资源，在广泛吸收国外先进科学技术成果的基础上，从未来农业科技发展趋势及我国经济、社会发展需求的实际情况出发，选择一些重点领域进行攻关，努力实现农业技术和社会生产力的跨越式发展。

（三）跨越发展的战略重点

1. 高新技术带动战略　20 世纪后期兴起的新的农业科技革命就是以生物技术和信息技术为主导和领军的，作为新兴的科学和技术，其自身发展日新月异，同时全面和深刻地推动着农业常规科技的进步与升级，它们是农业科技发展的中坚与引擎。这一战略重点的目标是致力于农业生物技术和信息技术的突破，促进农业生产力飞跃性提高。

（1）发展农业生物技术。以动物、植物和微生物重要性状功能基因的发掘利用为重点，实现从跟踪性研究到自主创新研究；从通用技术的应用到开发、建立关键性、高能量平台技术；从主要依赖资源优势到重点发挥基因和产品优势的三个重要转变，使我国农业生物技术的研究和应用在整体上进入世界先进行列，某些重要领域处于国际领先地位，在自主创新能力方面达到或超过中等发达国家的水平。近期（2010 年以前）农业生物技术发展的重点主要包括：以分子标记辅助育种为主的动植物分子育种技术；以代谢工程为重点的农作物与林木的转基因育种技术；农业微生物基因工程技术等。

（2）发展农业信息技术。农业信息技术跨越发展的目标是通过信息技术要能够改造传统农业，使农业生产、管理、决策和市场逐渐实现信息化；使信息技术成为农业新技术示范、推广和应用的最主要形式；成为农村教育的主要手段和农业科研的基本方法。农业信息技术跨越发展的战略重点主要包括：农业信息技术标准化体系的建立与基础信息平台建设；农情监测与决策支持系统；数字农业技术及现代农业信息服务体系的建立。

2. 常规技术升级战略　育种、施肥、灌溉、植保、养殖、兽医、农机、设施、废弃物资源化等农业常规技术支撑了农业的生产与发展，但我国现阶段农业总体上仍处于高投入、高成本和低效率、低品质的状态下运行，影响了农民收入和产品的市场竞争力，加大了对资源和生态环境的压力。因此，必须采取升级战略，将这种常规技术状态全面升级到高效率、高品质和低投入、低成本、对生态环境的低负面影响的新的台阶上来，实现常规农业技术的升级跨越。常规技术升级战略的目标就是通过常规技术中重大关键技术的突破取得重大成果和显著效益，提升我国农田及农业综合生产能力。因此，要围绕“效率革命”（提升育种效率；提高水分、肥料的利用效率；降低畜禽实亡率；减少农产品产后损失率等），走“精细化”、“健康化”、“标准化”的道路，实现农业常规技术升级。重点任务主要有：优质高产抗逆动植物新品种培育；畜禽水产现代养殖技术与重大动物疫病防控；农产品深加工和物流配送；农产品安全生产与绿色（无公害）农业；农村生物质能源与生物质材料关键技术研究；现代农业装备与农业设施技术；资源高效利用与节水农业。

3. 基础科学牵引战略　我国是个农业大国，要使农业科技成为有源之水、有本之木，必须要有我国自己的农业基础科学研究的体系和队伍。切实加强基础性、超前性农业科学研究，力求原始创新，增加农业科技储备。要集中优势科研力量，在农业基础科学领域中取得重大突破，在新的科技革命中率先达到国际先进水平，并在科技创新中发挥“发动机”的作用。基础科学牵引战略即是以“原始创新”为根本，致力于农业重大基础研究及基础性工作，提高农业科技创新能力。力争在杂种优势利用、光合作用机理、生物固氮、动植物重大病虫害灾变规律、动植物基因组等领域取得重大突破，达到国际先进水平。加强种质资源收集保存、农业预测监控、生物多样性保护等农业基础性工作。

4. 高投入推动战略　长期以来，我国农业科技投入不足，投入总量、投入方向、投入渠道都存在较大的问题。投入总量虽有增加，但占GDP的比重仍然很低。1999年农业科技投资强度为0.44%，其中政府财政投资强度仅为0.23%，远低于经济发达国家平均的2%，34个最不发达国家平均的0.67%。投入方向偏重于产中研究，产前、产后投入很少。投入渠道单一，以政府投入为主，企业与社会投入少。农业科技投入的不足等问题严重制约着我国农业科技的产出和创新能力。要实现农业科技的跨越发展，必须建立以政府为主体、多元化投入机制，增加农业科技投入。

5. 新体制保障战略　借鉴国外农业科技发展的经验，推进我国农业科技体制改革；实事求是地总结我国农业科技体制改革中的经验教训，少走弯路。下定决心、花大力气改革不适应农业和农业科技发展规律、障碍农业科技进步的体制和机制，是实现科技兴农战略、推进农业科技改革的关键。新的农业科技体制在人才、机构、环境等方面必须具备以下几个特点：

——资源高效整合：能够将原来分散的科研机构、人才等资源有效集合。

——持续高效运转：新的科研体制要在资源高效整合的基础上改变过去低效率的运转模式，建立高效率工作机制。

——人才聚集放大：新的农业科研体制必须能够“网聚”各路人才，将原来分散的人才聚集起来，形成放大效应。

——优良工作环境：特别是有效的政策环境尤为重要。要改变过去不适宜的科技政策，建立适合中国国情的科技政策。

（高旺盛　奉公　王济民　王国升　于双民　董文）

主要参考文献

[1] 张宝文主编．新阶段中国农业科技发展战略研究．北京：中国农业出版社，2004

[2] 卢良恕．面向21世纪的中国农业科技与现代化建设．农业经济问题，2001，(9)

下篇

领域篇

第六章　现代生物技术

现代生物技术是对植物、动物、微生物的生命活动和生物系统进行改造和利用，达到提高产量、改善品质、保护环境，满足人类生活和社会发展需求的相关技术，它包括植物生物技术、动物生物技术和微生物生物技术。自20世纪中叶开始，分子生物学等新兴学科的诞生，使现代生物技术迅速发展，推动了新老学科不断发生交叉与渗透，整个生物科学的面貌发生了深刻的变化，并成为解决人类社会面临的人口、健康、食品和环境等重大挑战的最有潜力的技术手段。

一、现代生物技术的发展趋势

（一）生物基因资源的研究与新基因的挖掘利用成为竞争焦点

生物新基因在未来生物技术产业开发中具有举足轻重的地位，基因发掘是生物技术产业发展的关键，重要功能基因发现和利用对于带动新的农业科技革命意义重大。如在我国水稻地方品种“低脚乌尖”中鉴定出的矮秆基因 *sd1*，后来被广泛用于全世界的水稻矮化育种，育成了一大批新品种，为著名的“绿色革命”做出了突出的贡献。我国大豆资源中的抗孢囊线虫基因被美国科学家利用后，使美国大豆生产由进口国成为出口国，被称为“挽救了美国的大豆生产”。

获得具有自主知识产权的基因，已经成为各国竞争的焦点。各国政府竞相投巨资建立规模化设施平台或基地，取代了传统的作坊式分散型的研究，为大规模开展生物基因资源研究与利用提供保障。如美国在国家自然基金（NSF）的资助下开展了“植物基因组计划”，重点发掘玉米等重要作物及拟南芥的新基因；法国设立了 Gene Plant 项目，进行与植物抗病、抗逆、营养高效、品质等相关基因的发掘；国际农业研究磋商小组（CGIAR）也启动了以发掘新基因为目的的“遗传多样性挑战计划”。

（二）分子育种技术日趋实用化，转基因作物将进一步大规模推广应用

随着各种高通量、自动化标记分析仪器的使用和成本不断下降，分子育种技术日趋实用化。分子标记辅助育种技术、转基因技术的广泛应用克服了传统育种方法周期长、预见性差、准确率低的局限性，提高了选择效率，使农业生物新品种的快速定向培育逐步成为现实。目前，国际上抗虫、抗病、抗除草剂的转基因棉花、玉米、大豆、油菜等已进入大规模商业化应用阶段。据统计，全世界转基因作物种植面积从 1996 年的 170 万公顷猛增到 2004 年的 8 100 万公顷，8 年增长了 47 倍。预计在今后 5 年内全世界转基因作物的面积将会有更大幅度的增加，2010 年世界范围内 50%的耕地将种植转基因作物，至 2020 年将增至 80%。由此可见，全球转基因植物发展十分迅猛。

（三）转基因动物、体细胞克隆等技术研究进展迅速，将成为动物育种的重要途径

1997 年世界上第一个体细胞克隆绵羊“多莉”的诞生，标志着动物核移植技术取得了重大突破，随即掀起了各类高等动物无性繁殖的研究高潮。短短几年间，体细胞克隆的小鼠、大鼠、牛、猪、猫、驴、马、骡子、水牛等动物相继问世。克隆动物的生产成本逐渐下降，牛的每枚克隆胚胎的生产成本不足 200 元（远远低于活体生产的胚胎，1 000～3 000 元），克隆动物的群体不断扩大，克隆个体与非克隆个体没有明显差异，其相关产品不存在生物安全问题。随着技术的成熟，克隆个体的难产率和死亡率明显下降，实现了正常分娩，加速了克隆技术的产业化进程，一些企业和研究单位采用了克隆技术繁殖优良个体，并取得了可观的经济与社会效益。动物体细胞克隆技术朝着简单化与产业化方向发展，随着技术的突破，难关不断被攻克，克隆技术将成为动物扩繁的主要手段与方法。

利用转基因技术发展高附加值的外延型畜牧业逐渐受到重视。目前已有动物乳腺生物反应器生产的人抗凝血酶原Ⅲ、α-1-抗胰蛋白酶等数种药物和抗体进入临床试验；用于制作军用防弹衣的蜘蛛牵丝蛋白（“生物钢”）已开始投入生产。我国在这一领域也取得了令人瞩目的成绩。转基因快速生长鲤鱼使我国鱼类转基因技术继续保持了国际领先地位。

（四）基因工程疫苗成为畜禽重大疫病防治的重要手段

近 20 年，国内外在兽医生物技术领域的研究及应用开发上取得了显著的进展，利用生物技术手段研究开发新型疫苗以取代现用的常规疫苗已是不可阻挡的趋势。基因工程疫苗研究呈现以下几个特征：

1. 分子化、可标记化　用分子水平从不同的角度设计、筛选抗原性强、免疫效果好的各种分子水平标记疫苗（主要包括基因缺失疫苗、亚单位疫苗、活载体疫苗、合成肽疫苗以及 DNA 疫苗等）。这些疫苗的共同特征是都带有可供鉴别诊断的标志，便于建立一种诊断方法用以区分疫苗免疫动物和自然感染的动物。

2. 安全化、绿色化　研制新型标记疫苗的共同特征是克服了传统疫苗的缺点，避免了制备病原过程中可能引起的散毒，以及应用过程中可能发生的病原变异的隐患，对动物安全、对环境安全、对食品安全。

3. 免疫呈递物质多样化　传统疫苗的免疫呈递物质主要是蛋白质或完整病原，而随着生物高技术的发展，多肽、蛋白质、DNA、RNA、基因片段、病毒粒子等多种物质都可以作为疫苗，进入动物体后通过不同的免疫机理诱导机体产生细胞免疫和（或）体液免疫。

（五）农业微生物技术研究正在孕育新的突破

近年来，应用于病虫害防治、节肥增产、饲料与食品添加剂、环境污染物降解等领域的农业微生物研究已深入到分子水平，生物技术已成为微生物遗传改良和新一代微生物制品研制的有效手段。

利用基因工程、代谢工程技术，构建高效生物反应器技术平台和菌种改良技术，以期规模化廉价生产，解决推广应用成本问题。发酵技术和产品加工技术的研究重点是针对几类主要的工程微生物，建立高效的高密度发酵方法，并开发高效稳定的产品加工技术，提高农业微生物产品的稳定性、实用性和应用的高效性。在研究技术手段上以高新技术的应用为特征，通过新技术、新方法的引入、关键技术难题的解决和共性技术平台的建立，使新型农业微生物产品的研发周期大大缩短，产品更新换代速度越来越快，新的产品不断涌现，有些种类大有取代现有产品之势。

（六）现代生物技术产业成为新的经济增长点，产业化进程不断加快

鉴于世界性的粮食短缺和危机感，各国都已开始重视生物技术在农业

中的作用。利用分子技术培育高产、抗逆、优质农作物品种，大大提高了现代农业的科技含量和技术附加值。通过动物生物技术改善畜禽的生产水平与产品质量，提高人民的生活水平。利用代谢工程技术、生物反应器生产出高附加值的健康食品。一批大型农业生物技术企业集团迅速崛起，如孟山都公司、杜邦公司等跨国公司，纷纷投入巨资打造生物技术产业的“航母”集团，大大加速了农业生物技术产品产业化的进程。过去 10 年，世界各国在发展农业生物技术方面的投资增长了 10 倍。预计 2010 年以前发达国家在该领域的总投资将达 2 000 亿美元以上。跨国公司等私人企业通过重组、并购加快了产业结构调整，进一步增强了竞争实力，现已逐步成为农业生物技术研究开发的主体，农业生物技术作为新兴的高新技术产业已在发达国家形成，并进入一个高速发展时期。

二、新型工业化背景中对现代生物技术的需求

随着我国人口增加、城市化加快和人民生活水平的提高，食物供求矛盾将更加突出。面对耕地面积持续减少、农业资源短缺、环境恶化和市场竞争激烈的多重压力，实现我国食物安全供给及农业可持续发展，必须以大幅度增加相关科技储备为依托。

（一）植物生物技术领域

1. 高效基因资源发掘技术　建立高通量、低成本的分子标记与基因鉴定技术：利用获得的 EST 以及功能基因序列，开发以 SNP 和插入缺失多态性（InDel）为代表的功能标记。农业生物资源优异基因的标记、精细作图和定位：应用基因作图、QTL 分析、基因表达、关联分析和生物信息学技术等，大规模地标记我国主要农业生物种质资源中的高产、优质、抗逆、抗病（虫）、高效基因。

2. 高效分子标记辅助选择技术　建立高通量、低成本的分子标记技术体系，开发新型分子标记，建立高通量、低成本的基因鉴定技术及分子标记开发技术平台。准确、快速、高效、大规模地标记我国主要农作物种质资源中的优质、抗病（虫）、高产、抗逆基因；建立解析和标记复杂经济性状的材料平台，将分子标记辅助选择的目标从简单遗传性状逐步转向遗传比较复杂的性状。建立多基因聚合育种技术体系，培育高产、优质、多抗和持久抗性的农作物品种以及稳产、环保和资源可持续利用的新型品种。

3. 主要农作物转基因技术　建立大规模分离和克隆植物基因的技术体系；开展主要植物高产相关基因、抗逆（旱、涝、寒、高温、盐碱、金属毒害等）基因、抗病虫基因、优质（包括营养品质、加工品质和商品品质等）基因、营养（磷、氮等）高效利用基因等的分离和克隆，并对获得的基因进行功能验证。

建立和完善主要动植物的遗传转化技术体系，提高重要功能基因的表达效率，开展高效、特异表达启动子和其他调控元件的分离克隆研究；构建新型安全高效转化载体，建立并完善无抗生素标记基因技术、外源基因定时和定向表达技术，完善主要植物目的基因的规模化、工厂化转化技术体系。

加强安全性评价方法、检测技术体系等基础科学和技术方法的研究，尤其是需要加强以转录组学、蛋白组学和代谢组学为中心的新评价技术体系研究；健全和完善转基因植物监控技术体系，尤其是基因流和生物多样性影响研究。

4. 分子设计育种技术　构建农作物分子设计育种技术平台，包括应用于分子设计的所有生物技术的综合运用。即转基因、基因敲除、RNA干扰、基因开关及基因时钟等技术与传统的遗传育种和分子标记辅助选择育种结合，进行定向改良农业生物的技术体系。建立分子设计育种信息系统：包括分子设计育种需要的大量表型数据及其对应的遗传背景资料、分子标记、基因表达调控等数据，在此基础上进行设计目标定向改良生物。

（二）动物生物技术领域

1. 高通量的基因资源及体细胞供体细胞资源挖掘技术　充分利用我国现有的、适应不同环境条件的优良动物品种的遗传资源，借助基因芯片技术筛选高表达、活性强、效果显著的新基因；利用生物信息学设计与合成数字化基因；通过 RNAi 技术测定基因的功能，构建高表达的转基因结构，实施转基因操作。

不同个体、不同细胞类型的克隆效率存在着很大差异，输卵管上皮细胞＞胎儿成纤维细胞＞成年动物的成纤维细胞。而采用原始生殖细胞或胚胎干细胞作为核供体，无论在囊胚发育率还是内细胞团的细胞数量上均好于体细胞。因此对胚胎干细胞的研究将极大地推动转基因克隆技术的发展。

2. 体细胞克隆技术的自动化及转基因克隆动物的育种技术　体细胞核移植技术是一项技术要求高、人力消耗大的固定操作过程。现行的操作主要是通过显微操作系统来完成的，完全可以实现自动化。通过比较细胞自动注射系统可以生产出自动化的显微操作系统，提高工作效率，减少人力、物力消耗。

转基因方法的不同，使所生产的转基因动物也有所不同。随机整合的转基因动物因外源基因插入位点和数量的不同，表达水平也有较大的差异，并在传代过程中表达水平发生一定变化。应结合传统育种方案建立转基因动物育种的策略，监控转基因动物的生产效率和生物安全性。

3. 新型高效基因工程疫苗的研制技术 基因工程疫苗最大的优势是在免疫原的选择上使用了动物病原的优势抗原基因，由此研制的疫苗可以实现疫苗免疫动物和自然感染动物的鉴别诊断。由于这类疫苗保持了灭活疫苗安全性好的特点，又充分借鉴了减毒活疫苗的优点，因而可以在激发有效的免疫应答的同时兼顾了安全、环保、绿色的要求，可以在未来动物疫病的控制上发挥巨大的作用。同时，由于基因工程疫苗在研制的技术上具有创新性，可以保证我国开发生产的疫苗保持技术上的优势，扭转动物疫苗生产领域没有产品出口的被动局面。用生物高技术手段取代传统的病毒、细菌等病原的培养制备方式，研制新型兽用生物制品；解决以传统方法难以培养或无法培养病原的难题，获得疫苗研制的重大技术突破。

4. 疫苗载体的多元化 活载体疫苗是目前新型疫苗研究领域发展的最好方向，国内外都有不少的产品投入了商业化生产。实践证明，载体疫苗对推进新型疫苗的研制和产业化发挥了重要的作用，通过它的出色的临床表现使人们看到了基因工程技术的应用前景，增强了采用基因工程手段防御疾病的信心。但是，同一种载体在临床上大量使用势必会造成免疫干扰，削弱疫苗的免疫效果，因此需要开发出多种疫苗载体，实现载体的多元化。

5. 新型疫苗佐剂和耐热冻干保护剂研制技术 研制出效果良好、价格低廉的疫苗佐剂，扭转我国长期以来高效疫苗佐剂依赖进口的局面。探索耐热冻干保护剂开发技术，解决我国动物疫苗保存、运输过程中因冷链中断而造成的免疫失败，同时突破国际技术壁垒，获得具有自主知识产权的保护剂产品。

（三）微生物生物技术领域

1. 农业微生物相关基因资源的高通量筛选的共性技术 从长远角度和世界范围讲，谁掌握和控制了基因资源，谁便拥有和具备了真正的竞争优势。依据我国微生物资源丰富的优势，针对生物饲料、生物农药、生物肥料的特性要求，广泛开展相关基因的筛选、分离和功能验证。尤其要注重特殊环境微生物和未培养微生物中的基因资源，利用最新发展起来的分子生物学技术手段，建立基因资源直接分离的高通量技术法，获得一批有自主知识产权、有应用价值的新基因。

2. 农业微生物研制平台技术

（1）农业微生物产品的高效表达平台技术和多功能菌株改良平台技术。利用现代分子生物学技术，如微生物免培养技术、基因打靶技术、error - proven PCR 技术、DNA shuffling 技术、DNA 微突变高通量快速筛选技术、基因敲除技术、基因删除技术，以及各种不断更新的基因工程技术、代谢工程技术、生物信息技术、基因组学研究成果等，构建高效生物反应器技术平台和多功能菌株改良技术平台，最终使农业微生物产品的高效表达和多功能菌株改良程序化和标准化。提高工程菌的应用效率，降低生产成本，以期规模化廉价生产。

（2）新型发酵和产品加工平台技术。重点针对十余种主要的农业微生物产品，建立高效的高密度发酵技术平台，并开发高效稳定的产品加工技术，提高微生物产品的稳定性、实用性和应用的高效性。

（3）农业微生物产品的配套应用技术体系。针对生物饲料、生物农药、生物肥料中的 5～10 种最重要的产品，研究其使用方法和标准，以及配套的复合应用技术，建立有效的应用技术体系。

3. 农业微生物产品研制的关键技术和前沿技术

（1）各种新型抗菌肽、生物饲料添加剂、生物农药、生物肥料的基因重组关键技术研究，关键是新型载体——表达系统的改造和构建，高效率选择指标的建立，表达产物的抗蛋白酶水解能力和对毒性表达产物不敏感的特异性表达系统改造和构建。

（2）应用最新生物信息优化设计和体外改造目标基因、目标氨基酸、目标肽和目标蛋白质的关键技术研究，并且形成有农业生物技术特色的新产品创新研制技术。

（3）赖氨酸、苏氨酸、维生素 B_2 等重要饲用氨基酸、维生素产品的相关的代谢工程菌构建关键技术研究，从这里开始有可能找到我国产品走出依赖进口的突破口。

（4）采用生化工程原理和计算机软件技术，优化诱导、表达，分离、纯化提取技术，降低生物技术产品成本，促进贵重生物技术产品在薄利性农业产业中的普及应用，缩短实验室成果走向车间的距离和时间，加速新产品产业化进程。

三、现代生物技术对农业科技的影响

（一）引发新的农业科技革命的产生，构筑食物安全体系

我国是人口大国，又是农业大国，粮食可持续安全供给始终是关系人民生活和社会稳定的根本性问题。在目前耕地面积呈刚性减少的严峻形势下，要增加粮食的有效供给，首先要在提高单产上取得突破。20世纪90年代以来，我国主要粮食作物的产量潜力增长非常缓慢，且波动较大。今后提高单产，关键是选育在各种气候和土壤条件下产量潜力都能有重大突破的作物新品种。自20世纪50年代以来，主要农作物实行矮化育种和推广利用杂种优势带动了农业生产出现两次飞跃，使我国粮食生产稳步发展，如水稻单产从2.1吨/公顷提高到目前的6.0吨/公顷。要实现2015年达到6亿吨粮食的目标，需要培育出产量潜力更高的大量作物新品种。据统计，2002年我国肉类总产量为6 550万吨，禽蛋产量为2 360万吨，奶类产量为1 350万吨，饲料产量为8 200万吨。而人均占有量仍然与世界发达国家差距很大，人均肉占有量仅相当于发达国家的1/2，奶的人均占有量为与发达国家相差近24倍。新西兰的养猪业就是一个典型案例，该国1964年养猪头数为77万头，产肉4.7万吨，2002年猪的存栏数为35万头，猪肉总产量为4.6万吨，原因取决于单位生产效率的大幅度提高。随着动植物生物技术的进步和广泛应用，将极大地推动育种技术产生革命性变革，引发新的“绿色革命”，保障国家的食物安全供给，构筑食物安全体系。

（二）引领动植物品种改良进入分子设计时代

随着基因组学、蛋白组学、生物信息学等等学科的发展，人们能在多层次上了解生命基础。系统生物学概念的提出，促使人们提出了作物“分子设计”的新育种理念。近年来，生物信息学遗传信息数据库中的数据呈“爆炸式”增长，截至2005年3月三大核酸序列数据库（EMBL、Gene Bank、DDBJ）总计收录的核酸序列已经达到43 118 204条，年份间呈几何级数增长。所有这些序列以及基因和蛋白质结构和功能的数据成为全世界科学界的宝贵资源和财富，这些海量的序列信息给高效、快速的基因发掘和利用提供了新的契机，在若干研究领域实现跨越式发展甚至“革命”的时机已经到来。目前，国内外相继启动了分子设计的前期工作。例如，

美国农业部已投资在十几个研究单位建立各种作物的生物信息数据库；美国先锋公司、澳大利亚昆士兰大学和 CSIRO，以及国际玉米小麦改良中心在基因型到表型建模、基因型与环境互作分析及育种模拟等方面开展了研究。通过分子设计提出动植物遗传改良的最佳方案，将极大地促进农牧业生产水平的提高。

（三）促进产业结构调整、提高产品国际竞争力

水稻、小麦、玉米和大豆是我国的主要粮食作物，占粮食总产量的90%以上；在发展畜牧业转化为肉、蛋、奶和食品加工业中，玉米和大豆是重要的原料。中国加入 WTO 后，外向型畜牧业生产会有很大发展，导致饲料粮需求迅速增长。2004 年我国大豆进口超过 2 000 万吨，成为供需矛盾最为突出的农产品；而 2010 年之前，粮食作物中需求增长最快、缺口最大的是饲料玉米。因此，水稻、小麦、玉米和大豆生产的可持续发展直接影响农业产业结构的战略性调整和我国农产品在国际贸易中的地位。优质作物新品种的选育及产业化有利于带动大宗农产品的规模化、区域化和专业化生产经营，降低生产成本，增加农民收入，提高农产品的市场竞争力。

（四）保护生态环境，提供多抗和资源高效利用型新品种

我国单位面积施肥量已达世界平均量的 1.6 倍，而氮肥当季利用率仅为 30%～35%，磷肥和钾肥分别为 10%～20%和 35%～50%，低于发达国家 15～20 个百分点。另外，大量农药的施用，也严重污染了生态环境，增加了农业生产成本。通过分子育种，培育抗病、抗虫、耐旱和高效利用土壤资源的作物新品种，最大限度地提高农作物对水肥光热等资源的利用效率，是合理利用和改善环境的有效途径，进而达到保护环境和提高经济效益的目标，促进我国农业的可持续发展。

（五）为重大动物疫病的防控提供可靠的技术支撑

畜牧业是我国农业的主导产业之一，我国每年因动物疫病死亡造成的直接经济损失高达 200 多亿元；而因生产性能下降、饲料和人工浪费、药物消耗等造成的间接损失达 800 多亿元，危害远远高于发达国家水平；有些上市畜禽产品带菌、带毒，抗生素和激素严重超标，严重危害我国人民健康，成为日趋严重的社会问题。更为严重的是，某一动物群一旦疫病流行暴发，就足以使某一种或几种畜禽品种全军覆没，对农牧渔业生产造成

重创。因此，动物群发病严重危害着集约化高效养殖的发展，是制约我国畜牧业持续发展的“瓶颈”因素。确保畜牧业发展、提高国际竞争力的一个必不可少的途径是做好动物疫病的预防控制工作。

对于重大动物疫病，实施扑灭计划是必然的趋势，基因工程标记疫苗及其相应的鉴别诊断技术是实施扑灭计划最重要的技术支撑。因此，可以预料基因工程疫苗在今后的动物疫病防控中将逐渐扮演最主要的角色。作为一项最为经济实用、效率最高的手段，疫苗接种在保障动物健康的同时也就是对人类健康和生态环境保护的一个最大贡献，疫苗的使用降低了疾病控制的成本，节约了劳动力，减少了药物的使用，降低了由于药物残留带来的对人类的危害，必将对人类的营养、健康带来光明前景，成为二十一世纪对人类经济发展、社会进步的重要因素。

（六）促进我国新兴农业生物技术产业的形成，带动相关企业的发展

“一个基因就是一个产业，一项技术就是一个产业”，目前，全球八成以上的转基因农作物技术出自美国孟山都、杜邦等5家跨国公司。这些公司通过手中的专利基因、作物和种子，牢牢地控制着大约350亿美元的国际市场。通过挖掘和利用具有我国自主知识产权的重要新功能基因，加强基因工程农产品研制与应用，将极大地推动我国农业生物技术产业化的进程，促进我国新兴农业生物技术产业的发展。同时，通过生物技术开发优质品质和具有医疗保健功能的转基因食品，将有力的促进我国食品行业总体水平的提升；利用转基因植物生产有特殊用途的工业原料、贵重化工产品，将带动相关产业的发展；用于特殊药物、疫苗的植物生物反应器研发，将提升生物制药产业的总体水平。此外，由于转基因植物研究和基因组学研究的迫切需求，带动了检测仪器、试剂产业的发展，尤其是基因组学研究对计算机的强烈依赖，强有力地促进了计算机产业的发展。

四、现代生物技术的战略重点

（一）植物生物技术

1. 重要植物新基因发掘

（1）开发高通量、低成本的分子标记。利用获得的基因组序列信息、EST以及功能基因序列信息等，开发实用的功能标记。

（2）建立大规模基因鉴定和发掘技术体系。大规模地标记种质资源中的高产、优质、抗逆、抗病虫、高效基因；研究重要性状基因的功能、作用机制和利用价值。

2. 建立分子标记辅助和多基因聚合育种体系

（1）结合常规育种的理论和方法，建立多性状标记辅助选择及多性状标记辅助导入的技术体系。

（2）通过分子标记聚合育种技术改良现有优良品种的目标性状（如抗虫、抗病、品质等），创造优异的新种质和新材料，培育突破性的新种质、新品种。

3. 植物转基因技术研究与利用

（1）重要功能基因的分离与克隆。建立大规模分离和克隆重要功能基因的技术体系；开展优异基因的分离和克隆，并对进行功能验证。

（2）建立和完善主要植物高效遗传转化技术体系。提高基因的表达效率，开展新型安全高效转化技术的研究。

（3）应用转基因技术进行主要植物种质创新和品种培育及产业化。快速获得高产、抗逆、抗病虫和除草剂、优质、营养高效的转基因新种质和新品种，对获得释放许可的转基因品种进行大规模示范和推广。

4. 建立农作物分子设计育种技术平台

（1）建立农作物分子设计育种信息系统。构建分子设计的数据库，形成完整的分子设计育种信息系统，为我国农作物分子设计育种提供信息平台。

（2）构建农作物品种设计的技术体系。利用分子设计育种信息系统，构建分子设计育种模型。研制相应的分子设计育种计算机软件，预测不同亲本杂交后代产生理想基因型和育成优良品种的概率，制定出能大幅度提高育种效率的育种策略。

（二）动物生物技术

1. 优良基因资源的挖掘 利用现有的遗传资源，建立动物功能基因规模化、高通量鉴定和克隆技术平台；建立具有时空、组织器官和发育特异性表达的启动子分离鉴定技术、大规模的基因功能分析与鉴定技术等。可实现特色品种的培育、高活性蛋白的生产等。进行标记辅助选择育种和分子设计育种，提高畜群的生产性能。

2. 干细胞工程 建立干细胞的分离鉴定的技术平台、实施转基因操作、进行体外分化诱导表达外源基因、获得相关产品，并进行生物活性测定，最后通过转基因干细胞的核移植生产转基因动物。

3. 动物高效转基因与克隆的技术 开发自动化细胞显微注射法、微细胞介导等方法进行大片段外源基因转移技术，实现高表达转基因细胞系的建立。开发微操作的图像识别系统和三维控制体系实现核移植的自动化操作，提高工作效率。完善体外培养体系，保证卵母细胞的有效成熟与核移植胚胎的正常发育，保证规模化移植的现场需求。建立完善的核移植胚胎体外发育的监控体系，形成一整套有效的质量保证体系。研究体细胞克隆繁殖珍稀和濒危动物的关键技术。

4. 动物疫苗研制和使用技术 研制和生产对动物安全、对环境安全、对食品安全而且高效的疫苗；开展标记疫苗的研究，正确区分疫苗免疫动物和自然感染动物，简化动物疫病净化的程序。开展有效的免疫制品研制的关键技术研究。

建立新的疫病防治研究思路和策略，尤其是人畜共患病，构建疫病防疫体系。对各种传染性疾病都要给予足够的投入，做好技术储备和临床基础研究，使各种疫病均能有适合其自身防疫特点和防疫需要的疫苗，发展的重点是技术含量高的生物制品开发、研究工作。

疫苗免疫佐剂和冻干保护剂是我国动物疫苗研制和生产领域的两大薄弱环节，与国外相比有很大差距，需要加强这方面的研究工作。

（三）微生物生物技术

1. 新型多功能生物农药创制关键技术研究与产品开发

（1）新型高效多功能蛋白质农药研究。克隆新型高活性防治病虫的药物蛋白基因，构建高效表达蛋白质药物的工程菌株；研究药物蛋白发酵、分离和提取工艺。

（2）新型微生物农药创制与发酵工程技术研究。构建高活性基因工程菌株，优化发酵工程技术，提高有效活性物质产率；研究突破真菌农药发酵、分离工业化生产技术瓶颈；创制高效安全基因工程复合生物杀虫剂。

2. 新型多功能生物肥料关键技术研究与新产品开发

（1）多功能基因工程菌的构建。筛选和克隆溶磷、固氮、耐盐、降解农药和抗病基因，利用基因工程技术构建多功能工程菌株；开展工程菌的安全性评价研究。

（2）多功能基因工程菌发酵工艺研究。确定工程菌稳定、高产的发酵工艺，包括最佳发酵培养基配方、最佳发酵参数等。

（3）多功能生物肥料组合研究。筛选不同功能菌稳定共存的菌群组合，筛选适宜的载体和稳效助剂，使产品中功能菌株稳定存活。

3. 新型生物饲料关键技术研究与新产品的开发

（1）新型酶制剂基因工程菌株的构建及高效表达研究。筛选并分离性质优良的微生物，构建高效表达生物反应器，改良重要酶的酶学性质；研究酶的低成本中试生产工艺、酶制剂的剂型和保护技术。

（2）抗菌肽工程菌株的构建及高效表达研究。分离针对饲料有害微生物的高效、广谱、天然抗菌肽，对其基因进行分离克隆，构建高效表达的抗菌肽生产菌株，研究重组菌株的发酵工艺及抗菌肽的后加工工艺。

4. 新型植物生长调节剂关键技术研究与新产品开发

（1）构建植物源抗性诱导型与代谢激活型调节物质的基因工程菌，优化工程菌发酵工艺。

（2）多功能植物活性物质的复合技术，生物调节剂的稳定与释放技术及产品应用配套技术。

五、现代生物技术的发展策略

（一）加强国家对生物技术的集中领导

加强国家对生物技术的集中领导，建立一元化的、反应迅速、决断有力的管理体制。制定我国的生物技术战略发展规划，并重点突出今后10～15年内，我国生物技术研究和产业发展需要解决的核心问题及其战略对策。

（二）制定积极稳健的产业化政策

高度重视生物技术产业化战略与政策的研究，制定积极、稳健的产业化政策。建议当前要在完善生物安全管理法规与评价体系的同时，开展生物技术产品的技术经济分析，防止不加分析的“一刀切”。对经济价值和发展潜力巨大，我国已有明显研发优势的生物技术产品，要大力推进其研究开发和产业化的进程。

（三）大力加强基础研究，提高自主创新能力

我国现代生物技术的研究总体水平与发达国家还有一定的差距，特别是一些基础研究领域差距较大，自主创新能力不足，制约了生物技术产品

的创新开发，国家在立项上应加大在这些方面的基础研究经费投入。

（四）促进研究单位与生产企业的联合，加快生物技术的产业化

加强科研单位与生产企业的联合，调整科研和生产之间的关系，促进科研成果转化为生产力。从机制上进行改革，鼓励企业参与科研活动，融合科研开发与生产销售于一体，建立健全的生物技术研究开发和生产体系。

（五）培养骨干型企业

目前，在我国生物技术产业中，绝大部分企业为小型企业，生产设备和技术条件相对落后，缺乏研究资金和技术创新能力，产品单一、处于低端价格竞争，难以抵御市场风险。充分运用国家加快发展高新技术的产业政策，扶优劣汰，加大人才、技术等优势资源的整合，重点引导和培养一批有市场竞争力和技术创新能力的骨干型企业。

（万建民）

致谢： 中国农业大学李宁教授、连正兴教授，中国农业科学院哈尔滨兽医研究所王云峰研究员、童光志研究员，中国农业科学院饲料研究所姚斌研究员，为本章的撰写提供了详实、有价值的资料，在此表示衷心感谢。

第七章　新型农产品加工业

农产品加工业，是指以农业产品为原料的直接加工和再加工的产业。它是农业生产与市场连接的纽带，是农业商品化不可缺少的重要环节；它与种植业、养殖业有机地结合在一起，形成“种—养—加”一体化的“龙”型经济格局。与初级农产品相比，农产品加工产业关联效应强，社会效益高，受有限资源的限制相对较小，能体现技术进步的发展方向，对相关产业的波及、带动作用强，具有较强的国际竞争性，有利于带动农业生产的区域化、专业化、特色化以及实现农业产业结构的战略调整，是带动农村经济发展的主导产业。温家宝总理曾经指出：“发展农产品加工，特别是食品工业，可以实现农产品多层次、多环节的转化增值，带动农村种植业、养殖业和其他产业的发展，开拓农产品市场，扩大农产品消费，提高农业综合效益，增加农民收入”。

农产品加工业是我国国民经济工业体系中重要的组成部分，在国民经济中占据十分重要的地位。近10年来，农产品加工业的年均增长速度达到9.2%，高于国民经济的增长速度。若按占整个工业的份额计算，2003年农产品加工业的产值占23.14%、增加值占23.22%、利润占20.15%、利税占29.37%，农产品加工业的增加值占整个国内生产总值的比例已达8.32%。到2003年，以食品工业为主的农产品加工业已成为国民经济中唯一集农业（第一产业）、制造业（第二产业）、现代流通服务业（第三产业）于一体的战略性、全局性的支柱产业。我国农产品加工业在未来10～20年将进入难得的、也是非常关键的全面和快速发展机遇期。

一、发展趋势与现状

（一）农产品加工业的发展趋势

1. 成为国民经济新的支柱产业　从世界发展过程看，随着人均收入的增加，农业部门与非农业部门的相对比重逐步下降；同时，农业初级产品在成品价值中比例逐渐下降，而农产品加工业的增加值则相对增加。

从世界经济发展看，无论发达国家，还是发展中国家，农产品加工及相关行业都是国民经济中举足轻重的经济部门，是一个国家经济发展的主要工业活动，是对生产、贸易和就业做出重大贡献的行业。随着全球经济发展和科学技术的进步，农产品加工业仍然是世界制造业中的大产业，这在经济发达国家已经得到印证。如法国的农产品加工业的年产值已超过汽车工业，成为国民经济的第一大产业。

从国际发展趋势看，农产品加工业的功能已超越传统的食品、纺织工业等产业，向新的工业品、能源替代品的方向发展，从而不断从农产品中发掘出更多新产品，创造更高的附加值，实现产业结构的升级。德国、美国等国家已成功地利用农作物研制开发出生物燃料和生物基材料等就是一个有力的证明。我国在这方面也已经有一些成功的实践，如国务院已经批准在吉林利用玉米开发车用乙醇的试验：河南已经发明了从大豆中提炼一种新型的人工合成纤维——蛋白纤维等。

因此，从这个意义上说，以农产品为原料的加工工业，是永远的朝阳产业，将是国民经济的一个新的增长点，成为构成国民经济的新的支柱产业。

2. 从工业依附转变为工业主导型产业　一般来说，工业化的过程突出表现为农业内部连续发生变化的过程。变化的最明显特征是农业在国民收入和就业中的份额不断下降，农产品加工业占国内生产总值的比重不断上升，农民收入来源的主体由过去主要依靠农业转向主要依靠非农产业，农村经济逐步由农业主导型转向工业主导型。

发达国家和国内先进地区发展农业的成功实践启示我们，运用工业理念谋划农业，把工业经济在长期发展中所形成的适应社会化大生产、符合市场经济规律、能够有效提高资源利用效率的经营思想、管理方法、组织形式、生产方式、营销手段等先进理念，移植和导入到农业领域，指导农业生产和经营，是破解当前农业面临诸多问题的现实选择，是改造提升传统农业、加快农业现代化步伐的根本途径，是协调工农关系、统筹城乡发展、实现工农互动、城乡一体的必然要求。

农业是我国经济发展的基础，是社会稳定的基本保证。但随着工业化和城市化进程的加快，我国农业在国民经济发展中的贡献率逐渐减弱，2003年三大产业的贡献率（各产业增加值增量与GDP增量之比）分别为：第一产业（农业）4%、第二产业（制造业）70%、第三产业（服务业）26%；三大产业对中国GDP增长的拉动率（GDP增长速度与各产业贡献率之乘积）分别为：0.4%、6.5%和2.4%。农业已经从传统意义上满足生存需要的“粮食保障”，向现代意义上满足不同种类、营养、安全需要的“多元化食物保障”转变；农产品加工业已经从传统观念上“农业生产指导”下的“解决剩余农产品”，转变为保障食物供给、控制食品安全、联结农业与市场、大量转化农副产品、大幅度提高农产品的附加值、引领农业生产和农村发展“工业主导型”产业。

3. 国际竞争日趋激烈　发达国家的农产品加工企业的规模非常大，其中很多属跨国企业，具有很高的产品研发水平、实力以及遍及全球的销售网络，并且在技术上的自然垄断地位不断加强的同时，将这种技术独占权自然地转化为市场垄断权的实力日趋强大。如荷兰著名的CSM公司，专业生产和销售食品配料和粮食，业务涉及全球100多个国家；乳业巨人法国达能公司和帕玛拉特公司的年销售额均高达60亿欧元；雀巢公司的年销售额更是高达133亿欧元；新国际集团在我国内地的投资达到12亿美元，已成为我国内地最大的糕饼生产商；菲律宾晨光食品有限公司在我国内地的投资也达到了1.2亿美元。这样一些巨无霸企业对弱小的中国农产品加工企业构成了严重威胁，迫使长期以来以引进为主的国内农产品加工企业必须付出更高的成本来获取国外先进技术，从而将面临更大的研究开发压力，知识产权争端将更加频繁；一些不适应市场竞争的企业体制、经营理念及市场营销体系都将受到猛烈的冲击。

加入WTO后，我国农产品加工业将面临着更加激烈的竞争和更为严峻的挑战。WTO农业协议规定，今后各成员只能通过关税措施对农产品进口进行限制，不能再使用非关税措施。这种进口方式的转变，意味着我国将按国际规则，不断开放国内市场。由于我国主要农产品价格已接近或超过国际市场，这对于仍处于幼稚期或长期受到保护的国内农产品加工行业或企业来说，将丧失商业竞争优势并受到严重冲击。

4. 产业化经营水平不断提高　在农村工业化和农业现代化发展过程中，企业作为产业的细胞和载体，起着最基础的作用。发达国家已实现了农产品产、加、销一体化经营，具有生产基地化、加工品种专用化、质量体系标准化、生产管理科学化、加工技术先进化及大公司规模化、网络化、信息化经营等特点。

如美国，绝大多数农户就是企业，农户的主人就是农场主，或叫农业企业家，美国农业产业体系的模式，是“企业＋企业＋企业”，即由一系列的企业组成，这些企业从事不同的经营环节。美国农业企业（农场）大致可分为只经营种植业或养殖业单一品种的专业型和经营多品种或种、养结合的混合型两大类，以专业型为主的占95%以上。美国不仅完成了农业企业化，而且实现了农业企业的专业化。

荷兰塞贝科贸易联合集团，以合作社的形式集中了全国11.3万个农业企业中的一半以上，它下面有近90个有限责任公司，其中有一个公司专门加工马铃薯薯条、薯片，年加工能力达100万吨，是目前欧洲同类企业中最大的。正是由于实现了农业企业化经营，国土面积比黑龙江垦区要少1.4万平方千米的荷兰，其农牧产品及食品在国际贸易上的顺差达到150亿美元，成为世界上最大的鲜花、奶制品、马铃薯和新鲜加工蔬菜出口国之一，名列世界农产品出口大国的第三位。

（二）农产品加工业科技发展趋势

1. 农产品加工技术与设备越来越高新化 世界上许多发达国家都把产后农产品的储藏、保鲜、加工放在农业的首位，非常重视农产品加工及其深度利用技术开发，如美国的玉米深加工技术、日本的稻谷加工技术和装备、瑞士的制粉技术、欧美的油脂精炼及副产物精细化工产品制取技术等。近年来，瞬间高温杀菌技术、真空浓缩技术、微胶囊技术、高效浓缩发酵技术、膜分离技术、微波技术、真空冷冻干燥技术、无菌储存与包装技术、超高压技术、超微粉碎技术、超临界流体萃取技术、膨化与挤压技术、基因工程技术及相关设备等已在农产品加工领域得到普遍应用。如法国已建成了较大规模的高效浓缩发酵剂生产车间，发酵剂的接种量从2%～3%降为0.02%～0.03%。既具有独特的发酵香味，同时又具有良好的储藏性能的发酵肉制品，在今天的欧洲具有广泛的消费市场。美国FMC公司利用膜分离技术，把橙汁浓缩到60 Bx以上，既降低了能耗又保证了产品的色香味，而一般分离只能把橙汁浓缩到25～30 Bx；日本利用超高压技术，生产出了与食品原料相同色、香、味的产品；美国的压力气调保鲜技术，在5℃以下的贮藏条件下可使莴苣保鲜期长达12个月。

2. 农产品加工业科技投入比例越来越大 由于产业发展的需要和产业布局的优化，特别是巨大的市场和经济回报的吸引，各国政府不断加大对农产品加工领域的公益基础投资，特别是企业纷纷投身于农产品加工领域，并不断加大投资，成为投资的主体。在发达国家，与产值相对应，对产后加工环节的投入比例大于对农业的投入。如美国在农业总投入中，用于产前和产中的费用仅占30%，而70%的资金则均用于产后加工环节，从而提高了农产品高附加值和资源的合理利用。

3. 农产品精深加工的比例越来越高 农产品加工业的发展依赖于工业技术的进步。发达国家的农产品加工已实现了规模化、集约化和自动化，其深加工的程度和副产物利用水平均较高，并逐步向增加品种、提高质量和价值以及安全性等转变。美国仅玉米就可以加工 2 000 多个产品，而我国仅能开发出 100 种产品，其中的根本原因就在于农产品精深加工技术水平的差异。美国、日本、韩国、欧洲等国家利用棉籽饼粕（日、韩、欧洲等国原料靠进口）提取棉籽蛋白，用做饲料添加剂和生产抗生素药品的氮源等。

4. 资源的利用越来越综合　发达国家农产品加工生产企业都是从环保和经济效益两个角度对加工原料进行综合利用，把农产品转化成高附加值的产品。如从玉米芯、果皮、果籽和果渣中提取膳食纤维、香精油、果胶物质、单宁、色素等，已形成规模化生产。美国利用废弃的柑橘果籽榨取 32%的食用油和 44%的蛋白质；利用葡萄皮渣提取葡萄红色素；从橘子皮、苹果渣中提取和纯化果胶质、柠檬酸；利用食品厂（淀粉厂）和造纸厂废水，经酵母发酵生产单细胞蛋白，已建成万吨级菌体蛋白加工厂。美国 ADM 公司在农产品综合加工利用方面具有较强的综合利用能力，已实现完全清洁生产，使原料得到完全综合有效利用。

近年来农林生物质生物化学转化研究已经成为世界各国的科技竞争热点，代表性的有生物乙醇、生物柴油、生物基材料以及生物基化学替代产品的开发与应用。

5. 产品质量标准体系越来越完善　国际社会对加工农产品的卫生与安全问题越来越重视。世界卫生组织（WHO）、联合国粮农组织（FAO）和各国都对加工农产品的营养、卫生等制定了严格的标准。发达国家农产品加工企业大都有科学的产品标准体系和质量保证体系，多采用 GMP（良好生产操作规程）进行厂房、车间设计，对管理人员和操作人员进行 HACCP（危害分析及关键控制点）上岗培训，并在加工生产中实施 HACCP 规范及 ISO（国际标准组织）9 000 族系列规范。

（三）我国农产品加工业发展现状及与国际先进水平的差距

“十五”期间，以食品加工为主的我国农产品加工业依靠科技进步实现了快速的发展。1999 年我国食品工业总产业为 7 828 亿，农业总产值为 24 542 亿，食品工业与农业之比仅为 0.32∶1；到 2004 年我国食品工业总产值已超过 16 000 亿，5 年翻了一翻，年均增长速度达 15%以上，与农业总产值之比接近 0.5∶1；农产品加工业总产值约为 36 000 亿，与农业总产值之比达到了 1.2∶1，农产品加工业的增加值突破 10 000 亿，约占国民经济GDP的8%。但是，我们还应该清醒地认识到，我国农产品加工业发展的总体水平还不高，处于初级加工多、精深加工少，采用传统工艺和落后设备的多、采用高新技术和先进设备的少，粗放加工多、综合利用少的初级阶段。

1. 与国际先进水平相比，在加工增值方面存在很大差距 比如粮食加工业，我国是世界上粮食生产与消费的大国，粮食总量位居世界第一，但农产品加工产值与农业总产值的比例仅为0.43∶1。由于储藏、转化和深加工水平的落后，出现了高产与高效的非同步发展，严重影响了农产品生产的良性循环。据统计，我国储粮损耗率高达9%，比发达国家高出8个百分点，产后加工损耗率也高达3%～7.5%，每年储藏与加工损耗粮食388亿千克；全国年加工面粉只有6 500万吨，精加工仅占面粉总量的37%；大米精加工能力只有1 400万吨，只占大米生产量的11.7%；大宗果蔬产地损失更是高达25%～35%。表明我国目前粮食加工的总体水平落后，尚处于初级加工或粗放加工的水平，极大地影响了增值效应的提高和粮食资源的利用率。

2. 与国际先进水平相比，在加工总量和加工层次方面存在较大差距 我国粮食、水果、肉类、禽蛋、水产品等主要农产品产量已位居世界首位，但发达国家农产品加工程度达到80%以上，而我国只有45%，其中二次以上的深加工只占到20%左右，且初级加工产品多、能耗和成本高。大多农产品加工产品只经过简单的加工就投入市场，进行进一步深层次加工的数量所占比重较小，多层次开发的产品数量就更少了。

3. 与国际先进水平相比，在资源综合利用方面存在较大差距 农副产品是发展农村循环经济的重要物质基础，是带动种养业互动发展的枢纽环节。据估计，我国仅植物纤维资源，每年有近6亿吨左右的秸秆、1 000万吨的米糠、1 000万吨的玉米芯、700万吨的蔗渣、2 000万吨的稻壳，这些资源目前开发转化的比例极小，甚至成了环境的污染源。

4. 与国际先进水平相比，在加工技术与装备方面存在较大差距 长期以来，我国科技工作的重点在产中领域，80%以上的科技经费和研究力量投入在产中环节，这直接造成了农产品加工领域技术创新能力较低，科技储备，特别是基础性的技术储备严重缺乏，拥有自主知识产权的技术缺乏。致使我国农产品加工业依靠技术创新上水平的动力不足，技术装备落后，长期依赖进口，甚至出现了国内一些大的食品行业被洋品牌一统天下的局面。

二、新时期农产品加工业实现跨越发展的科技需求

党的十六大报告明确指出，新时期我国的工业化要走一条科技含量高、经济效益好、资源消耗低、环境污染少、人力资源优势得到充分发挥的新型工业化道路。2005 年中央 1 号文件提出“以发展农产品加工业为突破口，走新型工业化道路。”以资源节约和循环利用为特点的新型工业化道路进入了国家战略决策的视野，为新时期研究和部署农业和农村科技工作提出了新的视角，农产品加工业发展对科技创新的需求也将进入快速增长和全面扩张的新阶段。

（一）农产品参与国际竞争的需求

发达国家利用技术控制着农产品市场。据统计，目前全世界 86％的研发投入、90％以上的发明专利都掌握在发达国家手里，凭借科技优势和建立在科技优势基础上的国际规则，发达国家及其跨国公司形成了对世界农产品市场特别是加工高技术市场的高度垄断，从中获取大量超额利润。因此，新时期我国农产品加工业实现跨越发展面临着前所未有的科技需求增长。

（二）资源环境压力的需求

我国能源、水资源等重要资源人均占有量严重不足，生态环境脆弱，面临日益严峻和紧迫的重大瓶颈约束，这些问题的严重性和解决这些问题的复杂性在世界发展史上前所未有。据统计，我国人均能源占有量不到世界平均水平的一半，石油仅为 1/10，水资源仅为 1/4。长期以来，在我国生产要素高度集中的传统的农产品生产，存在较为严重的重农产品生产、轻副产品利用，重开发、轻节约，重速度、轻效益，重外延发展、轻内涵发展，片面追求经济增长、忽视资源和环境的倾向，加之技术落后和长期粗放经营，进一步加剧了环境污染和资源损耗。实践表明，传统的“高投入、高消耗、高污染、低效率”的路子已经难以为继，依靠科学技术是突破资源和环境瓶颈约束的根本途径。

（三）健康生活对品质的需求

当前，我国已进入全面建设小康社会的关键时期。面对当今科技经济发展的总体态势，新型工业化战略必将加快农产品加工体系的循环化、绿

色化、环保化、安全化等新型变革，从而需要农产品加工科学技术的深刻变化。农产品的品质与质量安全不仅成为人们关注的重大问题，同时也成为制约我国农产品进入国际市场的关键因素，保障食品安全的科技需求迅速扩张。

（四）科技自身发展的需求

现今农产品加工产业发展对高新技术的需求比历史上任何一个时期更为强烈、更为迫切。当今世界农业科技发展的主要特征是以生物技术和信息技术为主导的新的农业科技革命的蓬勃兴起，它为整个农业科技的进步注入了新的和强大的活力。我国农产品加工产业实现跨越式发展，必须持续提升以高技术为动力的核心竞争力，着力提高自主创新能力。

在生物能源、生物材料和生物基绿色化学品及设备产业等的带动下，农产品加工必须向新的深度和广度不断拓展，开辟农业产业增长的新空间和新的增长点。农产品加工科技工作必须拓宽视野，从产业全程进行科技资源的优化配置，着力加强绿色制造技术研究，拓展农林生物质产业、功能食品开发、现代物流关键技术的研究。

三、实现农产品加工产业跨越式发展的科技重点及政策措施

（一）指导思想

紧紧围绕国民经济与社会协调发展的主线，根据农业新阶段和产业发展的基本态势，充分体现促进农民增收、引领农业发展、支撑经济腾飞、保障社会稳定的战略定位，针对量大面广、带动农户多、严重制约我国农产品加工业发展的重点、难点问题，立足“国家战略必争、产业发展必备、科技进步必需、社会需求巨大”的选择依据，凝练重大共性关键技术问题。以全面提升我国农产品加工产业的自主创新能力为核心，通过强强联合、集成攻关，重点突破严重制约我国农产品加工业发展的重大、共性关键技术，构建我国农产品加工国家创新体系，使主要农产品加工的科技水平达到21世纪初的国际先进水平，为农产品加工产业实现跨越式发展提供科技支撑。

（二）重点任务

1. 大宗粮油农产品加工

技术创新策略：抓住关键制约技术，采取重点突破与整体推进并举，强化对下游产品的服务意识，解决大宗农产品原料的增值利用。

重点任务：目前大宗农产品的加工应主要研究纵深加工技术，开发终端产品，研究与产品应用行业的接口技术，为下游用户提供产品的应用技术，拓展产品的出路。水稻、小麦是我国当家主粮，仍应以食用为主。由于人均资源占有情况和两种作物内在成分特性及加工特性的制约，作为食品以外加工原料的可能性或必要性不大。水稻、小麦加工利用应主要针对主食加工技术、提高加工特性和食品品质的技术进行研究。大豆是一种应用潜力巨大的植物蛋白质资源。由于动物食品安全性存在诸多问题，近年来西方国家都把大豆的利用当作未来的研究重点，以期望部分大豆替代肉类的消耗，改变现有的食物构成。我国的食物结构素来以植物产品为主，大豆的加工利用对提高食物构成的合理性和质量具有促进作用，因此，应将大豆作为蛋白质类的主食食品，研究其加工技术，充分利用好这一资源。

2. 果品、蔬菜储藏保鲜与加工

技术创新策略：在引进国外先进技术的基础上，消化吸收，并结合我国果品蔬菜的特点进行再创新，从而实现技术跨越。

重点任务：水果蔬菜生产是我国优势产业。近期水果蔬菜面向国内的加工产品是简单加工品，深加工产品的主要市场在国外。水果蔬菜加工产业化发展的关键是产品品质保证技术，因此，应注重保鲜技术、提高品质和食物安全技术的开发应用，以外向市场带动水果蔬菜加工业的发展。重点开展适合不同加工目的的果品和蔬菜专用品种的选育，如苹果、柑橘果汁专用品种等；果品、蔬菜主要品种耐贮性研究；果品、蔬菜及其加工产品质量标准的系列化、国际化；果品、蔬菜最适保鲜、保质包装材料；果蔬速冻、脱水制品，以果蔬为原料加工新产品、新技术、新工艺、新设备的研究与开发，以及消化吸收从国外引进的气调果品、蔬菜储藏库和果汁生产线，提高产品质量等。

3. 农副产品综合利用

技术创新策略：技术集成创新和管理创新并举，加强生物转化技术，提高我国农副产品综合利用技术水平和综合利用率，促进循环经济发展。

重点任务：重点开展淀粉加工综合利用技术研究，如变性淀粉的开发技术、淀粉生物发酵、利用淀粉生产化工原料、可降解塑料，以及淀粉工业利用等关键技术；饼粕综合利用技术研究，包括菜籽饼、棉籽饼、豆饼等饼粕氨基酸、蛋白质分离提取技术，以及脱毒用于饲料等；果品综合利用技术研究，如苹果、柑橘果渣、果皮提取有效成分（香精、色素等）及进一步用于饲料的研究；茶叶加工综合利用研究，包括茶叶新产品开发研究，如浓缩茶、速溶茶、罐装饮料茶、保健茶等，茶叶中有效成分的提取及利用，如二茶酚、咖啡碱、茶多酚、茶皂素等。

4. 营养保健功能食品

技术创新策略：利用高新技术与我国传统食品工业相结合，采取进攻型战略，在功能保健食品上有所跨越。

重点任务：功能食品是一种既有营养价值又有防病疗病功能的食品。功能食品被誉为21世纪的食品，正在形成现代食品工业新领域。我国资源丰富，具有很大的优势。应重点开展保健功能食品活性物质分离、提取及作用原理研究；功能食品成分的配合系统研究，包括选择合适的基质与其营养成分相互作用；功能性食品加工工艺及工程技术研究，如研究皮骨中胶原蛋白、蚂蚁体中的草体蚁醛、三萜类化合物的提取与纯化技术及其保健机理，DHA、PEA、微生物多糖、植物纤维素、胡萝卜素等添加到食品和饮料中的工艺技术等。

5. 绿色食品

技术创新策略：抓住巨大的国内国际市场，以市场细分战略为主，逐渐加强对绿色食品的研究开发技术水平。

重点任务：绿色食品对产品产地、生产过程及产品质量都有特定的要求。因此，必须保护绿色食品原料生产基地的生态环境，才有有效防止污染和建立生态良性循环的措施，例如病虫害防治技术、生产技术，以及成品的储藏、保鲜、加工、包装等制定规范化的标准和技术措施。重点建设一批优质农产品和绿色食品原料基地，开发新型的绿色食品及饮料，特别要注重开发具有中国特色的名特绿色食品，打入国际市场；建立或完善绿色食品的生产、管理、质量监督检验体系，使之成为真正的绿色食品。

6. 畜禽产品的保鲜与加工

技术创新策略：充分借鉴国外先进技术，采取自主研发和技术跟踪相结合。

重点任务：重点开展肉与肉制品保鲜技术研究；功能性动物食品的研制与开发；肉类综合保鲜技术研究；改善肉制品风味技术研究；乳制品开发利用技术等。具体内容包括：发酵肉制品加工技术；天然和化学保鲜剂筛选，如茶多酚、抗菌蛋白等；适合在肉类制品中添加的高效天然抗氧化剂筛选；新型仿肉增香添加剂开发；干酪加工工艺及新产品开发；新型保健乳饮料产品的研制开发等。

7. 现代高新技术的应用

技术创新策略：以自主创新为主，引进消化吸收再创新为辅，走重点突破，整体提高的技术跨越之路。

重点任务：目前国际上广泛应用于农产品加工领域的高新技术主要有：生物工程技术、速冻技术、冷冻升华干燥技术、冷冻浓缩技术、气调保鲜技术、膜分离技术、微波技术、膨化技术、挤压技术、超临界流体萃取技术、微电子技术、微胶囊技术、高压加工技术、特征红外干燥技术等。我国在这些方面的研究应用起步较晚，今后应加强应用研究，采取技术跨越模式，尽快在农产品储藏、保鲜、加工中广泛采用。

要使我国农产品加工业快速、健康、稳定发展，并尽快缩短与发达国家的差距，一方面应高度重视基础研究与应用基础研究，提高农产品储运加工业的科技水平；另一方面应积极引进、推广、应用高新技术（如生物技术、超临界流体萃取技术、超细微粉碎技术、质构重组技术、新型杀菌技术、真空冷冻干燥技术等），并加强对国外先进设备的引进消化、吸收和国产设备的自主开发。同时，要把能否产业化，以及产生效益的大小作为衡量高新技术应用成果的重要依据。

生物技术在农产品加工中的应用研究应重点开展酶技术与食品微生物技术的应用研究。如纤维素酶在农业副产物与废弃物利用上的研究；新型高效酶制剂的研制与生产技术（如淀粉酶、蛋白酶、风味酶、果胶酶、脂肪酶等）；酶技术在肉蛋加工中应用，如内源蛋白酶与外源蛋白酶利用，从鸡蛋中提取溶菌酶等；乳酸菌、双歧杆菌等微生态保健饮品的开发；麻类生物脱胶技术研究开发；功能型发酵食品研究开发等。

总之，发展农产品加工，不断地扩展加工的广度和深度，提高农产品的附加值，是增加农民收入现实的、有效的途径，是发展农业产业化经营的基本手段，是乡镇企业结构调整的重要内容，是加快小城镇建设的重要支撑。农产品加工工程技术的研发，既要解决加工工艺问题，又要解决加工装备；既要注重开发产地初加工保鲜储运技术，又要注重开发精深加工、包装技术；既要注重开发大宗农产品的加工技术设备，又要注重特色农产品的加工技术设备；既要注重开发单项技术设备，又要注重开发成套技术设备。这要求我们根据不同领域、不同技术状况采取不同的技术创新策略。

（三）政策保障体系

1. 产业政策

（1）鼓励建立加工专用原料基地。目前，我国农产品加工业缺乏适宜的加工品种和专用优质原料基地，严重制约了农产品加工业的发展。通过制定相应的配套政策（如优质优价政策），鼓励建立加工专用优质原料基地。

（2）确定产业化发展道路。坚持以企业为主体的产业化道路，是农产品加工业发展的客观需求。制定鼓励产业化发展的相关政策（如优惠贷款政策），有利于推动农业产业化进程，实现农业的根本转变。

（3）制定资源综合开发利用的配套政策。对已有市场或有能力开拓市场的综合开发利用企业，要在投资、贷款或减免税等方面给予优惠政策。提高原料的综合利用水平，加强副产品综合开发利用，对减少环境污染，实现农业的可持续发展具有重要意义。

（4）制定农产品加工业区域发展政策。农产品加工的布局，不但要考虑产业自身的特点和资源的区位优势，还要考虑东、中、西部的区域经济发展战略布局，特别要向西部地区进行倾斜，直接推进西部的农业结构调整、产业升级、农民增收，实现西部农业开发的跨越式发展。

2. 财政金融政策

（1）强化并逐步完善基础设施。农产品加工业的发展需要强大完善的基础设施建设作为支撑，要重点增加对冷藏、保鲜、包装、运输、卫生检疫、基地建设、科研开发、技术服务、质量标准、信息网络等基础设施的投入，改变重视农业生产设施投入而忽视加工储运设施投入的状况。

（2）增加对农产品加工骨干企业的技改投入。增强农产品加工业技术与设备创新和引进的支持力度，对企业技术改造与新产品开发，实施优惠的贷款政策，积累后发优势。对企业流动资金和用地，给予政策上的倾斜，科技、农业、乡镇企业等行政主管部门的科技开发资金、教育培训资金，应有一定比例用于农产品加工业发展。外经贸部门应加大对农产品加工制品出口的支持和协调服务。

（3）制订有利于产业发展的税收优惠政策。对农产品出口实行与法定退税率相一致的退税政策，出口退税率尚未达到法定征税率的农产品，应优先考虑适当提高出口退税率。企业研究开发新产品、新技术、新工艺所发生的各项费用，在缴纳企业所得税前扣除。农产品加工企业引进技术和进口农产品加工设备，符合国家有关税收政策规定的，免征关税和进口环节增值税。对重点农产品加工骨干企业从事种植业、养殖业和农产品初加工所得，要落实免征3～5年企业所得税的政策。

3. 科技政策

（1）稳定增加科研资金投入。世界主要国家均把科技投资作为战略性投资，如2003年美国联邦科技预算为1 180亿美元，是历史上最大规模的联邦政府研究开发支出；英国政府从1999年起，在3年内追加1.4亿英镑投资，是“有史以来政府对科学基础投入金额最大的一次”；欧盟提出到2010年将研究开发经费占GDP的比重提高到3%。农业科研的特殊性在于其社会公益性强，回报周期长，特别是基础性科研项目更需要国家的投入。要保证对农产品加工产业长远发展具有战略性、超前性的重点项目的经费投入，不断完善有关扶持农业科研发展的配套政策。要加大国家对农产品加工的科技政策性投入，使我国农产品产后储运加工的投入从现在的30%增加到50%，接近发达国家20世纪80年代水平。

（2）加强农产品加工科技创新能力建设。增建一批农产品加工科学的国家重点实验室和工程研究中心，增设一批农产品加工业科学方面的国家重点学科，并拨专款对设有农产品加工专业的院校和科研单位的重点实验室进行全面装备更新。建立孵化器式的农产品加工科技园，使它们早日真正成为农产品加工业方面的知识创新主力军和技术创新的骨干力量。

（3）建立以企业为主体、产学研结合的技术创新体系。各国经验表明，技术创新首先是一个经济活动过程。在市场经济条件下，企业作为投资主体、利益主体和风险承担主体，在技术创新中具有无可替代的作用。各国科技实力和竞争力的提高，很大程度上表现为企业技术创新能力的提高。中央将自主创新提高到关系全局的战略高度，关键要从制度和政策上进行安排。我们应当把建立以企业为主体、产学研有机结合的技术创新体系作为提高自主创新能力的突破口，通过财税、金融、政府采购、科技计划等方面的政策措施，鼓励和引导企业成为研究开发投入的主体、技术创新活动的主体和技术集成应用的主体。

（4）充分发挥人力资源优势。当今世界，各国可以用关税、非关税壁垒等手段保护本国的产品，控制生产要素跨国界的流动。但是，唯一无法控制流动的就是人才。我们必须更加积极主动地参与国际人才竞争，全力创造一个有利于留住人才、有利于尖子人才成长的环境。要造就开放的学术环境，倡导追求真理、宽容失败的科学思想，摒弃急功近利、急于求成的浮躁心理。

（5）充分利用全球科技资源。通过广泛深入的国际交流与合作，充分吸纳他人的智慧和技术优势，符合科学技术自身发展的内在需求。近年来，科技全球化正在成为经济全球化的重要表现形式，科技创新资源在全球范围内的整合和有效配置，使得传统的科研组织结构和创新方式发生了重大变化。近年来，我国在开展国际科技合作、利用国际科技资源方面取得了丰硕成果。但是，在参与国际科技合作特别是大科学工程方面，我国还面临很多障碍。我们对此应当保持清醒头脑，把握各种稍纵即逝的机遇，积极参与国际大科学工程，充分利用全球科技资源。

4. 法律法规政策

（1）建立、健全农产品加工业发展的法律法规。要抓紧清理和修改现有法律法规，使之与WTO规则和国际惯例接轨。同时需要加紧制定和出台必要的相关法规，建立既适应世贸组织规则，又能有效促进我国农产品加工业发展的法律体系。根据WTO农业协议中保护的有关规则，抓紧制定投资、信贷、价格、税收等方面的法规以便为我国农产品加工业拓展一个充分的保护性成长空间。制定有关生产经营主体方面的法规，尤其是有关农产品加工业行业中介和协会组织的法规，为农产品加工行业的自主管理、为充分保护其发展利益提供法律基础。

（2）完善农产品加工科技知识产权制度。科技产品的开发生产经营，需要投入大量的人力、物力、财力，具有相当高的生产成本。当前我国的知识产权制度特别是涉及农产品加工技术方面的知识产权制度还很不完善，存在着大量的侵权行为，对科技企业的生存与发展造成极大威胁。因此，迫切需要加强知识产权的执法和保护力度。一是应扩展农产品加工方面的专利保护范围；二是理顺国家、企业、个人知识产权方面的权益关系，特别要重视企业的知识产权保护；三是强化知识产权保护的执法力度，确保农业知识产权不受侵犯。

农产品加工产业正处在发展的初级阶段，有关农产品加工产业发展的法律法规建设应借鉴国外成功经验，以建立适应现阶段我国发展特点的农产品加工产业发展的法律法规体系，保障产业的健康发展。

5. 环境政策 加强防治环境污染的设施建设和产业相关的社会服务体系的建设，实现农产品加工业的可持续发展。提高原料的综合利用水平，加强副产品综合开发利用，减少环境污染，实现农业的可持续发展；对新建农产品加工企业进行规范的环境评估、审核和必要的环境跟踪、检查，确保农业和农村环境安全；加速农产品加工企业的重组改建，引导乡镇企业向农产品加工业方向进行调整，特别注意推进农产品加工园区的建设与发展，并依法在园区建设中强制性设计、配备和运行必要的环境保护和三废处理系统，实现达标排放。

（韩鲁佳 于双民 董文）

第八章　环境友好型农业与农业清洁生产

我国作为一个农业大国在21世纪将面临着日益严峻的农业和生态环境问题，我们一方面要生产足够的符合卫生标准的食物，保障食物安全以满足人口增长和健康的需要，另外一方面又要最大限度地保护生态环境，走可持续性发展的道路。到21世纪中叶，中国人口将达16亿，即使维持现有的人均粮食消费量，单位面积的产量也必须增长30%以上，且蔬菜、肉类食品的消费量也要不断增加，由此看来，维持农业的高强度生产的趋势不会改变。伴随着这种高强度生产，大量农用化学品，如化肥、农药和地膜的大量投入便不可避免。与此同时，我们正处在工业和城市化的快速发展时期，城市的工业与生活污染也正向农村转移。这不仅直接影响到农产品的质量，而且还带来了生态环境的日益恶化。因此，如何在维持农业高强度生产的同时，又能维持农产品的质量和生态环境的健康，是摆在各级政府和科学家面前的亟待解决的首要问题之一。农业环境的恶化不仅增加了农业投入，减少了产出，导致了农产品污染情况加剧，还通过食物链威胁人群健康，降低了人类的生存质量，并严重影响着农产品国际贸易。

一、环境友好型农业的缘起及其概念的提出

（一）环境友好型农业的缘起

伴随着农业高强度生产，大量投入的化肥、农药和地膜等农业化学品将给生态环境带来严重影响。

1. 面源污染　随着工业污染的有效控制，农业污染问题将日益突出。全球气候变化、水体富营养化和生物多样性急剧减少，这些威胁人类生存的重大环境问题无一不与农业的面源污染有关。因此，21世纪的农业生产不仅是要为人类提供优质足量的食品，还要为生态环境的保护做出重要贡献。农产品污染的根源在于土壤和农田污染。据统计，我国重金属污染

土地已占耕地总面积的1/5，每年被重金属污染的粮食多达1 200万吨，尤其是城郊生产的粮食、蔬菜、水果等食物中，镉、铬、砷、铅等重金属超标更加严重。每年仅重金属污染而造成的直接经济损失超过300亿元。目前，我国对土壤与农产品污染的情况仍缺乏全面、系统的调查和研究。但从个别城市的重点调查结果来看，情况并不乐观。在我国某些地区，粮食污染与居民的肝肿大之间有明显的关系。广西阳朔、广州市污灌区、沈阳市污灌区的癌症发病率比对照区（清灌区）也高10多倍。其他城市也有类似的零星报道。据最近资料报道，在全世界每年患癌症的500万人中，有50%左右与食品的污染有关。

2. 化肥污染　在21世纪，我国农业的首要目标是必须在资源高度胁迫下保证人口高峰期16亿人的食物安全。我国化肥的生产总量和施用量均占世界第一位，化肥已成为影响粮食生产的最主要的因素，在今后相当长的时期内，化肥施用仍是提高我国粮食产量的主要措施之一。然而，我国目前化肥利用率低，氮肥的当季利用率氮仅为30%～35%，磷为10%～20%，钾为35%～50%，低于世界发达国家10～15个百分点。这不仅严重地制约了化肥的增产效果，也带来巨大的经济损失（以氮肥为例，我国每年损失肥料氮量达900万吨，相当于尿素1 900多万吨，约合人民币350亿元），加剧了化肥生产中需消耗的化石资源的紧张程度，造成大量不可再生资源的浪费。化肥的不合理施用对作物的品质（特别是蔬菜的品质）带来不良影响。北京、上海、江苏、河北、山东部分地区的调查显示，目前蔬菜特别是大棚种植的菠菜、芹菜、黄瓜等硝酸盐超标严重。例如对北京市737个菜地施肥量的最新调查表明，平均每季施氮量为674千克/公顷，远远超出作物需求；对1 256个样本的蔬菜硝酸盐含量测试表明，叶菜和根菜类蔬菜硝酸盐污染十分严重。北京市人均每日从蔬菜中摄入的硝酸盐为885mg，超出WHO规定的成人人均摄入量的302%，以煮熟食减少65%计算，人均每日摄入量为310mg，仍超标41%。化肥大量施用和损失还对土壤、大气和水环境造成破坏，生物多样性急剧减少，全球气候变暖，湖泊河流富营养化加剧，地下水硝酸盐含量增加。如果我们现在不采取切实有效的措施，我们所面临的化肥利用率低下及施肥造成的环境污染等问题就会愈加严重，这将直接威胁到中国21世纪16亿人口的食物安全和生存环境。氮、磷等营养性污染物造成水体富营养化，同时还导致饮用水、地下水及农作物中硝酸盐含量超标。硝酸盐在人体中易还原成亚硝酸盐，并和胃肠中胺类物质合成极强的致癌物质——亚硝胺，导致胃癌和食道癌。日本人每天摄入的硝酸盐含量相当于美国人的

3～4倍，因此其胃癌死亡率比美国人高6～8倍。据测定：北京市菠菜硝酸盐含量高达2 358毫克/千克，萝卜2 177毫克/千克，上海、广州等大城市蔬菜中亚硝酸盐含量超标2～8倍。饮用水中硝酸盐含量超过23毫克/千克即可引起婴儿中毒，著名的“蓝婴病”就是饮用硝酸盐超标的水冲制奶粉而使血液变成蓝黑色得名。美国 White J. W. et al. 研究表明：人体摄取的硝酸盐80%以上来自蔬菜。

3. 农药污染　绿色革命以来，农药的大量使用，有力地促进了我国农业生产的发展。但与此同时，由于过分依赖有机合成制剂，也带来了一系列严重问题，如对土壤和水质的污染、对天敌的杀伤及其在粮食蔬菜中的残留等，直接威胁到人类的生存和资源的可持续利用，已成为农业可持续发展亟待解决的问题。据统计，每年我国杀虫剂有效成分的使用量达30万吨左右，其中仅有1%作用于靶标，30%残留在植物上，其余部分则进入了土壤和包括地下水在内的江河湖海等各种水系。目前我国不同程度遭受农药污染的农田面积已达1.4亿亩，对动植物的品质与进出口贸易产生了极为不良的影响。我国虽然于1983年禁止了滴滴涕、六六六等有机氯农药的生产和使用，但至今仍可从各种环境和动植物产品中检出。1996年我国曾向德国出口一船兔子，但德国海关从兔子身上检出了六六六，导致全部退回。2001年“五一”节前夕，江苏省质量监督局对南京市30批次茶叶监督检验结果显示合格率虽比去年上升了22.8%，但仍有40%不合格，其中有2批次滴滴涕含量超标，其含量高达我国卫生标准的12倍。农业部农残抽检结果还表明，部分省会城市农贸市场上的蔬菜、水果中不同程度地存在着农药超标，并有违禁农药检出，部分地区农药超标非常严重。由于食用农药污染的蔬菜而导致中毒的报道屡见不鲜。河北省一项历时3年的调查表明，蔬菜中农残种类和数量还在逐年增多。许多高毒持久残留农药属于全球极度关注的环境激素物质，这类污染物随食物链进入人体，不仅增加癌症的发生率，还将严重影响人体内分泌功能和生殖能力。因此，目前我国农产品污染的发展趋势如果不加控制，不仅严重影响城乡居民的身体健康，从长远来看也将关系着中华民族的生死存亡。

4. 地膜污染　我国地膜、棚膜年用量和覆盖面均列世界首位。农民把地膜当成继化肥、农药之后的第三大生产资料。把棚膜视为致富的手段，称之为“绿色银行”。农膜给我国农业带来了一场革命，对增产粮食和丰富人民的菜篮子做出了重要贡献。地膜和棚膜在我国具有十分广阔的市场。然而，地膜多年使用后，土壤中残膜累积，造成耕作困难、破坏土壤结构，可使作物减产15%～30%。新疆的一项调查显示，仅地膜污染造成的直接经济损失就达 1 500 万元人民币，环境监测部门提供的检测数据显示，新疆废旧地膜残留量平均为每亩 2.52 千克，最高可达 18 千克。这些土壤中残留的农膜在 50 年内不会降解，将严重影响农作物的品质和产量。此外，研究表明，290～380 纳米的紫外光极易引起作物病害，如番茄和黄瓜的灰霉病、甜椒的白疫病和斑枯病、番茄的轮纹病等。传统的温室或大棚不能有效地阻隔或转换这部分的紫外光，致使为预防病害发生，不得不施用更多农药，从而造成温室或大棚中的农药污染。

5. 集约化养殖污染 畜禽养殖业环境污染严重。目前我国有集约化大中型奶牛、猪、鸡养殖场 6 000 多家，日排出粪尿及冲洗污水 80 多万吨，年排放近 3 亿吨，然而粪便污水净化处理量不足 20%，由此造成的包括动物疫病和人兽共患性疾病等生物性危害日益突出。此外，现代畜牧业的饲料中非法添加的激素和生长促进剂等，引起人们对养殖动物产品的畏惧；而抗微生物制剂的使用已经使人们对食品中广泛存在的细菌耐药性产生了畏惧。这些问题需要从源头开始治理。

6. 生物技术的不安全因素 生物技术在解决食物安全、刺激经济增长及保障人类社会可持续发展方面存在巨大的潜力，但同时可能产生未知的后果或风险。20 世纪 80 年代末，前苏联吉利斯单细胞蛋白质工厂粉尘和排放物污染事件曾被新闻界指责为“继切尔诺贝利之后最严重的生态性灾难”。美洲的“杀人蜂”事件、病菌的抗药性问题、转基因动植物产品的生态和食物安全问题，已越来越引起人们的普遍关注。

因此，自 20 世纪 60 年代以来，人类为了摆脱上述石油农业所带来的环境和食品问题，西方国家相继出现了有机农业、生物农业、生物动力学农业、自然农业、生态农业及持续农业等多种形式的替代农业。我国在 80 年代开始大力推行中国式生态农业。

这些替代农业虽然名称各异，但是其基本原理却是大同小异的。都主张尽量协调生物与环境及生物与生物之间的关系，通过促进系统内部循环来维持系统的平衡。各类替代农业的实践在非常有限的局部取得了良好的结果，显示出降低能耗、改善环境质量和食品质量及保护自然资源等优点，但却无法面对农业所承负的养活地球芸芸众生日趋艰难的尴尬局面，因为它是以土地生产力和劳动生产率下降为代价的，而且绝大多数替代农业最致命的弱点在于经济效益上的不可行，经营者无法从中获得更高的利益。同时，很多替代农业充其量只能算是一种哲学理念，不具备完整的技术体系、操作办法和环境、产品质量标准，着眼点往往只是在农业生态系统内部，很少考虑农业的产前（无公害生产资料研究开发）、产中（生态系统良性循环）及产后（农副产品的无公害加工技术及产业开发）的有机结合。所以，以上诸种替代农业在国内外的发展是十分缓慢的，有必要继续探索一条新的农业发展途径，既能满足人们对农产品量的需求，又能保证质量安全，经营者的利益可大幅度提高，同时，具备完整的技术体系、操作办法及产地环境、产品质量标准，环境友好型农业正是在这种背景下应运而生。

（二）环境友好型农业及农业清洁生产概念的提出

环境友好型农业是 21 世纪初在我国农业和农产品加工领域提出的一个全新概念，是生产及加工过程对环境尽量不造成危害的一种农业生产方式。环境友好型农业生产的农产品有无公害农产品、绿色食品和有机食品。农产品生产由普通农产品发展到无公害农产品，再发展至绿色食品或有机食品，已成为现代化农业发展的必然趋势。

目前，国际上与我国无公害农产品相类似的产品，有生态食品、自然食品和有机食品等不同称谓。虽然称谓不同，但基本上都是指出自洁净生态环境，限制产品生产过程中化学制品的使用，加工过程符合相应操作规程而生产的食品。无公害农产品将成为 21 世纪的主导食品。根据我国不同区域的经济发展水平和人们的消费层次，只有同时生产无公害农产品、绿色食品和有机食品，才能满足人们的不同消费需求。而依据我国当前大众的消费水平，在今后一段时期内，我国消费主流仍将以无公害农产品为主。

清洁生产是现代生产过程中运用的一种新的、创造性的思维方式。清洁生产意味着对生产过程、产品和服务，运用整体预防的环境战略，以期增加生态效率并降低人类和环境的风险。农业清洁生产的概念是指通过对农业生产的全过程控制，避免或减少面源污染，同时生产卫生合格的食品，以达到环境健康和食品安全的目的。农业清洁生产技术体系是国家急需的农业技术之一，同时又是国际农业发展的前沿领域。因此，开展我国自主知识产权的农业清洁生产关键技术体系的研究，并进行相关技术的集成与试验示范具有重要的战略意义，必将对中国农业的可持续性发展产生深远影响。

二、环境友好型农业发展对策

食品安全性问题是涉及人类发展和食品供应的重大社会问题。1992

年由 FAO 和 WHO 联合召开的罗马国际营养大会提出："获得足够营养和安全的食品，是每一个人的权利"。要从根本上改变我国食品安全性现状，发展环境友好型农业，就必须着力做好以下几方面的工作：

（一）建立和完善为公民提供健康食品的国家体制，大力发展环境友好型农业

把"提供充足的、有营养的、安全无公害的食品"及发展环境友好型农业作为一个完整的目标纳入国家的社会经济可持续发展的目标体系之中。建立和完善国家无公害农产品产地环境质量标准及其食品安全指标体系，并制定相应的生产操作规程；制定国家关于食品安全性的政策和行动计划，普及无公害农业相关知识，教育广大农民群众；制定并不断完善食品立法，强化食品质量和安全性控制系统，推动食品行业实行保障食品安全的管理系统。

（二）组建执法、监督及监测三位一体的国家食品安全性控制机构

建立有效的、功能健全的食品安全性国家机构，对农业生产、食品加工、流通及销售的全过程进行监督、检查、管理、执法，确实保护消费者的利益。由 FAO 和 WHO 联合设立的食品规范委员会已制定了一系列标准、指南和建议，同时，国际上对进出口食品控制官方实验室规定的 ISO/IEC Guide25 和相应的实验室要求，为我国加入 WTO 后农产品与国际接轨及其建立健全我国的食品安全性控制机构提供了借鉴样板。农产品，特别是蔬菜，要像肉类一样，不经过检疫检验不准上市。

（三）保护农业生态环境，控制有害化学品的滥用

水、土、气、生是人类世世代代赖以生存的环境及食物链的资源基础。必须加强立法，确实保护农业生态环境。摈弃高消耗、高投入、高污染和高消费的发展模式，鼓励依靠科技进步和提高劳动者素质来促进经济发展的新模式，控制有害化学品的滥用。

（四）加强环境友好型农业关键技术、设备的研制与产业化开发

当前环境友好型农业的关键技术及其产业化亟待突破。国家应把环境友好型农业列入"十一五"科技计划，通过环境友好型农业关键技术的联合攻关，研制无公害农业生产资料（农药、肥料、饲料、饵料等），开发

出高效、低残留、无污染的制品，构建具有复合功能的生物农药工程菌，使之兼备优良的生物学特点及工艺性状，为产业化打好基础；开发新型微生物肥料生产工艺，重点研究开发环境友好型缓控释肥料、商品有机肥料、有机无机复混肥、腐殖酸类肥料、矿质肥料等；研制新型安全、营养、多功能食品添加剂和饲料添加剂；研制无菌包装技术及安全、可降解和可以重复使用的包装材料；开发食品气调储藏技术，为生产出符合人体健康或特定需要的安全谷物、果蔬、畜禽及水产品奠定物质基础。建立具有一定规模的环境友好型农产品示范基地，为我国无公害农产品产业工程的顺利开展提供可靠的科学依据和示范样板。

（武志杰）

主要参考文献

[1] 郭斌，庄源益．清洁生产工艺．北京：化学工业出版社，2003

[2] 赵其国．重视农业“安全质量”，加强农业“清洁生产”．土壤，2001（5）225～226

[3] 骆世明．农业生态学．北京：中国农业出版社，2003

[4] Kaferstein F，Abdussalam M. 21 世纪的食品安全．世界卫生组织通报（中文选译），2001（1）：128～131

[5] 吴永宁．现代食品安全科学．北京：化学工业出版社，2003

第九章　绿色能源农业

一、绿色能源农业现状及发展趋势

能源农业就是以生产能源为目的的农业，主要通过直接燃烧、物化转换、生化转化、植物油利用等四种方式利用生物能源。由于能源植物燃烧对环境造成的污染比矿物能源少，比核能安全，比风能、地热使用广泛，因而被称为“绿色能源”。以开发生物能源为目的的绿色能源农业是一个系统工程，主要包括能源植物培育、燃料乙醇、生物柴油、生物质气化发电/供热以及沼气等几个方面。已经市场化的生物能源产品主要是燃料乙醇（美国2004年产量为1 016万吨，进口42万吨）及乙醇下游产品、生物柴油（2004年欧洲产量为224万吨）及相关化工产品、生物质发电/供热、沼气和能源植物等。一些国家生物能源消费已占其总能源需求中很高的比例，如瑞典为17.5％、芬兰为20.4％、巴西为23.4％。

（一）能源植物培育

能源植物是发展生物能源的基础。以科学的方法培育高产、抗逆性强的能源植物是发展生物质能的根本保障。世界上许多国家都在开展能源植物及其栽培技术的研究，通过引种栽培，建立新的能源基地，如“石油植物园”、“能源农场”。桉树每公顷年产量可达30～50吨，在巴西已被广泛用作能源林，种植面积总计约200万公顷。美国已筛选了200多种专门的能源作物——快速生长的草本植物和树木；法国、瑞典等国家利用优良树种无性系营造短轮伐期能源林，并且提出“能源林业”的新概念，把1/6现有林用作能源林。最有发展前途能源植物是短期轮作能源矮林和禾本科类植物。甜高粱是普通高粱的变种，每公顷可产10吨籽粒和100吨茎秆，单位面积产糖量达到甜菜产糖量的2.5～2.7倍，甜高粱经压榨产生的纤维素残渣也可生产乙醇，美国、巴西、南非、阿根廷、印度等国，都开展了培育和种植甜高粱及其生产燃料乙醇方面的研究与开发。我国将建设甜高粱茎秆生产燃料乙醇的工业示范装置，年生产能力达5 000吨。

目前，开发生物能源的能源植物资源种类主要有：以制酒精为目的富糖作物，如玉米、甘蔗、甜高粱、甘薯等；以生产燃料油为目的的植物，如麻风树、油桐、乌桕、绿玉树、油菜等；用于直接燃烧的植物，如桉树、柳树、速生杨树等。

我国在能源植物选育和栽培方面研究已有初步基础。我国自行培育的能源植物甜高粱，其农艺和工艺性状均处世界先进水平，优于号称太阳能转化器的甘蔗；特有的野生木本油料植物如麻风树等已形成生产生物柴油的资源优势，并建立起基因库、种苗基地和种植标准。中国林科院进行了“优良薪材树种引种、选种、薪炭林栽培经营技术”的研究，在全国不同自然类型区对120多个乡土树种和外来树种的能源潜力进行了分析，在燃料油植物方面已筛选出油楠、小桐子、岩桂、四合木等植物。目前栽培或试种的油料植物有：大豆、油菜、花生、油茶、芝麻、油桐、乌桕、蓖麻、棕榈、椰子、核桃、腰果、可可、小葵子、油莎草、油橄榄、红花等，其中有些种类最初仅限于南方或北方栽培，现已推广到全国各地，为燃料油植物的引种驯化和大面积栽培提供了极大的方便。

（二）燃料乙醇

在生物能源产品中开发最快的是燃料乙醇，其中以巴西和美国最为突出。2004年巴西的燃料乙醇产量达到1 200万吨，生产原料为甘蔗，消耗巴西甘蔗总产量的50%，对甘蔗种植业贡献巨大。美国是近年来燃料乙醇开发速度最快的国家，从2000年到2004年五年时间里，燃料乙醇年产量从470万吨（16亿加仑）增加到1 000万吨（34亿加仑），原料主要为玉米，产量增加幅度超过一倍，得益于政府的鼓励政策、直接补贴和石油价格的持续上涨。

从战略角度看，世界各国都将各类植物纤维素（包括秸秆、木质纤维素）作为可供使用生产燃料酒精丰富而廉价的原料来源，其中利用木质纤维素制取燃料酒精可能是解决原料来源和降低成本的主要途径之一。而纤维素生产酒精产业化的主要瓶颈是纤维素原料的预处理以及降解纤维素为葡萄糖的纤维素酶的生产成本过高。美国研究报告表明，以淀粉和木质纤维素为原料水解生产乙醇的成本分别为275美元/吨和469美元/吨，其采用的技术路线为纤维素原料稀酸水解—戊糖己糖联合发酵工艺。欧盟有采用以植物纤维为原料，通过稀酸水解技术，将其中的半纤维素转化为绿色平台化合物糠醛，再将水解残渣（纤维素和木质素）进行真空干燥，并进行纤维素的浓酸水解，从而大幅度提高水解糖得率（大于70%），为木质纤维素制备燃料乙醇的经济可行性提供了较好的思路。

国内在纤维素酶法转化酒精的实验室研究也很多，但未见成功进行大规模中试的报道。在燃料酒精生产技术上，虽然我国酒精发酵的工艺技术水平已经接近或达到发达国家水平，但在原料综合利用，特别是淀粉质原料综合利用方面，还比较落后。废糟液治理长期以来影响国内酒精发酵行业自身发展，也成为国家燃料酒精产业发展的环境障碍。

（三）生物柴油

生物柴油被认为是继燃料乙醇之后第二个可望得到大规模推广应用的生物能源产品。目前，美国生物柴油年生产能力为 27 万吨，到 2010 年将提高到 1 200 万吨。欧盟国家 2004 年生物柴油产量已达到 225 万吨，计划在 2020 年使市场占有率达到 12%。其主要生物柴油品牌有：意大利的 Noveamont 和 Ballestra、法国的 IFP、德国的 Henkel 和 ATT。

在技术路线上，目前国内外已经建立的生产装置均采用间歇式酯交换法化学生产工艺制备生物柴油，存在能耗高、反应过程中使用过量的甲醇、油脂原料里的游离脂肪酸和水严重影响生物柴油品质和得率等问题。生产装置的大型化、生产工艺的连续化、产品及“三废”处理绿色化是生物柴油生产技术的发展方向。德国的 SKET 公司开发了生物柴油塔式分离连续性生产线和新的酯交换离心机分离连续生产线，为生物柴油连续化生产积累了宝贵的技术资料。

国内对生物柴油的研究还处于起步阶段，许多研究工作已展开。中国农业科学院油料作物研究所的黄庆德等人利用碱为催化剂对油脂合成生物柴油的生产工艺进行了较为详细的论述；江苏大学汽车学院的杨军峰等人研究了双低菜籽油在催化剂氢氧化钠的作用下与乙醇发生转酯化反应生成生物柴油；北京化工大学生物工程系邓利等人采用酯化和酯交换两条工艺路线研究了生物法合成生物柴油工艺。此外，采用酯化、酯交换法、生物酶法制备生物柴油已见专利报道。另外，一些企业/研究单位也在开发超临界体系生产生物柴油技术。

（四）生物质气化发电/供热

生物质气化发电/供热是生物质能源转化技术的重要方面，其主要工艺分三类：生物质锅炉直接燃烧发电、生物质—煤混合燃烧发电和生物质气化发电。欧洲和美国的研究与开发处于领先水平，生物质直接燃烧发电占可再生能源发电量的 70%。美国生物质发电装机容量已达 1 050 万千瓦，预计到 2015 年装机容量将达 1 630 万千瓦。生物质气化联合循环发电（BIGCC）效率可达 40%，是生物质能转化的主导技术之一。

我国生物质气化技术的研究开发主要集中在气化装置、发电、民用炊具和燃气锅炉等方面，一些技术先进、有良好前景的大型气化装置，如生物质压力气化装置、发生炉煤气甲烷化等正处于试验研究阶段。目前已推广应用了 400 多套小型气化供气系统和 20 多套 MW 级气化发电系统。

现有生物质气化发电技术存在的主要问题是燃气热值低，气化过程产生的焦油多。国外有研究采取催化裂解或高温裂解来降低焦油含量的技术路线，但该技术复杂，成本很高。因此，开发新型高效率的气化工艺，如何使生物质在气化过程中彻底消除焦油、消除气化发电过程的废水二次污染、提高气化效率、改善燃气质量、提高发电效率是未来生物质气化发电技术开发的重要目标。

（五）沼气

近年来沼气技术开发在国内迅速发展起来，基本分为小型能源一生态组合技术和大中型沼气工程技术。我国在沼气方面通过户用沼气池技术与生态农业技术的有机结合创造了多种经济有效的开发利用模式，因地制宜地发展了组合太阳能、沼气等多种技术而形成了小规模庭院式的能源一生态组合技术。以“四位一体”、“三位一体”等模式为主，它组合了厌氧消化的沼气技术和太阳能热利用技术，充分利用太阳能和生物质能资源。2003 年我国户用沼气池新增 210 万户，年末累计 1 289 万户，北方能源生态模式应用达 43.42 万户，南方生态模式应用达 391.27 万户，总产气量 45.80 亿米^3，相当于 300 多万吨标准煤，不仅提高了农民生活质量，减少了环境污染，而且每年可替代 600 多万吨秸秆和薪材。生活污水净化沼气池 131 578 处，年处理生活污水 46 339 万吨。

以厌氧消化为核心技术、以废弃物资源化利用为目的的大中型沼气工程已成为处理、利用禽畜粪便和工业有机废水最为有效的手段之一。与发达国家相比，我国沼气工程厌氧消化成套技术已日趋成熟，在某些方面已居国际领先水平。到 2003 年底，全国共建成 2 355 座工业废水和畜禽粪便沼气工程，总池容达到了 88.29 万米^3，形成了每年约 1.84 亿米^{3}沼气生产能力，年处理有机废物污水 5 801 万吨，年发电量 63 万千瓦·时，供气用户为 13.09 万户。

国外用于沼气发电的内燃机主要是 Otto 发动机和 Diesel 发动机，其单位重量的功率约为 27 千瓦/吨。汽轮机中燃气发动机和蒸汽发动机均有使用，燃气发动机的优点是单位重量的功率大，一般为70～140千瓦/吨；蒸汽发动机一般为10千瓦/吨。美国在沼气发电领域有许多成熟的技术和工程，处于世界领先水平，目前拥有61个填埋场，使用内燃机发电，加上汽轮机发电的装机，总装机容量已达340兆瓦。欧洲用于沼气发电的内燃机，较大的单机容量在0.4～2兆瓦，填埋气的发电效率为1.68～2千瓦·时/米^3。

我国开展沼气发电领域的研究始于20世纪80年代初，先后有一些科研机构进行过沼气发动机的改装和提高热效率方面的研究工作。我国的沼气发动机主要为两类，即双燃料式和全烧式。目前，对"沼气—柴油"双燃料发动机的研究开发工作较多，如中国农机研究院与四川绵阳新华内燃机厂共同研制开发的S195-1型双燃料发动机、上海新中动力机厂研制的20/27G双燃料机等。成都科技大学等单位还对双燃料发电机的调速、供气系统以及提高热效率等方面进行过研究。潍坊柴油机厂研制出功率为120千瓦的6160A-3型全烧式沼气发动机，贵州柴油机厂和四川农业机械研究所共同开发出60千瓦的6135AD（Q）型全烧沼气发动机发电机组；此外，还有重庆、上海、南通等一些机构进行过这方面的研究工作。

二、绿色能源农业发展中的科技需求

根据我国资源状况和技术现状，结合世界生物能源科技发展趋势，绿色能源农业发展对科技具有以下需求。

（一）能源植物培育

加速能源植物品种的遗传改良，以常规育种与分子育种技术相结合，提升传统育种水平，加快培育高产、高能含量、生长快、优质、抗逆性强的适于糖能联产的兼用品种和高生物量、高可发酵糖量的且能在低质地生长的能源专用作物和树种，研究推广低质地上专用植物栽培技术。具体内容如下：

（1）在燃料乙醇能源植物方面，稳定、高产的甜高粱、木薯、玉米品种育种和种植技术。

（2）在生物柴油能源植物良种化方面，以油菜、油桐、麻风树、黄连木、文冠果等主要油料植物为对象，围绕提高产品品质为核心的高产、高抗逆性、高耐贮性的良种目标，大力进行良种化，降低成本，提高产品市场竞争力。

（3）培育适合能源林的杨树、柳树和桉树品种，在不同立地条件下和经营管理条件下，比较能源树种的生物量，并建立配套的栽培及经营措施。

（二）燃料乙醇

围绕实现燃料乙醇原料多元化、原料前处理综合利用、发酵工艺技术水平的提高、清洁生产等开展研究，并注重技术集成，重点降低燃料乙醇的生产成本，提高综合效益。在继续利用粮食制造燃料乙醇的基础上，进一步开发薯类淀粉、甘蔗、甜高粱、甜菜等为原料生产乙醇新技术，研究秸秆类木质纤维素生产乙醇技术。具体内容如下：

（1）淀粉质原料为基础的燃料乙醇生产关键技术研究；

（2）糖质原料为基础的燃料乙醇生产关键技术研究；

（3）木质纤维素类原料为基础的燃料乙醇生产关键技术研究；

（4）燃料乙醇生产的关键共性支撑技术研究。

（三）生物柴油

发展我国生物柴油产业必须开发具有自主知识产权、生产过程清洁并具有良好经济效益和社会效益的生物柴油生产新技术，克服传统生物柴油合成工艺存在的工艺流程复杂、三废排放量大污染环境的缺陷，必须具有广泛的原料适应性，充分利用各种生物质原料资源生产符合相关质量标准的生物柴油。具体内容如下：

（1）考察原料中酸值、脂肪酸分布和脂肪酸不饱和度对反应的影响，研究开发能适应多种品质原料的新型加工工艺，副产品甘油的精制或深加工转化技术；

（2）高活性固体催化剂的研制及规模化生产技术；

（3）进行新工艺的中试研究，解决工艺放大出现的各种工程问题，并评估新工艺的技术经济水平；

（4）可移动式生物柴油生产装置及配套工艺的研究；

（5）万吨级工业示范生产装置工艺的设计、建造和运行。

（四）生物质气化发电/供热

针对生物质气化发电/供热技术存在的燃气热值低，气化过程产生的焦油多、转化效率低等问题，开发新型高效率的气化工艺，使生物质在气化过程中彻底消除焦油、消除气化发电过程的废水二次污染、提高气化效率、改善燃气质量、提高发电效率。具体内容如下：

（1）研究能够获得高效、高质量的可燃气和实现高效能量转化、发电系统效率达到35%以上的生物质热电联产系统的工艺技术；

（2）研究生物质气化供热利用系统优化技术；

（3）开发催化转换、膜分离一体化精制生物质燃气的净化工程；解决生物质转化产物中的焦油减低的经济途径和气体组分的调控技术；

（4）生物质能源定向和催化气化工程化技术研究。

（五）沼气

针对当前我国生物沼气工程在资源利用率、资源利用范围、沼气产率、稳定高效运行等方面存在的技术问题，通过现代生物工程技术与传统工程技术相结合，开展沼气高效产气机理和工艺研究、新型高效沼气制剂产业化以及沼气示范点和示范工程工作，提高现有生物沼气工程的技术水平，推进相关技术的集成应用和产业示范。具体内容如下：

（1）沼气高效产气机理和工艺技术的研究；

（2）新型高效沼气制剂的研发和产业化；

（3）沼气示范点和工程的技术应用和示范。

三、绿色能源农业在农业和科技发展的重要作用

资源短缺是中国经济亟待破解的难题，结合生物资源特点大力发展循环经济，是我国实现可持续发展国民经济体系的必经之路。绿色能源农业以开发生物质能源为目的，可缓解能源危机，促进国民经济可持续发展，提高我国可再生资源的利用率和利用价值，对农业和科技的发展均起着极其重大的作用。具体表现在以下几个方面：

（一）实现能源多元化，保障国家能源安全的需要

能源是国民经济的基本支撑，我国石油进口依存度逐年增加，建设“绿色油田”可以提高国家的能源安全度，维护社会稳定；发展生物能源有利于改善能源结构，缓解能源危机，促进能源向多元化方向发展。

（二）保护环境、改善生态，建设节约型社会和发展循环经济的需要

化石燃料已造成全球气温变暖、损害臭氧层、破坏生态圈碳平衡、释

放有害物质、引起酸雨等严重的环境问题。生物质能源属环境友好的清洁能源，可将农林废弃物、畜禽粪便等有机废弃污染物转化为清洁能源，是物质和能量循环利用及循环经济的一个精彩案例。

（三）解决“三农”问题，建设农村小康社会的需要

我国生物质资源主要分布在8亿多农民居住的农村，目前仍约有50%生活用能依靠秸秆、薪柴等生物质的直接燃烧提供。将农林废弃物和能源植物转化为清洁能源和高附加值的环境友好产品的生物能源产业将为农业再辟一个全新的领域，构建强势的新经济增长点，提高农民收入和增加就业机会，实现农村居民生活用能的优质化和清洁化。

（四）广泛应用生物技术，发展基因工程

生物技术在培育能源作物、培育高效酶微生物方面大有作为。国外用转基因方法获得柴油油菜新品种、用转基因技术获得分解秸秆纤维生产酒精的工程菌。转基因技术应用于能源作物和能源微生物上，不受基因标识的限制，而应用在食物方面要求标识，因而受到很大限制。生物技术可在能源作物和能源微生物方面大力研究和应用，从而促进科学技术的发展。

（五）保证粮食安全和能源安全的双赢举措

农民种粮的积极性不高，主要是因为粮价太低。甚至低到种粮亏损的地步，要提高农民种粮的积极性，必须有市场拉动。如果粮食既可作食物，又可作能源，市场容量将拓展三分之一以上。从这个意义上讲，发展绿色能源农业将是促进农民增收，调动农民种粮积极性的有效措施。粮食安全和能源安全并不矛盾，绿色能源农业可以利用贫瘠土地，不与或少与粮食争地，并且利用的大多是农业生产中的废弃物，如用玉米秆、稻草、麦秸等生产酒精和沼气。

四、绿色能源农业发展的战略重点

（一）基本原则和总体思路

发展绿色能源农业的原则是：立足自主知识创新，通过改进现有技术和开发创新技术，降低生物能源产品的成本和提高其与石油基产品市场竞争的能力。开发出技术较成熟、市场需求大、对解决我国“三农”、能源

和环境问题关系密切产品的关键技术，从而缓解我国能源紧张的“燃眉之急”。

总体思路是：利用我国现有的技术优势、资源优势、人才优势和体制优势，以替代石油为目的发展燃料乙醇、生物柴油，同时推进生物质气化发电或供热技术、沼气技术，促进能源植物培育的发展，形成“农、林、能一体化”的绿色能源农业系统。近期以技术成熟并且产品与石油基产品相比具有一定竞争能力的非食用生物质为原料生产乙醇和生物柴油以及生物质气化发电/供热的产业化为主，构建我国生物能源技术的基础框架。同时对能源植物选育与基因改造、木质纤维素微生物利用、厌氧生物转化技术等核心技术进行攻关。

（二）发展目标

绿色能源农业紧扣“资源、能源、环境、三农”四大主题，具有不可替代的战略地位。加速生物能源技术创新，使我国生物能源关键技术达到国际先进水平，部分技术达到领先水平。以市场需求为导向，以市场潜力大的产品为目标，在燃料乙醇、生物柴油的生产上重点突破共性关键技术，开发具有自主知识产权与市场竞争能力的重大新产品与新技术；加强生物能源技术的产业化，促进我国成为生物能源大国。将技术创新与集成创新相结合，以企业为龙头，以技术为支撑，以市场为依托，建成一批生物能源基地，使生物能源原料种植、转化、应用形成一条龙，加速我国成为生物能源质大国。

（三）战略重点

绿色能源农业发展的战略重点是能源植物培育、燃料乙醇、生物柴油、生物质气化发电/供热、沼气等方面的产业化关键技术。具体内容如下：

1. 能源植物种质资源收集与高能植物选育及栽培　筛选培育出与地域相适应的环境友好的高级能源作物，提供能源作物的筛选理论和培育方法，优化全国能源作物配置和生产格局。根据不同的利用目的，分别提供若干种典型的能源作物，重点是高产、抗逆性强、适合我国不同区域种植的能源树种和能源作物的培育及栽培技术。

2. 燃料乙醇生产技术　研究植物纤维生产燃料酒精技术（高效纤维素原料水解工艺与设备；高效纤维素水解酶的筛选和改造；先进的乙醇发酵与精制工艺和设备）、糖淀粉类生产燃料酒精技术（低成本高效常规乙醇发酵工艺与设备改造；先进、低成本的燃料酒精精制工艺和设备）、利用农林废弃物生产燃料酒精工艺与关键技术。

3. 生物柴油制备技术　研究以木本或者其他天然油脂为原料，生产生物柴油和化工产品综合利用技术和工程设备，提高天然油脂酯化催化反应速度和反应产物的高效分离技术；研究根据不同天然油脂的化学结构特点，同步生产附加值高的化工产品的技术。实现产业化，技术经济指标达到石油产品同类指标。主要是研究经济可行的新的生产工艺技术（如原料油的提取、油脂降解、酯交换、生物柴油精炼等技术）。

4. 生物质气化发电/供热技术　研究能够获得高效高质量的可燃气和实现高效能量转化、发电系统效率达到35％以上的生物质热电联产系统的工艺技术；研究生物质气化供热利用系统优化技术，转化热效率达60％以上；开发催化转换、膜分离一体化精制生物质燃气的净化工程；研究解决生物质转化产物中的焦油减低的经济途径和气体组分的调控技术；生物质能源定向和催化气化工程化技术等。木材加工和造纸及相关行业实现企业的能源自给率达50％以上，并且形成商业化系列技术和产品。

5. 沼气技术　包括用基因工程技术改良现有产甲烷菌提高沼气产率，解决沼气发电一体化成套设备前处理、发酵工艺、发电、自动控制以及后处理等设备，重点解决大电网不能及的偏远农村地区用电问题。

五、绿色能源农业发展政策及建议

绿色能源农业是一个系统工程，需注入的资金量很大，而且存在较大开发和市场风险。因此，政府及有关部门需要加大财政拨款力度，加大信贷规模，激励融资和利用外资措施，支持其研究开发。同时，能源农业作为新型的、生产生物质能源的产业，在市场化发展中面临诸多障碍和问题。为了促进能源农业健康发展，国家给予必要的扶植是完全必要的。但是仅靠国家扶植，不依靠市场的力量和企业的积极参与，形不成能源农业的大产业。特别是要吸引民间资本进入能源农业，能源农业才能具有较大的活力。为此，建议政府制定能源农业产业政策，创造能源农业发展的环境。为推动绿色农业的快速发展，需要实施包括减免税收、价格补贴、低息贷款、信贷担保等一系列经济激励政策。与此同时，应组织有关部门制订标准和规范，严格立法，保障其研究开发的外部环境条件。在生物质能源技术商业化初期，其性能、可靠性及寿命等都可能出现这样或那样的问题，加强服务体系建设是非常重要的；同时还需要加强培训和建立信息系统和咨询，促进绿色能源农业的商业化。初步考虑能源农业产业政策应包括以下几个方面：

（一）加强立法，制定好规划，保证绿色能源农业的发展

我国的《可再生能源法》，2006 年 1 月 1 日开始生效。政府的有关部门应尽快根据相关法律的相关规定，研究、制定具体的实施方案和细则。制定以法律法规形式存在的可再生能源核心政策，健全可操作的制度和措施。积极地、因地制宜地制定好绿色能源农业发展规划，在满足国家粮食安全的前提下，可以适当规划能源农业的种植面积，发展我国能源农业，把绿色能源农业发展规划纳入国民经济发展总体规划，列入国家的各级财政预算。

（二）实施生物能源配额制

制定相关的法律，实行生物能源配额制，使生物能源在地区的能源结构中，保持或者占有一定比例。允许和鼓励生物能源在各地区之间交易，以解决地区间能源资源的结构差异，达到促进可生物能源的产业化发展。强制性年度配额制度的实施可保证绿色能源市场的需求，从而增强绿色能源生产厂商的投资和生产信心，调动相关技术开发的积极性，使绿色能源生产进入良性循环的轨道。

（三）实行投资补贴和低息（贴息）贷款政策

补贴政策能充分调动投资者的积极性，增加生产能力和扩大产业规模。生物质能源企业优先得到优惠（低息、贴息）贷款。对产业化龙头企业进行技术改造，生产清洁能源的技改项目，给予贴息贷款。投资补贴需要通过公开招标、公平竞争的机制来选择补贴对象，以起到较好的刺激效果。

（四）实行产品增值税和所得税优惠政策

对生物能源产业实行减免增值税和所得税优惠政策，鼓励和促进绿色能源产业的发展。同时规定凡使用国产可再生能源设备或零部件的企业可免征固定资产税，以降低国产可再生能源设备的造价，扩大市场销路，促进国产化。

（五）实行补贴政策

对替代化石基产品补贴，每替代 1 吨石油或标准煤给予生物基产品相

当于原油价格或原煤价格10%～15%的补贴，并征收化石能源消费税，鼓励使用生物能源；对农民开发低质土地种植能源植物，给予土地开发费用补贴。

（六）增加R&D投入，加强生物能源的研究和开发工作

增加财政投入和银行信贷，加速RE技术的进步和国产化。在这方面，美国等先进国家已先行一步，注入了数10亿美元的研究、开发和示范推广经费。中国RE技术基础薄，国产化能力低。要大规模地发展绿色能源农业，某些关键技术的攻关和国产化是不可缺少的。一是要增加RE技术攻关和国产化资金，其财政拨款应随国民经济的发展而增加；二是将RE技术列入国家基本建设和技术改造投资的重点扶持计划。

（七）建立和完善绿色能源农业信息平台

在绿色能源农业商业化发展初期，其经济性能、技术可靠性和寿命方面产生的许多问题，往往是安装或使用不当以及缺乏维护造成的。应加强建立和完善可再生能源信息平台服务方面的工作，建立广泛而可靠的信息系统，实施多种形式的培训计划，为用户提供信息和咨询服务。创建能源农业产业化科技园区，实行产供销一体化经营，创造良好的发展环境。

（八）开展国际合作，引进国际先进技术和资金

积极开展对外交流与合作，做好培训和信息传播工作；积极利用外国政府和国际金融组织的混合贷款；欢迎外国制造厂商在互惠互利的原则下来华投资办厂；有目的、有选择地引进消化吸收国外先进技术、工艺和关键设备，在高起点上发展我国绿色能源农业，加快和提升我国新能源技术的开发步伐和总体水平。

（储富祥　蒋剑春　刘军利）

主要参考文献

[1] U. S. Department of Energy, U. S. Department of Agriculture, Developing and Promoting Biobased Products and Bioenergy, 2000

[2] U. S. Department of Energy. Biomass Program - Sustainable Fuels、Chemicals、Materials and Power. Multi - year Technical Plan, 2004

[3] 曾麟，王革华．中国能源农林业的现状、意义及发展战略．农业工程学报，2006，22

(1)：20～24

［4］国家林业局科技司，中国林科院编印．生物质能源发展概览，2006

［5］中国农业大学生物质工程中心汇编．中国生物质产业的先声——农林生物质工程座谈会资料汇编，2004

第十章　信息技术与数字农业

当代信息技术的迅猛发展及其在农业领域的广泛应用给现代农业发展带来了新的机遇。“数字农业”的概念的形成标志着未来农业发展将呈现以数字化为特征的全新面貌。一般认为，数字农业是用数字化技术，按人类需要的目标，对农业所涉及的对象和全过程进行数字化和可视化的表达、设计、控制和管理的农业。数字农业总揽信息技术在农业领域的集成应用，是今后我国实现农业信息化跨越发展的突破口，是构建和发展我国农业高技术体系的重大举措，是在世界范围内新的农业科技革命中占有一席之地和提高我国农业国际竞争力的战略选择。可以预期，“数字农业”的发展必将使农业实现更高的效率，农产品达到更高的质量，使农业更好地满足人们生活不断增长的需求。同时，又使农业环境得到更有效的保护，实现农业符合现代化要求的可持续发展。

以推进我国农业信息化和提升农业现代化水平为战略目标，根据当前国民经济和社会发展的需要，重点围绕数字农业信息采集技术，建立国家农业信息资源基础数据库和资源信息中心，实现农业生物、环境、技术和社会经济要素信息数字化；构建和完善我国主要农林植物和畜牧养殖动物的生物生长数字模型，实现我国主要农林植物和畜牧养殖动物数字模拟和设计；以 3S 技术为支撑，建立农业数字化监测体系，实现对农业生产及重大植物病害、畜禽疫病的实时监测和预报，提高农业宏观决策的科学化水平和快速反应能力；突破数字农业中信息获取、处理、加工、传播和应用等方面重大基础性、共性和关键技术基础，开发具有自主知识产权的数字农业软硬件产品，构建我国数字农业技术平台；进行数字农业技术的集成和应用示范，建立农村数字化信息服务网络，使数字化技术在农业和农村经济发展中得到广泛应用，全面提高我国农业信息化水平，推进信息技术为“三农”提供普遍服务，促进农业经济的发展。

一、农业信息技术及数字农业发展趋势

（一）信息技术的快速发展与广泛应用

信息技术发展日新月异。过去40多年来，半导体芯片集成度每18个月翻一番，存储密度每12个月翻一番，网络速度每9个月翻一番。与此同时，信息技术产品在迅速下降。这40年里，计算机从神秘不可近的庞然大物变成多数人都不可或缺的工具，信息技术由实验室进入无数个普通家庭，因特网将全世界联系起来，多媒体视听设备丰富着每个人的生活。这一切背后的动力都是半导体芯片。如果按照旧有方式将晶体管、电阻和电容分别安装在电路板上，那么不仅个人电脑和移动通信不会出现，基因组研究到计算机辅助设计和制造等新科技更不可能问世。计算机发展经历了大型机/终端、到客户机/服务器，到互联网，到现在正向网格计算过渡的阶段。从主机/终端系统，到个人计算机的普及，相对应的是开始一台计算机为很多人使用，后来发展到一个人使用一个计算机，下一步将是许多计算机为一个人使用。技术将退到我们现实生活的后台，人们的工作将为大量的智能技术所取代，从而使人们得以集中精力面对未来发展的挑战。21世纪信息技术发展的主要趋势是：技术不是越来越复杂而是化繁为简；产品不是越来越贵族化而是大众化；应用不是人围着机器转而是机器围着人转；环境不是突出计算机的存在而是感觉不到计算机。因此没有对当今信息与通讯技术发展变化的敏捷了解，就很难深刻理解其对社会经济、技术市场与技术创新机遇的影响。信息与通信技术农业应用的发展，将对建设可持续的现代农业、农村现代化建设，提高农民的社会经济地位，缩小数字鸿沟，构建社会主义和谐社会和建设节约型社会，具有重大的战略意义，也将为信息产品制造业、系统集成业和信息服务业提供无限的商机。

以计算机、网络和通信相结合的形式，将人类的物质生产和知识生产结合起来，充分利用知识和信息资源，提高农业产品的知识含量，使农业进入了信息化阶段，信息科技促进了农业劳动资料信息属性的发展，也促使科学技术与农业生产力比过去更加紧密地凝结在一起，构成了现代农业经济发展的新特征，具有划时代的意义。

通过利用信息技术，农民可以监测庄稼，气象学家监察气候，自动化工厂可大规模地将消费者的爱好转化为定做的产品。这些都将对农业的信息化产生巨大的影响。预计到 2015 年，美国的精确农业将得到普及；到 2020 年，实现自动化耕作和城市温室。

（二）信息技术在农业中的应用与发展趋势

在农业信息技术与数字农业方面，呈现出如下的发展趋势：

1. 农业资源和农情监测　随着卫星技术的发展，高时空与高光谱分辨率遥感图像的应用，基于遥感的农业资源和农情监测将着重于研究基于农学机理的定量模型。

2. 农业生产系统模型　包括了种植业、林业、畜牧业和渔业等部门生产和管理决策领域的各种模型。其中，以动力学模型为基础的生态环境过程模型与动植物生长发育模型的结合及其在农业生产系统管理中的应用是国际数字农业相关领域研究的前沿和热点。动植物生长模型的前沿领域是将生理生态模型与形态建成模型相结合，向解决机理性和通用性的方向发展。在微观水平上与育种、基因工程相连接，逐步从机理上量化生物信息与生长发育、物质同化及分配的关系；在宏观水平上与地理信息系统和遥感及全球定位系统相结合，为精确生产管理提供定量化决策工具。

3. 农业生产设计　在农业生产设计方面，由于计算机辅助设计方法的应用，将大大优化生产结构，缩短设计周期，提高工作效率，并降低成本。环境信息和生物信息获取将趋于自动化和实时性，生产设备向智能化、精确化和自动化的方向发展。

4. 技术集成　计算机网络、3S 技术和其他信息技术将集成应用于农业的资源环境监测和生产决策管理。

5. 信息技术将作为生产力的重要因素，参与到农业生产、决策管理和产品流通的各个环节，实现研究成果的产品化和硬件化。

6. 数字农业与电子商务的发展必将大大扩大我国农产品的国内外市场　广大农民将有可能直接与国内外市场建立联系，了解国内外的市场动向，以决定农业的生产与销售策略。面向农业的第三产业，农业信息产业将成为我国农业服务业的支柱产业。我国的农业金融业、农业保险业、农业运输业、农业供销业等都将得到电子信息技术的支持，从而提高农业服务的整体效益。

总之，“数字农业”必然会使世界的农业面貌得到极大的改观。农业会从一种低水平的依靠经验为主的产业，转变为一种高水平的依靠高新技术的产业。

二、现代农业对农业信息技术的需求

进入21世纪，我国农业发展全面步入新阶段，农业生产与农村经济结构调整优化，农业生产由数量型向质量型发展，农业增长方式由粗放经营向集约型经营转变，面临着前所未有的机遇和挑战。从农业发展角度看，随着全球经济一体化进程加快，农业竞争走向国际化，一些跨国农业企业集团会不断发展，并抢占发展中国家和地区市场。与此同时，世界性新的农业科技革命正在兴起，高新技术在农业中的广泛应用，使农业生产领域不断拓展，农业国际竞争日趋激烈，对农业科技发展提出了新的更高的要求。

（一）信息化是我国加快实现工业化和现代化的必然选择

党的十六大明确提出，“信息化是我国加快实现工业化和现代化的必然选择”，并把“大力推进信息化”作为21世纪头20年经济建设和改革的主要任务之一。全面建设小康社会是我国今后的奋斗目标，但中国作为一个农业大国，有60%以上的人口在农村，农村有3 000万贫困人口，6 000万人徘徊在温饱线上，生活水平明显低于城市居民，因此，“三农”问题是今后我国全面建设小康社会的瓶颈问题。党的十六大和多次中央农村工作会议要求更多的关注农村，关心农民，支持农业，努力增加农业收入，把“三农”问题作为全党工作的重中之重，放在更加突出的位置。农业作为一个巨大的开放系统，涉及因素多，可控性差，农业的主体农民承受着自然条件、社会经济和市场多变的各种压力。现阶段，我国农业存在科技含量不高、经济效益低下、环境污染比较严重等问题。解决这些问题的一个关键措施，就是积极利用现代信息技术改造和提升传统农业，以信息化带动农业现代化，推动农业全面、协调和可持续发展。提高我国农业和农村科技含量，在广大的农村地区广泛推广先进适用农业技术，特别是农业高新技术，是解决我国“三农”问题的重要措施，数字农业技术将为解决我国“三农”问题提供农业高技术的强大支撑。

（二）常规农业技术升级的需求

我国在农业信息和数字农业技术相关研究方面，缺乏把信息技术作为生产力第一要素进行系统组织、设计和研究，研究力量和研究目标分散，数字化技术对农业进行系统表达、设计、控制、管理和经营的革命性作用远远没有发挥出来；缺乏具有带动全局性和战略性的重大技术、重大产品和重大系统，目前已有的研究成果相当一部分是把信息技术作为外围辅助的手段，提供表层的信息服务，数字化技术没有作为本质要素真正参与到农业生产、管理、科研和推广各个环节中。

在数字农业生产技术领域，要求实现农业信息的实时采集、监测、处理、分析预测，优化生产技术规程和资源配置，提高农业生产的主动性，能有效控制减轻盲目投入造成的资源浪费和对生态环境的污染，促进农业可持续发展。结合实际生产的需要，要求能将各种单项农业技术、最新的科技成果和专家知识进行集成，加快科技成果的传播和转化；将改变传统的农业技术推广方法和手段，帮助农民制定因地制宜的生产技术管理方案，提高生产过程决策的科学性，提高产量和品质，降低成本，提高效益。

随着现代集约化、规模化农业生产的发展，需要研发“数字农业”工程技术装备，各种自动智能化的农业机械、设施温室、自动化的灌溉与施肥系统，以实现在农业、畜牧业、农副产品加工业等生产全过程中对作业对象从宏观到微观的实时监测，能够对生产状况及相应的环境状况进行定位与定期信息获取，生成动态空间信息系统；通过对这些信息的综合分析与处理，对农业生产中的现象、过程进行控制，达到合理利用农业资源，降低生产成本，改善生态环境，提高产品产量、质量和生产效率的目的。

（三）现代农业和新农村对信息化的需求

农业信息技术和数字农业技术在面向“三农”提供普遍服务方面，要求建立提供政策、市场、技术、生活等信息的数字化、可视化的信息网络体系，及时准确地向农民提供政策信息、技术信息、价格信息、生产信息、库存信息以及气象信息；提供中长期的市场预测分析，指导帮助农民按照市场需求安排生产和经营，解决分散的小农生产和统一的大市场之间的矛盾，提高经营管理水平。信息技术的应用使市场交易双方直接联系，减少了流通环节，简化了交易程序，节约了交易费用。以及时、准确、真实的交易信息做基础，减少生产的盲目性和滞后性，降低市场风险，提高经济效益，增加农民收入。同时农业和农村经济结构调整、增加农民收入离不开农业信息技术和数字农业技术的支撑。决定农业和农村经济结构调整的依据是市场信息和充分发挥本地农业生产的优势，降低成本，提高效益。农村信息化可以建立起覆盖市、县、大多数乡镇以及有条件的农业产业化龙头企业、农产品批发市场、中介组织和经营大户的农村市场信息服务网络，形成横向相连、纵向贯通的农村市场信息服务渠道，使农村市场信息服务滞后的状况得到根本性改变，使广大的农村地区获取最新市场信息和最新农业技术信息，使农业发展适应市场需求和采用新技术，保证农业和农村经济结构调整实现最优化。

（四）推动农业产业化和规模化经营的发展，缓解农村劳动力过剩的巨大压力需要农村信息技术和数字农业的支撑

农村剩余劳动力数量巨大是“三农”的又一个难题。中国农村目前约有7亿多劳动力，其中超过70%强为农业劳动力，大约5亿人。农业耕地约19.5亿亩，按照现在的生产力条件大致只需要1亿劳动力。乡镇企业和农村工商户约能容纳0.5亿劳动力。这样算来，我国农村还有3.5亿个剩余劳动力。这3.5亿农村剩余劳动力中，有1.2亿是常年外出打工；余下的2.3亿，则滞留在土地上，一人的活三人干，成为世界上最庞大的非充分就业群体。农业产业化和规模化经营是我国农业发展的出路，是走出国门、走向市场经济的必由之路。当农业经济摆脱了小农经济的束缚，以商品性生产成为主要目的时，它对信息的依赖性就十分明显。数字农业和农业信息技术的利用将成为农业产业化和规模化经营的重要手段。另一方面，农业信息化技术的应用，提供及时有效的信息，保证农业产业化和规模化经营得以实现。因此，农业信息技术将使得农业生产更加适应市场需要，推动农业产业化和规模化经营的发展，两者相辅相成。

三、信息技术及数字农业对农业科技的影响

当前，我国政府将数字农业列为发展农业信息技术的首要任务。“十五”期间，科技部国家高技术研究发展技术将“数字农业技术研究与示范”作为重大专项，支持了“数字农业信息采集技术研究与产品开发”、“农林植物生长模型与数字化设计技术研究”、“土壤一作物系统过程模型与数字化设计技术研究”、“数字农业精准生产技术平台构建与应用”、“数字农业精细养殖技术平台构建与应用”、“数字林业技术平台构建与应用”、“数字农业技术应用示范”和“数字农业发展战略与技术体系研究”等多项重点课题研究，并已取得一批技术成果，有些成果已经开始推广应用，取得了较为显著的社会经济效益。可以预见，在未来我国的农业发展过程中，数字农业必将产生极为深远的影响。数字农业可以成为我国21世纪农业发展的指导性思想之一。

（一）数字农业将全面提升我国农业生产的技术水平

“数字农业”技术可实现农业信息的实时采集、监测、处理、分析预测，优化生产技术规程和资源配置，提高农业生产的主动性，有效控制减轻盲目投入造成的资源浪费和对生态环境的污染，促进农业可持续发展。

“数字农业”技术可以将各种单项农业技术、最新的科技成果和专家知识进行集成，加快科技成果的传播和转化；将改变传统的农业技术推广方法和手段，帮助农民制定因地制宜的生产技术管理方案，提高生产过程决策的科学性，提高产量和品质，降低成本，提高效益；适用于我国条件的各种农业优化决策系统与专家系统将陆续研制成功，从而使各种农业科学的优化原理与专家经验都将通过网络系统，直接传播到农民的千家万户，从而加快提高我国的农业生产技术水平。

“数字农业”工程技术装备的广泛应用，各种自动智能化的农业机械、设施温室、自动化的灌溉与施肥系统将会极大地提高农业生产的效率和农产品质量。“数字农业”工程技术是将传感技术、遥感、地理信息系统、全球定位系统、计算机技术、通讯和网络技术、自动化技术等高新技术与地理学、农学、生态学、植物生理学、土壤学等基础学科理论有机地结合起来，实现在农业、畜牧业、农副产品加工业等生产全过程中对作业对象从宏观到微观的实时监测，以实现对生产状况以及相应的环境状况进行定位与定期信息获取，生成动态空间信息系统；通过对这些信息的综合分析与处理，对农业生产中的现象、过程进行控制，达到合理利用农业资源，降低生产成本，改善生态环境，提高产品产量、质量和生产效率，消除各产品对人体的安全隐患的目的。

总之，“数字农业”技术体系的广泛应用，将促进农业实现由传统经验到科学量化、规范化、集成和智能化，由粗放生产到精细农作，由分散封闭到有效获取和利用信息，由主观判断到科学决策，由被动生产经营到主动适应市场的一系列转变。

（二）数字农业将促进我国农业的优质、高效、高产和可持续发展

我国各种农产品虽然单产不低，但农产品的品质普遍不高，直接影响农产品的市场竞争力与农民的致富。由于农业生物信息学的发展，我国的生物技术会得到加强，再加上各种作物的育种模型的研制成功，我国必然会在作物的优质高产育种方面取得更大成绩，会以更快的速度培育出受市

场欢迎的、国际上有竞争力的优良品种。各种适应于我国条件的作物栽培模型、施肥模型、灌溉模型、植保模型的研制成功，精确农业在更大面积上的普及，都会使我国的农业生产达到更高的产量、更高的效益，会使农民降低成本，增加收益，从而更快的致富。

近几十年来，我国农业环境资源的污染与破坏情况一直很严重。这个情况对我国农业发展有长远性的不利影响。数字农业的发展，各地都将依靠宏观农业模型与宏观决策系统的支持，使当地的农业发展与农业环境资源治理得到更合理的协调。农业遥感与地理信息系统技术与农业模型的结合，将使我国对农业环境资源的动态监测工作更为完善，各种环境污染与破坏的情况将能得到更及时的发现与制止。依靠因特网、局域网与数据库技术，我国农业行政部门对全国与各省农业环境资源的数据，会有更及时与正确的掌握，从而及时地制定或调整政策与对策，使我国农业沿着最合理的方向得以持续发展。

（三）数字农业将会促进我国农业经营管理水平的提高

我国农业在二、三产业方面的落后情况非常突出，严重制约了我国农业整体效益。数字农业发展过程中，各种农产品加工、保鲜、储藏业都将得到电子信息技术的武装，自动化的程度有很大的加强。因此，各种农业加工产品的质量会更高，规格更统一，出口竞争力更强。在我国加入WTO后，农产品的出口竞争力将尤为重要。数字农业与电子商务的发展必将大大扩大我国农产品的国内外市场。广大农民将有可能直接与国内外市场建立联系，了解国内外的市场动向，以决定农业的生产与销售策略。面向农业的第三产业中，农业信息产业将成为我国农业服务业的支柱产业。我国的农业金融业、农业保险业、农业运输业、农业供销业等都将得到电子信息技术的支持，从而提高农业服务的整体效益。

“数字农业”技术可建立提供政策、市场、技术、生活等信息的数字化、可视化的信息网络体系，及时准确地向农民提供政策信息、技术信息、价格信息、生产信息、库存信息以及气象信息，提供中长期的市场预测分析，指导帮助农民按照市场需求安排生产和经营，解决分散的小农生产和统一的大市场之间的矛盾，提高经营管理水平。

（四）数字农业技术研究将会促进我国农业科研和教育的进步

当前我国农业科研水平与发达国家相比，还是比较落后的。随着因特网在我国农业科研单位的广泛应用，国际先进的农业科技将更快地传播到我国，我国农业科学界与国际的交流愈来愈多，因此我国农业科学与国际差距也会愈来愈小。在我国各农业科研单位，农业信息技术的研究将加强。各学科都会重视农业模型的研制，从而显著提高我国农业科研与农业科学水平。我国的农业生物技术研究将与信息技术密切地结合起来，农业生物信息学与基因组学将在我国得到大发展，从而大大加快我国农业生物技术的进展。

制约我国农业发展的突出问题是我国农民的文化科学素质较低。在数字农业发展过程中，我国农业院校都将敞开大门，通过因特网与全社会，特别是广大农村建立联系，农民将终身地接受最先进的农业教育。因此，数字农业将加快提高我国广大农民的文化科学素质。同时，数字农业的发展，必将显著地加快提高我国高等农业教育的水平。中国的学生将通过因特网更多地接受国际上先进的农业科学知识，培养研究生将更多地采用国际合作方式。

四、农业信息技术与数字农业发展的战略重点

数字农业以推进我国农业信息化和提升农业现代化水平为战略目标。根据当前国民经济和社会发展的需要，结合国家有关计划和重大科技工程的实施，突破数字农业中重大关键性、共性技术问题，通过系统集成和应用示范，逐步建立我国数字农业科学技术体系，使我国农业信息技术达到世界先进水平。在发展农业信息和数字农业技术的过程中，应该结合我国农业产业的特点，构建我国数字农业的技术体系、应用体系和运行管理体系，在数字农业关键技术研究开发、系统集成和整体应用上取得突破性进展，推进我国农业信息化和农业现代化进程，使我国农业高新技术的发展在国际上占有重要的位置。

数字农业发展的战略重点包括：

1. 研究和开发符合国际标准和我国实际的标志性的数字农业信息采集技术，建立国家农业信息资源基础数据库和资源信息中心，实现农业生物、环境、技术和社会经济要素信息数字化。重点发展快速土壤养分自动探测系统、土壤养分近、中红外光谱在线分析方法与技术、机载移动作业土壤电导率测定及其分布图自动生成系统；促进 GPS、GIS、RS 地理空间信息技术产品开发与先进适用技术的农业应用，研究农田空间分布信息快速获取先进传感技术等。

2. 构建和完善我国主要农林植物和畜牧养殖动物的生物生长数字模

型，实现我国主要农林植物和畜牧养殖动物数字模拟和设计；研究开发不同层次、不同农业产业类型的农业系统数字模型，实现农业物资设备、农业生产管理、经营决策的智能化和数字化。

3. 构建以地面、航空和航天平台为基础，以3S技术为支撑、立体交叉的农业数字化监测体系，实现对农业生产及重大植物病害、畜禽疫病的实时监测和预报，提高农业宏观决策的科学化水平和快速反应能力。

4. 在突破数字农业中信息获取、处理、加工、传播和应用等方面重大基础性、共性和关键技术基础上，开发具有自主知识产权，能够适应不同层次、不同类型数字农业需求的软硬件产品，构建我国数字农业技术平台，为我国数字农业发展提供技术支撑。

5. 搞好数字农业技术的集成和应用示范，建立农村数字化信息服务网络，使数字化技术在农业和农村经济发展中得到广泛应用，实现农业生产、农业科研、农业教育、农业推广、农业市场经营和农业社区信息服务的数字化，全面提高我国农业信息化水平，推进信息技术为"三农"提供普遍服务，促进农业经济的发展。

五、农业信息技术与数字农业发展政策

我国农业和农村经济发展进入新阶段后，建设新农村、实现现代化、发展农村经济和提高农业国际市场竞争力成为我国当前和今后相当一段时间内农业和农村发展的根本任务，而我国的国情决定了必须提高自主创新能力，进行农业高技术的研究和广泛应用，才能实现我国农业和农村经济跨越发展。发展数字农业是构建和发展我国农业高技术体系的必然选择，通过数字农业技术的广泛应用，用数字化技术重塑现代农业，将从根本上改变农业传统落后的面貌，有力地推动农业增长方式转变和农业生产与农村经济结构调整优化，对推动我国现代农业进程具有重要意义。

我国农业已经进入了"工业反哺农业，城市支持农村"的历史发展新阶段。"统筹城乡经济社会发展，建设现代农业，发展农村经济，增加农民收入"是实践"以人为本，全面、协调、可持续的科学发展观"的重要内容。今年中央一号文件提出，当前和今后一个时期，要把"加强农业基础设施建设，加快农业科技进步，提高农业综合生产能力"作为一项重大而紧迫的战略任务。文件提到：抓住了这个重点，就抓住了农业发展的关键；把握了这个环节，就把握了农业现代化的根本；做好了这项工作，就为农村全面建设小康社会打下了坚实的基础。一号文件里面提到的"加强

农业发展的七大综合配套体系建设”，都跟农业信息化密切相关。

坚持以信息化带动工业，工业化促进信息化，要在经济和社会领域广泛应用信息技术。农业信息技术的广泛应用和数字农业的发展，将对于提高我国农业生产、技术、科研、教育、推广的信息化水平，在信息时代抢占世界农业高新技术的制高点，具有长远的战略意义，对于加速实现农业和农村现代化建设具有重要现实意义。

我国是一个农业大国，我国的农业、农村和农民问题，既关系国家的经济繁荣，也关系到国家的稳定，党和政府历来高度重视。近年来，国家在农业信息化方面进行大量的投入，农业信息化是现阶段发展中国农业的重要技术手段。但是信息化并不是中国农业的最终目标，数字农业概念的提出让人们感受到农业现代化新的境界。迈入 21 世纪，我国面临着人多地少、资源短缺、环境恶化的局面。为保障 10 多亿人口的粮食安全，关键在于推动农业科学技术发展。势必要进行一次新的技术革命，促使传统农业向现代农业转变，推动粗放生产向集约经营转变。可以预言，“数字农业”及其相关技术的快速发展与推广应用，必将成为新世纪农业科技革命不可或缺的重要内容。

（赵春江）

主要参考文献

[1] 石元春．农业呼唤信息技术．中国科学报，1998.07.20

[2] 汪懋华．关于精细农业试验示范与发展研究的思考．中国农业科技导报，2003（2）：7～22

[3] 科学技术部农村与社会发展司．中国数字农业与农村信息化发展战略研讨会文集．北京：中国农业出版社，2003

[4] 赵春江．数字农业信息标准·作物卷．北京：中国农业出版社，2004

[5] 赵春江．数字农业研究进展．北京：中国农业科技出版社，2005

第十一章　海洋农业

海洋农业（marine agriculture）是指人类利用海洋生物资源，以海洋为基本环境，通过社会劳动，获取人类社会所需生活资料和生产资料的过程。海洋农业不仅包括海洋捕捞业、海水养殖业、海洋水产品加工业等传统产业，还包括海洋设施渔业、海洋牧业（生物资源增殖）、海水种植业，以及海洋药物、海洋活性物质利用等新兴产业。随着现代科学技术的快速发展，大批新成果、新技术、新材料不断涌现，海洋农业已成为缓解人类陆地生存压力和充分开发利用广阔海洋国土资源的新兴产业。

一、我国海洋资源及海洋经济发展状况

中国位于太平洋西岸，是一个海洋大国。中国海总面积为 473 千米^2，南起曾母暗沙，北至辽东湾，纵跨 37°；西自北仑河，东至鸭绿江口，横穿 16°，跨越热带、亚热带和暖温带。按照《联合国海洋法公约》，属于我国管辖的海域面积约 300 万千米^2，大陆海岸线长为 18 000 千米。全国拥有面积 500 米^2，以上的海岛 6 500 多个，岛屿岸线 14 000 千米。有居民居住生活的岛屿 433 个，最大岛屿是台湾岛，其面积达 3.6 万千米^2；其次是海南岛，面积为 3.4 万千米^2。

中国海域水深 200 米以内的大陆架面积 148 万千米^2，已经开发的渔场面积 280 万千米^2。中国适宜发展海水养殖的浅海、滩涂和海湾面积共约 260 万公顷，2003 年已养殖的面积 153.21 万公顷，其中浅海 59 万公顷，滩涂 67.6 万公顷，陆基 26.55 万公顷，海上和滩涂合计 126.66 万公顷，占海上和滩涂可养面积的 48.7%，因此还有 41.3%的面积可以发展海水养殖，并且尚有很多陆基空间可以利用。此外，适宜增殖水产资源的海湾、岩礁水域及开发人工鱼礁的水域空间潜力都很大，有利于水产增殖可持续发展。

海水是取之不尽的天然资源，除了广泛应用于制盐和海洋化学工业之外，还应用于海水淡化、工业冷却用水和城市生活用水。此外，海水资源

也将为发展耐海水农业灌溉提供可靠保障。国内已有科研单位研究利用海水灌溉农业，培育出耐海水蔬菜10多种，保障了农业经济可持续发展的巨大潜力。

中国海域海洋生物资源丰富，海洋生物物种繁多，已鉴定的物种达到20 278种。沿海分布的常见藻类有200多种，浅海滩涂的生物资源总数超过2 500多种，重要的增养殖生物资源有238种，其中软体动物贝类占45.7%，鱼类占16.8%、藻类占16.3%、甲壳类占13.4%、棘皮动物类占5.3%、其他生物类占2.5%。

海洋经济是开发利用海洋的各类产业及相关经济活动的总和。主要的海洋产业有海洋渔业、海洋交通运输、海洋石油天然气、滨海旅游、海洋能源、海盐及海洋化工、海水淡化及综合利用、海洋生物医药等。由于我国海洋资源丰富，开发潜力巨大，海洋资源优势转化为经济优势的前景广阔。改革开放以来，我国海洋经济发展迅速。20世纪90年代，中国把海洋资源开发作为国家发展战略的重要内容，把发展海洋经济作为振兴经济的重大举措。“九五”期间，中国主要海洋产业总产值累计达到1.7万亿元，年均增长率为16.2%，高于同期国民经济增长速度。2004年全国主要海洋产业总产值为12 841亿元，海洋产业增加值为5 268亿元，占同期国内生产总值的3.9%。2002年至2004年平均增长速度为16.9%，不仅高于“九五”期间海洋经济的增长速度，还高于国民经济的增长速度。总体上中国海洋经济居世界沿海国家中等水平，正处于快速成长期。

海洋渔业经济是海洋经济的主要组成。从1990年起，中国水产品产量连续居世界首位，2004年总产量达到4 902万吨。自1992年以来，水产养殖产量连续多年超过捕捞产量，是世界上唯一的养殖产量超过捕捞产量的国家。养殖业的发展，使水产品产量的组成比例发生了从量变到质变的飞跃。2004年全国水产养殖总产量达3 209万吨，占世界水产养殖产量的70%以上，占我国水产品总产量的65%。水产品产量已占全国动物性（肉、禽、水产品）食物生产量的1/3。水产品出口额连续几年在农产品中居首位，2004年出口额达69.7亿美元，其中养殖产品占出口产品的比重越来越大。2004年全国海洋渔业总产量达到2 700万吨，产值3 800亿元，占海洋经济总量的30%。

根据预测，到2010年，我国海洋产业增加值可望占国内生产总值的5%以上，到2020年占6%，将在增加农渔民收入、扩大就业和解决“三农”问题方面发挥巨大的作用。

二、发展海洋农业的重要性和意义

（一）发展海洋农业的重要意义

有关资料显示，近年来许多国家都在加紧开发、利用和保护本国管辖海域，世界海洋经济持续快速发展，年总产值约为1万亿美元。联合国环境和发展大会通过的《21世纪议程》指出，海洋不仅是生命支持系统的重要组成部分，也将成为人类可持续发展的淡水、食品、能源和金属等资源的重要战略基地。

1996年，我国政府制定的《中国海洋21世纪议程》，提出了中国海洋事业可持续发展的战略，其基本思路是：有效维护国家海洋权益，合理开发利用海洋资源，切实保护海洋生态环境，实现海洋资源、环境的可持续利用和海洋事业的协调发展。

随着全面开发利用海洋资源新时代的到来，大力发展现代海洋农业，建立海洋农业标准化技术的集成、升级与产业化示范已成为有效缓解我国资源短缺、解决人口膨胀、提高国民生活质量、增加农民收入、促进社会主义新农村建设的重要途径。发展海洋农业对于我国经济社会发展具有重大意义。

1. 海洋农业是国家食物安全的重要保障，是传统农业向现代农业拓展的战略方向　我国地少人多，农业发展面临着耕地日益减少和人口不断增加的双重压力，人均耕地面积仅为世界平均水平的1/3，近年来还以年均1 000多万亩的速度递减，食物安全保障形势严峻。我国可管理海域总面积达300多万千米^2，其中，滩涂面积220万公顷，15米等深线以内的浅海域面积0.113亿公顷，40米等深线以内的浅海域面积超过0.533亿公顷。目前我国滩涂和浅海的利用率为10%，其中，滩涂的利用率为30%，15米等深线以内的浅海利用率不到6%，15～40米水深海洋的开发利用刚刚启步。与陆地传统农业相比，海洋农业具有更广阔的发展空间、更丰富的产业资源和更巨大的经济价值。我国海域已发现的海洋生物有20 000多种，海洋农业单位面积产值是种植业的4倍，发展海洋农业潜力巨大，是传统农业向现代化农业拓展的战略方向。随着我国陆地农业耕地和适宜牧区的不断减少，未来的食品供应，特别是优质蛋白类食品的有效供给，将越来越多地由畜禽类动物转向海洋生物，特别是不断增长的对蛋白类食物的需求，将主要依赖于海洋农产品来保障。我国海洋农产品总产量自1990年以来一直居世界首位，2004年达到2 715万吨，已成为我国大农业中发展最快、活力较强、经济效益最高的产业之一。海洋农业是我国大农业的重要组成部分。向海洋进军，提高海洋农业科技水平，发展海洋农业，拓展食物生产领域，提高优质蛋白质产出比例，缓解由于耕地面积刚性递减而带来的粮食安全保障压力是解决我国未来16亿人口食物安全的重大战略选择，也是我国农业发展战略的必然选择。

2. 海洋农业是实现国家海洋战略的基础产业，是推进创新型国家建设的重要选择　21世纪是人类开发利用海洋的新世纪。党的十六大提出了“实施海洋开发”的重大决策，实施海洋开发将为提高我国综合国力做出重大贡献，对我国经济与社会发展具有重大的战略意义。海洋蕴藏着巨大的资源和潜力，是21世纪提升我国综合国力最主要的新兴领域之一。实施海洋开发，发展海洋事业已成为国际性大趋势和各沿海国家的战略抉择。实施海洋开发战略，最主要、最核心的问题是发展海洋经济。由于世界人口、资源和环境三大压力的日益加大，各沿海国家都把海洋开发列入国家发展战略，发展海洋农业成为各国海洋开发的主战场。海洋农业是我国海洋经济的基础产业，我国海洋农业利用10%的海洋（包括滩涂）面积创造了30%的海洋GDP。我国虽然是世界海洋农业大国，产业规模和经济总量巨大，但总体技术水平与支撑产业持续、健康发展的需求尚有较大差距，核心技术落后，创新能力不强。发展海洋农业，开展海洋农业技术自主创新，加快海洋农业产业结构调整，促进海洋农业增长方式转变，是建设资源节约型、环境友好型现代海洋农业的中心环节，是推进创新型国家建设的战略需要。

3. 我国海洋农业发展取得了巨大成就，为实现农业“三增”目标做出了重要贡献　改革开放以来，我国海洋农业取得了迅猛发展。2004年全国海洋农业总产量达到2 700万吨，产值3 800亿元，占海洋经济总量的30%。海洋农业是农村剩余劳动力转移的战略重点之一。统计显示，近20年来我国海洋农业吸纳了大批就业人员，仅对虾养殖就吸纳了近50万人。2004年全国从事海洋农业年人均纯收入超过6 500元，全国从事海洋农业生产的劳动力为1 300多万人。开展海洋农业科技攻关和示范，将有利于延长产业链、拓宽产业领域，带动海洋农业产业化水平和综合效益的全面提高和相关行业的发展。海洋农业已成为我国农业发展最快、活力较强、经济效益最高的产业之一，是我国国民经济发展的新增长点。2000年以来，我国水产品出口额一直居大宗农产品首位，2004年出口额达69.7亿美元，占农产品出口总额的26%。我国水产养殖产品贸易出口总量及出口额已位居世界前列。据联合国粮农组织（FAO）统计和预测，近10年来世界海洋农产品贸易量增长达30%，今后一段时期，海洋农产品的需求量仍将维持上升趋势。但与发达国家相比，我国目前海洋农产品出口存在品种少、质量不稳定、国际市场竞争力低等制约因素。因此，开展海洋农业健康优质生产技术的研究、开发、集成与标准化示范科技攻关，生产大量优质海洋农产品，将大幅度提高我国海洋农产品的国际市场竞争力。

4. 海洋农业高效持续发展面临严峻挑战，行业共性和关键技术突破和集成创新亟待加强　我国海洋农业虽然取得了举世瞩目的成就，但总体上仍未摆脱旧的增长模式的束缚，单纯追求增加产量和扩大规模，忽视资源的合理利用和环境保护，生产方式相对落后，产业结构和布局不合理，进一步持续、健康、高效发展面临着严峻的挑战。主要表现在：一方面，在传统生产领域，由于缺乏现代海洋农业先进理念的指导，盲目追求规模和产值，生产发展无序，局部开发利用过度，致使流行性病害频发，每年因此导致的经济损失高达150多亿元。药物滥用、环境污染造成产品质量安全问题突出，严重影响了食用安全水平和产品国际竞争力的提升，直接威胁着产业的持续发展。另一方面，在新兴生产领域，发展空间虽然十分广阔，但由于技术创新滞后，新技术、新装备研发不足；技术集成不够，已有的相关技术缺乏有效的系统整合和配套，领域拓展缺乏有效的技术体系支撑，开发能力不足，效率不高。目前20米等深线以内的水域利用率不到1%，20～40米等深线之间的水域利用刚刚起步。同时，产品加工技术及装备落后，加工率不足30%，而国外高达80%～90%，差距巨大，精深加工比例更低。

总之，海洋农业是我国国民经济基础产业的重要组成部分。针对海洋农业发展中亟待解决的突出问题，实施“海洋农业高效开发利用技术研究与示范”项目，突破一批行业共性重大关键技术，开展海洋农业标准化技术升级、集成与产业化示范，提高产业核心竞争力，将有利地促进我国海洋农业的健康和可持续发展，为构建现代海洋农业技术支撑体系，建设海洋农业强国提供强大动力和有效保障。

（二）海洋农业的发展趋势

海洋农业作为海洋产业的主要内容之一，在海洋经济发展中将发挥越来越重要的作用。下面从产业发展趋势、海洋农产品市场需求和技术发展趋势三个方面简要叙述。

1. 产业发展趋势　目前，我国海洋农业正处于从传统渔业向现代海洋农业过渡的关键时期，表现出以下主要特征：一是科技含量高，生物技术、信息技术等高新技术已成为发展的标志和趋势；二是设施化、集约化、工业化水平高；三是生产领域更加广阔，对海洋经济的总体发展的带动力更加强大；四是产业链不断延伸，产业结构更加完善；五是更加体现了人类社会文明与生态环境和谐发展的理念。

2. 海洋农业产品市场需求　根据预测，从国际市场看，全球水产品消费量在相当长的时期将保持增长趋势。FAO 预测今后 30 年，全球水产品需求是 1.6 亿吨，而现在是 1.3 亿吨左右。我国不仅人均水产品占有量在逐年稳步增长，从我国人口增长趋势看，对水产品的需求量也要增加。目前，世界水产品总量的 37%～40%进入了国际贸易，而我国水产品产量占世界水产品总产量的 1/3，但只有 6%～8%的水产品进入国际贸易，贸易额只占世界水产品国际贸易的 7%左右，大大低于国际平均水平。由此可见，无论是国内消费市场，还是国际贸易市场，均存在巨大的市场发展空间。

3. 技术发展趋势　现代海洋农业生产日益科技化，高新技术成为海洋农业发展的强大动力。现代海洋农业与传统渔业不同，它是建立在全面应用科技基础的高效农业。目前，现代海洋农业科技正迅速地向宏观和微观两个领域全面发展，由生物技术占主导地位引起的海洋农业科技革命促进海洋农业面貌发生根本性变化。

一是综合技术集成整合不断加强，新的技术体系逐步建立。海洋农业以高效集约化模式为典型生产方式，不仅具有节约土地资源、劳动生产率高等优点，而且必须依靠工业化发展形成的综合技术集成和整合，逐步建立海洋农业新型技术生产体系。

二是产业发展中的关键技术相关研究与应用不断加快。针对产业发展中的关键技术问题开展重点研究与应用越发重要。如在加快良种繁育的基础上，对增养殖技术、养殖模式、生态环境以及养殖容量等方面开展系统性研究，探索并建立适合不同生态类型和不同生产方式的环境友好型健康生产模式。

三是标准化技术体系框架初步形成。经过 20 多年的研究与积累，我国海洋农业标准化技术体系框架基本形成，但仍不能满足现代海洋农业发展需求。今后一段时期要通过共性与关键技术的研究和产业化示范，研究、建立不同生产模式、不同生产对象、不同生产操作环节和环境维持和修复的单项和系统技术标准，初步构建能够保证我国海洋农业健康、高效、可持续发展的技术标准体系。

四是产业开发技术与生态环境保护与资源恢复技术研究并重。随着海洋农业的发展，近岸水域生态环境已经不断恶化，渔场退化，天然生物资源严重衰退，海产品质量下降，已严重制约海洋农业健康优质发展。因此，加强生态环境保护与资源恢复技术研究与开发将成为海洋农业可持续发展的重要研究方向之，如生态操纵技术、人工鱼礁的生态保护与资源恢复技术等。

五是现代高新技术成果应用。高新技术的应用是海洋农业综合竞争力提高的关键所在，因此，必须加强新材料技术、生物技术、信息技术和空间技术等高新技术在海洋农业领域的广泛应用，并注重技术的集成组合，改造现有生产模式，开展高起点的海洋农业科技创新，进一步提高海洋农业的国际竞争力，推动传统海洋农业向现代海洋农业转变，实现海洋农业的跨越式发展。

三、发展海洋农业的科技需求

发展海洋农业，开发蓝色国土，需要有现代科技、特别是现代高新技术作为支撑和保障。特别是当前我国正处于海洋农业和海洋经济发展的成长阶段，必须充分依靠科技，抓住目前十分难得的国际、国内机遇，使海洋农业尽快发展、跃上一个新台阶。

（一）海洋农业科技需求

1. 对现代生物技术的需求　发展海洋农业、开发蓝色国土，首先必须有现代生物技术作为支撑和保障。因此，必须加强海洋生物技术研究与开发，强化海洋动植物新品种培育，特别是培育适合我国不同海域生长的海洋鱼类、虾类、贝类和藻类，提高养殖单产，改善产品品质，这既是海洋农业发展和开发蓝色国土资源的必然要求，也是满足我国不断提高的物质和文化生活水平的具体要求。具体来说，海洋农业发展对现代生物技术的需求主要体现在以下方面：

——海洋动物品种改良与新品种培育技术。主要包括重要海水养殖动物分子育种技术体系的建立；研究鱼类基因表达载体调控元件、定点定向插入、无标记基因转化新技术；研究体细胞无性系变异和鉴定技术，原生质体的游离和培养及再生诱导技术，原生质体融合和体细胞杂交技术，提高育种效率和定向育种水平。建立重要生理及发育过程的基因组数据库、蛋白质数据库等，为海洋动物改良与“品种设计”积累生物学信息数据。通过利用现代生物技术手段，最终达到改良海水养殖动物品种，提高其产量和品质的目标。

——海洋植物改良与新品种选育技术。主要包括建立高通量、低成本的分子标记与基因鉴定技术，开发海洋植物重要功能基因的特殊等位变异的标记，满足海洋植物分子育种的需求；研究主要海洋植物分子育种数据库与信息网络体系，突破海洋植物分子标记辅助育种、转基因育种的技术瓶颈，提高育种效率和定向育种水平；与常规育种方法相结合，建立海洋植物育种技术平台，大幅度提升海洋植物育种水平。同时，建立重要生理及发育过程的基因组数据库、蛋白质数据库等，为海洋植物“品种设计”积累生物学信息数据。利用大规模回交导入技术，进一步引入新的种质资源，进行分子设计和聚合育种，提高海洋植物的综合生产能力，降低生产成本，达到高效节本，提高生产效益的目标。

——耐盐植物新品种培育技术。重点是综合运用基因组学和生物信息学研究成果，利用现代统计学、分子育种等手段，进行耐盐植物新品种的顶层设计，开发经济有效利用海水种植作物的育种新途径。

2. 对信息技术的需求 随着信息领域中的采集技术、传输技术、处理技术、遥感技术的不断熟化，伴随着一些关键技术如各种传感器、自动测距仪、智能化诊断系统、自动监控系统的兴起，海洋农业对信息技术的需求越发迫切。

——海水养殖。发展海水养殖对信息技术的需求首先是海洋环境条件信息的实时获取，实现养殖水域环境参数的实时监控等。其次是重要养殖品种生长过程和生态系统的计算机模型，水产养殖信息服务决策系统、水产养殖和水域环境远程监测和诊断等。此外，还包括水产养殖综合信息平台的建设，以逐步构建我国分散条件下的精准养殖过程远程诊断和智能决策平台。

——海洋种植。主要包括海洋植物水分、养分信息快速获取及诊断技术，产量和品质信息快速获取技术，病虫害信息快速获取及诊断技术，以及信息采集技术标准和数据传输技术体系的建立等。构建我国主要海洋植物的生物生长的数字模型，建立功能与结构—环境与调控于一体的虚拟海洋植物生长系统，实现主要海洋植物数字模拟和虚拟表达、设计。研究海洋植物中水分、养分运移过程模型、根系生长与吸收模型，建立以动力学模型为基础的生态环境过程模型和基于海洋植物的产品形成模型系统，提高养分循环、环境效应及养分利用效率，通过与 3S 技术相结合，为精确生产管理提供定量化决策工具等。

——海洋捕捞。主要包括捕捞生产渔船定位及信息传输系统、渔业信息管理系统、海洋渔业资源、渔场变动以及基于空间分布的动态评价模型和渔情预报模型，建立中国远洋渔业信息平台，实现我国重要远洋渔业主要对象（鱿鱼、金枪鱼、竹荚鱼等）、作业渔场、作业渔船和国际性渔业信息化管理等。同时还包括建立重要经济鱼类渔情预报技术平台，从生产信息和渔场环境信息的采集、信息处理到渔情预报等主要环节实现了业务化运转，构建适合我国国情的重要经济鱼类渔情预报技术体系。

——近海滩涂开发利用。包括建立近海滩涂变化信息自动监测系统、数据采集与获取，滩涂养分实时变化监测，滩涂作物生长实时监测与相关信息采集，环境变化监测与数据采集，滩涂利用与相关性状变化远程控制及管理等。相关技术的发展，将为近海滩涂的合理开发和利用提供十分重要的科学依据。

3. 对新材料技术的需求 新材料在海洋农业中的广泛应用，是加快海洋农业发展的有力保障。从目前海洋农业发展看，其需求主要有以下几个方面：

在海水养殖、海水种植方面，主要包括围栏、网箱等新材料等；在海洋捕捞方面，主要包括制造渔船、渔网的系列新材料，渔民下海所需的各种新材料等。实际上，海洋农业对新材料的需求更为迫切，因为发展海洋农业一方面要适应瞬息万变的大海的各种条件，如抗风浪、抗海潮、抗腐蚀等；另一方面还要求有较高的作业效率、轻便耐用。所以，研发各种海洋农业所需的新材料，是当前和今后海洋农业快速发展的关键。

4. 对现代加工技术的需求 海洋产品加工转化，既是解决部分产品季节性过剩的必然要求，也是提高海洋产品附加值，促进渔民增收的重要途径。从海洋农业发展现状及需求看，对现代加工技术的需求可能比对任何技术的需求更加迫切。主要体现在：

2004 年，我国农产品加工业的增加值突破 1.1 万亿元，约占 GDP 的 8%，与农业总产值之比达到 1.2：1。农产品加工业已成为引领农业产业化发展的重要途径，对农业结构战略调整、增加农民收入、出口创汇和促进农村剩余劳动力转移具有重要意义。但是，海洋产品加工目前还相当落后，多数渔产品还停留在冷冻保藏阶段，加工链条很短，产品附加值很低，加工机械化水平低，加工技术落后。因此，通过采用定向分离与物性重组、非热杀菌与无菌大包装、超低温急冻与保鲜技术、快速检测与全程质量控制及生物工程与酶工程等加工技术，进行产业化技术开发和深加工新产品开发；研制开发国内急需且具有自主知识产权的连续冻干设备、非热杀菌设备、无菌大容器与灌装设备和超低温单体冷冻设备，加快海产品的加工利用，是当前海洋农业发展的关键。

5. 对环境控制与修复技术的需求　随着海洋捕捞业的不断扩大，海洋天然渔业资源不断减少，而人类则希望从海洋获取更多的产品，这种矛盾势必会导致海洋种养规模的大幅度扩大。由于海洋、特别是浅海的利用强度增大，投入的化学物质增多，势必会导致近海水体的营养化程度提高，无疑将在很大程度上对海洋的环境保护提出了更高的要求。因此，急需集约化生产条件下海洋种养业发展的营养需要与抗应激技术、海洋养殖环保、无公害饲料高效利用技术、近海水域环境质量保障和水产养殖病害安全防治技术，建立水产品质量安全的可溯源性技术体系，逐步形成适合不同水域的系列化水产健康养殖配套生产技术体系。通过引进和开发相应技术，大幅度提高海洋种养业的环境和产品质量，形成我国优质、安全、高效海洋水产种养殖业新的经济增长点。

（二）海洋农业发展对农业科技的影响

海洋农业的发展，特别是现代科学技术在海洋农业中的不断应用，在大幅度提高海洋农业经济效益的同时，对农业科技的发展也必将产生一系列十分深远的影响。

1. 加速了现代农业技术的发展和应用　海洋农业是现代农业的一部分，海洋农业的发展离不开现代农业技术，特别是生物技术、信息技术、新材料技术以及环境控制与修复技术、海洋产品深加工技术等的进步与发展。反之，海洋农业技术的发展，特别是高技术在海洋农业领域的应用，将有效促进农业科技的发展，为农业高技术找到一条快速发展和应用之路。

由于海洋农业发展目前还远远落后于现代农业的发展，特别是在新品种选育与培育、健康养殖、海水种植等领域尚与现代农业的种植业、养殖业发展有较大差距。因此，一方面海洋农业在发展中要加大对目前农业新技术成果的引进和应用，促进新技术、新成果在海洋农业领域的全面应用和发展，提高海洋农业领域的科技水平和成果转化、应用能力；另一方面，在海洋农业中也应加大科技创新力度，加快现代先进适用技术的研发和应用，提高自主创新能力，促进海洋农业的全面进步和发展。实际上，海洋农业领域技术水平的提高和发展，也在很大程度上是对现代农业发展的补充和完善，因此，将在很大程度上促进现代农业技术的进步与发展。

2. 促进传统农业技术的改造与升级 如前所述，我国海洋农业技术的应用和发展还相对落后，传统技术、特别是海洋水产新品种的选育技术、健康养殖技术等还相当落后，部分领域与当前农业发展水平还存在较大差距，在一些领域中甚至连常规技术的应用都不普及。尽管目前我国已成为世界海洋水产养殖大国，但目前海洋养殖的水产品品种主要系自然筛选出来的，基本上没有自己选育的高产、优质海洋水产品种。这种格局在很大程度上制约了海洋养殖业的发展，也严重制约了海洋农业相关领域科技的发展，导致其相关领域研究远远落后于农业的其他学科。

加快发展海洋农业，促进相关技术，特别是现代生物技术、信息技术、新材料技术以及环境控制与修复技术、农产品深加工技术等现代高新技术在海洋农业领域的应用和发展，势必将在很大程度上带动传统海洋农业技术的改造升级，大幅度提高海洋农业的生产效益，促进海洋农业生产中的环境保护。其同时，也将大幅度提高农业的整体效益和水平，促进农业相关技术的发展和应用，并由此推动传统农业技术的改造与升级。

3. 逐步形成具有自我完善和发展的技术体系 通过不断创新、引进与发展，相关技术在海洋农业中的应用将不断加强，海洋农业领域科技创新能力不断增强，高新技术在海洋农业中得到广泛应用。在此基础上，经过不断发展和完善，将逐渐形成适合我国海域特点的，以海洋种植、海水养殖、海产品加工等为重点的，以相应高技术为支撑的，具有十分显著经济和社会效益的海洋农业体系，并逐步形成与此相适应的独特的海洋农业技术支撑体系。

四、海洋农业发展的战略重点

随着现代科学技术的快速发展，大批新成果、新技术、新材料不断涌现，海洋农业已成为缓解人类陆地生存压力和充分开发利用广阔海洋国土资源的新兴领域。目前，我国海洋农业正处于从传统渔业向现代海洋农业过渡的关键时期，发展海洋农业、开发我国蓝色国土资源，潜力巨大、前景广阔。根据我国海洋农业领域技术积累储备和发展状况，结合海洋生物资源和生态环境特点，目前我国海洋农业发展的战略重点主要体现在倡导高效健康生态养殖生产方式、加快设施渔业高效开发利用产业发展、启动沿海海洋牧场营造工程、加强近海渔业资源养护与合理高效开发利用远洋渔业资源、积极扶持与发展海产品精深综合加工业和加快发展海水种植业等六个方面。

(一) 倡导高效健康生态养殖生产方式

我国海水增养殖业历史悠久，产业优势明显，技术上也代表了当今世界的总体发展水平。在20世纪50年代以前，其主要操作方式是利用自然苗种进行养殖，尚未达到全人工养殖的水平，养殖种类主要是滩涂贝类。20世纪50年代以来，藻类、贝类、虾类和鱼类人工苗种大规模培育技术获得了重大突破，海水养殖业发展迅速。到目前为止，已经形成了以对虾、大黄鱼、贝类、牡蛎、海带、江蓠、大菱鲆、海参等多种重要经济海洋生物为主的养殖产业链，年产量占我国海水养殖总产量的90%以上，成为我国海洋农业的主战场。

近期战略重点是在做好养殖水域滩涂规划的基础上，以发展生态、标准化水产养殖为重点，推广鱼、虾、贝、藻生态互补的立体养殖方式，加快改造传统老化池塘和水处理设施，提高水体资源综合利用水平，合理开发利用资源，改善、修复养殖环境。

一是根据我国黄海、东海和南海不同的地理、气候和滩涂底质条件，不同养殖种类和养殖方式，研究建立各具特色和优势的健康养殖技术模式；开展养殖生态工程优化、水质高效调控、污染物减排和重要养殖病害生态综合防治等技术研究；开发贝类养殖分区管理、污染控制技术，建立并完善贝类净化技术工艺；开展滩涂健康养殖技术集成，建立优质高效的滩涂养殖技术体系。

二是根据我国南北海区浅海的不同的水温、水质等海况条件，不同的养殖种类和养殖方式，开发浅海优质、高效增养殖技术。依据养殖容量要求，选择典型海湾，整体研究并优化底播增殖、筏式养殖和传统网箱养殖技术，开展养殖种类、养殖密度和养殖布局调整，研究鱼、贝、藻等动植物种类生态互补利用技术，研究确定其最佳搭配比例，进行浅海多元化养殖技术集成，建立浅海生态复合型综合养殖模式。

三是加强养殖水域生态环境诊断与评估技术研究，选择重要养殖海域，研究生态环境质量评价指标及其与生态环境质量的关联度，开发生态环境评价关键指标检测技术，研究生态健康损害的关键因子及其与生境损害和环境质量响应关系，建立适合不同区域类型和特点的生态环境质量评估模型。研究养殖水域环境修复和生态重建技术，开发养殖自身污染控制与污染物资源化利用技术。

(二)加快设施渔业高效开发利用产业发展

欧、美、日本等发达国家设施渔业的发展起步较早,其网箱养殖和工厂化养殖已达到较高水平。以挪威为代表的欧洲深水网箱养殖,起步于20世纪70年代初,经历了初建(1970—1979)、拓展(1980—1989)、重组(1990—1999)三个重要发展阶段,目前挪威深水网箱保有量约5300多个,从1971年至1999年间,鱼产量平均年增长率达26%,深水网箱养殖的鲑鳟鱼产量占全球鲑鳟养殖产量的46%,显示深水网箱养殖的优质、高效、安全的先进生产模式和能力。

国外工厂化养殖基本实现了机械化、自动化、电子化、信息化和经营管理现代化,达到了无废水排放要求。如丹麦是西欧工厂化养鱼最发达的国家,工厂化循环水养鳗单产已达到100～300千克/米^2。美国工厂化养殖技术也非常成熟,可口可乐公司投资2 500万美金在夏威夷建造了对虾养殖厂,单产达到7千克/米^2,美国已经把工厂化养鱼列为“十大最佳投资项目”。

“十五”以来,我国高度重视设施渔业发展,将设施渔业列入国家科技“攻关”计划和“863”计划。我国深水网箱的研制技术经历了三个重要发展阶段,即从引进到简单模仿制造阶段(1998—2001)、从模仿到自主研制开发阶段(2001—2002)和从自主研制到技术创新阶段(2002—2005),目前已完成了向较深水域拓展的产业技术准备,具备了产业化发展的技术和产业基础。海水工厂化养殖技术,经过几年协同攻关,已建成约100万米^{2}的封闭式或半封闭式工厂化循环水养殖车间。

战略重点是加强设施渔业关键设备研制、集成和产业化示范。

(三)启动沿海海洋牧场营造工程

海洋农牧化是海洋农业的发展方向。日本于20世纪70年代初确立了建设海洋牧场为日本海洋渔业的方向,并以濑户内海为试点进行改造,开展了系统的科学研究,大规模投放人工鱼礁,开展鱼类增殖放流,使该海域鱼产量增加了十几倍,成为国际上海洋农牧化的成功范例。美国、加拿大、挪威、韩国和俄罗斯等国家也在海洋农牧化方面开展了许多科学研究,并进行了成功实践。

据史料研究,最早的人工鱼礁是中国人发明的,距今已有约2000年历史。我国台湾省在1974—1999年建成75座人工鱼礁;1998年香港特区立法会通过决议，将在 5 年内投资 6 亿港元建设人工鱼礁，已于 2005 年全部完成。1981—1987 年我国共投礁约 10 万米^3。2003 年起，广东省规划在 5 年内投资 8 亿元，构建广东沿海人工鱼礁群，以逐步恢复海洋生物资源、保护海洋生态环境，目前已投放礁体体积共约 1.2 万立方米。截止到 2004 年，全国共投放人工鱼礁 50 多万米^3，其中，浙江省人工鱼礁累计 27 万米^3，广东累计达到 22 万米^3。其他沿海各省也都在启动或即将启动人工鱼礁建设计划。

我国海岸线长 18 000 千米，大小海湾数百个，其中大部分海域的海洋环境适合水产生物牧业化生产，建设海洋牧场具有得天独厚的优越性。为了尽快恢复近海渔业资源，维护海洋生物资源的可持续性利用，可结合沿海各省正在实施的人工鱼礁建设工程，选择典型海域开发建设海洋牧场。

一是制定我国近岸海域海洋牧场建设总体规划。根据海况、地质、水质确定投放人工鱼礁的水域，根据该水域的地理环境及主要栖息对象确定投放人工鱼礁的种类、单体大小和结构及投放规模，使近岸海域形成布局合理的海洋大牧场。

二是加强人工鱼礁工程设计与结构优化工艺和人工上升流利用技术研究，开展人工鱼礁的生态效应与环境效应的评估、重要经济种类增殖放流与效果评价等。开发出人工鱼礁工程和高效应用技术，建设 400～1200 米^3 小规模鱼礁群 60 个，3 万米^3 以上大规模鱼礁群 8 个，总量达到 30 万米^3。水域生态环境质量和增殖效果明显提高或改善。

三是建设一批海洋牧场增殖示范区，创造良好的经济效益、生态效益和社会效益。

（四）加强近海渔业资源养护，合理高效开发利用远洋渔业资源

近年来，尽管我国海洋捕捞业发展迅速，但是，随着《联合国海洋法公约》的实施和中国与日本、韩国等周边国家渔业协定的生效，我国海洋捕捞作业区域将越来越窄，这对本来就被资源衰退所困扰的捕捞业更是“雪上加霜”。如何转轨定向，调整生产结构，摆脱困境，保持海洋捕捞业的持续、稳定、健康发展，是当前和今后一段时期内海洋捕捞业发展中急需研究和解决的问题。

从当前情况看，海洋捕捞业的发展重点主要是：

一是延长休渔期，加强对近海渔业资源的保护。实行伏季休渔是保护和恢复渔业资源，促进渔业经济持续健康发展的一项重要措施。从近几年

休渔效果看，开捕后不论渔获物的个体还是产量，都明显增加，确实达到了保护资源、提高效益的预期目的。近年来，国家决定对东、黄海实行新的伏季休渔制度，休渔时间由原来的 7 月 1 日～8 月 31 日 2 个月延长为 6 月 16 日～9 月 15 日 3 个月，这不仅会给黄渤海区的鲅鱼、对虾等资源提供充分的繁衍生息和生长育肥时间，而且会对东海区的带鱼、大黄鱼、小黄鱼、鲳鱼等资源起到更加有效的保护作用。根据当前黄渤海区和东海区的资源状况及捕捞生产实际特点，建议在切实加强伏季休渔管理的基础上，逐步将休渔期延长到 6 月 1 日～9 月 30 日 4 个月，进一步保护经济鱼类资源，促进其繁殖和恢复。

二是合理调整近海作业结构，加快开发太平洋磷虾资源。开发利用磷虾资源是捕捞业持续发展的一项必然选择。据有关资料介绍，磷虾含有 11.5%的蛋白质和钙、铁等营养成分，营养价值较高，是加工营养食品和配合饲料的理想原料。特别是近年来，由于中上层鱼类资源捕捞过度，导致处于食物链末端的低值鱼虾蟹类资源量迅速增加，其中太平洋磷虾资源量的增长尤为迅速。据有关专家调查分析，目前黄海和东海区的太平洋磷虾资源量已接近 1 000 万吨，具有相当大的开发潜力。由于该品种的生命周期仅有一年，不充分开发利用就会造成资源浪费。因此，建议今后近海捕捞业应积极开发太平洋磷虾等低值虾蟹类资源，从而使该资源开发利用保持稳步增长的发展势头。

三是加快发展远洋渔业，积极参与国际间的资源竞争。当前国内捕捞业正面临着传统经济资源日趋衰退、传统作业渔场减少的双重压力，冲出国内、发展远洋渔业已经成为当务之急，因此，应切实增强紧迫感和使命感，加快实施“打出去”战略。据联合国粮农组织的统计结果，全球渔业资源可捕量为目前捕捞产量的两倍，也就是说，尚有近亿吨的渔业资源没有被开发利用，具有相当大的开发潜力，也为发展远洋渔业提供了广阔的空间。因此，应在适当压缩国内捕捞强度、合理保护利用国内渔业资源的基础上，集中力量精心组织搞好远洋渔业开发，广泛参与国际间的资源竞争，把远洋渔业发展成为捕捞业的一支重要力量，以缓解国内捕捞的困境和压力。

四是科学调整投资结构，实现渔业生产的战略性转移。鉴于目前国内捕捞业的发展已经处于过度饱和状态，今后应当打破靠增船增网谋求产量增长的传统思维定式，顺应资源和市场变化形势，牢固树立以养兴渔和科技进步观念，合理调整投资结构，将发展渔业经济的主攻方向转移到名优水产品养殖上来，加快实现由猎捕型渔业向以养兴渔的战略性转移。

（五）积极扶持和发展海产品精深综合加工业

海产品加工业是提高海洋农业生产效益、增加渔民收入的重要保证，也是提高我国海洋产品国际竞争力、促进海洋农业发展的关键。针对当前我国海洋产品保鲜、加工业发展落后的现实情况，加快发展以海洋水产保鲜、海洋植物深加工为主的海产品加工业，是当前和今后一段时期内海洋农业发展的重要课题。

在海洋水产保鲜方面，主要是针对从海洋水产捕捞到保鲜、贮运、上市各个环节的技术和标准，特别是要注重海洋水产品物流配送与服务业的发展，加强海洋水产品的分级管理，减少海洋水产品从捕捞到上市的环节，缩短上市时间，降低流通领域成本。

在海产品加工方面，另一个值得关注的领域是利用海洋植物提取各种药品。这不仅是今后发展的重点方向，也必将是热点发展领域。由于海洋相对而言物种丰富、受污染较轻，因此，利用海洋产品开发各种新药，不仅效果好，且供应量相对较大，因而具有巨大的潜力。随着各种海洋产品的开发，新药、特药的研制也将不断取得突破。如最近日本佐贺大学海洋农业工程研究所利用从海藻中提取的海藻酸制成了副作用小、疗效持久显著的抗流感药物。

（六）加快发展海水种植业

海水种植业是指直接用海水灌溉农作物，开发沿岸带的盐碱地、沙漠和荒滩，以及在浅海地区进行海洋植物如海带、紫菜、裙带菜、麒麟菜、江蓠、石花菜等的种植。发展海水种植业的核心问题是海水的直接利用和近海地区海洋植物的生长、培育及利用。一方面是用海水养殖海洋植物，构建近海地区人工养殖系统；另一方面是使陆生植物“下海”，即种植适合在海水环境中生长的水生生物，并获得高产。海水种植业的发展战略重点主要体现在三个方面：

一是加强海水种植业关键技术攻关研究。通过研究，突破滩涂耐盐经济植物的新品种培育、盐生植物的开发、滩涂海水浇灌等关键技术难题，筛选一批高产耐盐新品种。

二是发展海水浇灌农业。

三是推广滩涂植物种植，包括油料、饲料、材料、药用等经济植物。

五、发展政策与对策

加快海洋农业发展、开发蓝色国土，需要有相应的政策作为支撑，并采取必要的对策。要根据海洋农业发展、特别是海洋农业科技发展的实际水平，针对海洋农业未来的发展重点与方向，从未来支撑人类对海洋产品数量和质量不断增长的需求出发，制定相应的对策。

（一）大力发展海洋生物资源保护培育业

良好的海洋生态环境构成海洋农业最基本的生产资料，海洋生物资源是海洋农业最主要的劳动对象。随着人类活动对海洋渔业生态环境影响的日益显著，以及海洋农业生产方式的调整转换，具有维护海洋生态环境、保护和繁育海洋生物资源功能的海洋生物资源保护培育业，已经成为海洋农业发展不可缺少的产业基础。这个行业按职能分工可分成两个子行业，一是海洋生物资源保护业，其职能是维护海洋生态环境良性循环，消除或最大限度减轻海洋生物所遭受的日益严重的人类活动、外来物种入侵和自然环境变迁所带来的负面影响，为海洋农业营造良好的生产环境。二是海洋生物资源繁殖培育业，其职能在于采用自然、半人工和人工的方法，繁殖培育鱼、虾、蟹、贝、藻等海洋渔业资源，以及处于海洋食物链初始环节的浮游生物等，扭转资源衰竭、退化的被动局面，保护海洋渔业资源在环境限度内的扩大再生产，为海洋农业的可持续发展提供尽可能多的劳动对象。目前，我国这一行业除种苗繁育等有一定发展外，总体发展水平较低，呈现出海洋生物资源保护业滞后、海洋生物资源繁殖培育业稍强的不平衡状况。因此，我们必须尽快改变行业内部发展不平衡状况，打好产业基础。

（二）压缩调整海洋捕捞业

海洋捕捞业即传统意义的海洋渔业，它通过对自然生长的海洋经济物的采捕，向社会提供海洋产品。目前，海洋捕捞业的产量在海洋渔获物总产量中仍占大头，我国约占 60%左右。但随着社会生产力的发展和海洋渔业资源条件的变化，不少地方海洋捕捞的产量已近顶峰，有些品种已经达到甚至超过了海洋资源再生的生产极限，海洋捕捞业已到了不得不压缩调整的境地。

从我国来看，海洋捕捞业的盲目发展已导致近海生物资源的严重破坏，不少具有很高商业价值的生物种群遭受毁灭性打击，我国海洋四大经济鱼种除带鱼外，大黄鱼、小黄鱼、墨鱼均几近绝迹。与此同时，对外海、远洋渔业资源的开发利用则并不充分，资源闲置浪费的现象并不鲜见。因此，一方面要大力压缩近海捕捞，通过减船转产将近海捕捞产量压缩在海洋生物资源再生的范围之内，通过禁渔休渔为海洋生物资源繁殖再生创造良好条件；另一方面要加大远洋捕捞业的发展力度，以有效利用远洋渔业资源。

（三）合理布局海洋垦殖业

海洋垦殖业是借助于海洋环境，通过对海洋经济生物的人工、半人工培育，向社会提供食品、工业原料和其他有用产品的生产行业。海洋垦殖业按生产条件不同可分为三个子行业：一是海洋养殖业，利用滩涂、海湾、浅海、深海的自然海域，进行人工、半人工培育养殖，获取海洋产品。二是海水养殖业，利用陆上的生产设施，抽取（引流）海水进行海洋产品的生产。三是滩涂种植、畜牧业，在沿海滩涂种植适种植物、放牧畜禽，或利用滩涂、海洋动植物饲料饲养畜禽，获取食品、工业原料等产品。与海洋捕捞业相比，海洋垦殖业是一个后起的行业，近些年来发展较快，我国海洋垦殖业的产量占海洋渔获物总产量的比重已达到40％左右，在全球处于领先地位。在海洋捕捞业压缩调整的同时，海洋垦殖业应有大的发展，以保证海洋渔获物产量的增长能满足社会需求的增长。

海洋垦殖业的发展必须要合理布局。一是大力发展深水循环型养殖。以技术进步为依托，建造大型、巨型深水循环型网箱，利用多品种混养的互补互利效应，形成自我循环的人工生态群落，既充分利用饵料、降低养殖成本、提高养殖产量，又可将对海洋环境的不良影响降到尽可能低的程度。与此同时，压缩调整近海和海湾养殖，恢复返海海域生态的良性循环。二是合理发展海水养殖。对一些地方盲目、过度发展的养殖项目，要按照有利生态恢复和经济合理的原则予以压缩调整，该退养还海的要坚决、迅速退养还海。一些地方已围垦滩涂无必要退田还海的，应根据市场需要发展相应的海产品养殖。三是加大滩涂种植、畜牧业的发展力度。我国苏、沪以北沿海滩涂资源非常丰富，华东、华南也有部分滩涂分布，滩涂种植、畜牧业的发展前景相当可观。要根据各地实际情况，筛选经济价值高的滩涂适种植物，进行推广种植。我国滩涂畜牧业长期以来一直重视不够，应从各地实际出发，结合市场需求，尽快加以发展。

（四）积极发展海洋休闲农业

海洋休闲农业是依托海洋生物资源保护培育业、海洋捕捞业和海洋垦殖业营造的环境与条件，以及海洋所特有的沙滩、滩涂、岛礁、珊瑚礁、海水、阳光、空气、植被等自然环境与条件，向消费者提供游览、观光、休息、饲喂、种植、放养、垂钓、采捕、放牧、游泳、潜水等旅游服务的产业。这是一个海洋农业与旅游业的交叉产业，是滨海旅游业中最具发展潜力的新兴产业。近年来，我国滨海旅游业发展迅速，2001 年总收入已达 2 503 亿元。要将海洋休闲农业真正当作一项朝阳产业来认认真真加以发展，一是要认真规划，合理部署，确保海洋休闲农业的发展建立在经济合理、生态平衡的基础上。二是要注意利用各方的合力，如借助旅游部门的网络资源、营销技术、产品开发能力，尽快将海洋休闲农业的发展提升到较高的档次，发展为较大的规模。

（五）通过发展海洋农业的关联产业，来促进海洋农业的发展

如海洋农业服务业，为海洋农业的生产经营活动提供船舶、网箱网具等农机农具、农药、饲料，提供疫病防治及其他技术指导，提供产品运销服务，确保海洋农业生产经营活动的正常进行。海洋农产品加工业，通过对海产品的加工，向社会提供丰富多样的海洋食品、海洋药品和其他海洋加工产品，提高海洋产品的利用价值，实现海洋产品的升值和增值，扩大海洋产品的市场需求，促进海洋农业再生产的良性循环。这些关联产业对海洋农业的健康发展发挥着不可缺少的积极的促进和保障作用。因此，必须加大投入，加快海洋农业服务业、海洋农产品加工业等关联产业的发展，以促进和保证海洋农业以较快的速度健康发展。

（六）制定相关鼓励政策，提高海洋农业科技水平，加快海洋农业的发展

以磷虾资源开发利用为例，建议国家将磷虾列入开发计划，采取资金扶持、政策倾斜等措施，激励基层开发生产的积极性。同时，国家有关部门应将磷虾资源的综合开发列入科研计划，对磷虾资源的分布、渔具渔法、深层次加工开展调研和技术攻关，提出科学的、具有指导性的生产意见，做到有序、有度开发，合理保护利用。在此基础上，水产科研部门要积极开展磷虾加工新技术、新工艺的研究开发，鼓励走产学研相结合的路子，缩短产品开发周期，尽快研制开发出大批量生产、高技术含量、高附

加值的加工工艺，提高综合开发效益，推动磷虾资源的大规模开发。

国家应针对海洋农业发展对科技的迫切需要，结合海洋农业目前科技发展水平较低、技术转化能力弱等实际问题，加大对海洋农业相关研究的投入，尽快制定海洋农业科技发展重点与方向，提高海洋农业科技的自主创新能力和水平，加快相关科技成果的转化和应用，为海洋农业的快速发展、提高海产品的国际竞争力、促进渔民增收等提供强有力的科技支撑。

（曾希柏　刘英杰　孙楠）

主要参考文献

[1] 陈添林．海洋渔业风险的原因分析及防范对策．现代渔业信息，2004（9）：19～21

[2] 陈文勇．浅析海洋捕捞业可持续发展．现代渔业信息，2003，18（2）：13～16

[3] 邓丽群，盛邦跃．浅谈中国海洋渔业可持续发展及对策．2005，（2）：71～74

[4] 冯森，郑炳文．我国海洋捕捞业现状与发展．福建水产，1999，（2）：67～73

[5] 刘世禄．我国海洋捕捞业发展趋向与结构调整分析研究．浙江海洋学院学报（自然科学版），2004，23（2）：144～148

[6] 慕永通．我国海洋捕捞业的困境与出路．中国海洋大学学报（社会科学版），2005，（2）：1～5，（3）：194～201

[7] 谢营梁，徐吟梅，李励年．美国海洋可持续渔业的进展．现代渔业信息，2005，20（4）：9～12

[8] 钟志坚．海洋渔业资源开发与可持续利用．现代渔业信息，2005，20（2）：6～9

第十二章　生态林业与林业产业化

一、林业科技的现状和发展趋势

（一）新的林业科技革命正在全球兴起

当前，世界林业科技呈加速发展趋势。20 世纪 90 年代以来，随着经济全球化进程的加快，为适应形势的发展，许多国家纷纷采取增加投入、改革体制和组织重大科技计划等措施，加速林业科技进步与创新，一场新的林业科技革命正在全球兴起。特别是信息技术、生物技术、新材料技术、航天育种技术等高新技术的突破，对森林资源管理、林木育种、森林培育、灾害控制和资源利用的方式方法与成效等方面产生了巨大影响。

森林可持续经营标准指标体系的发展以及森林生态系统经营、“近自然林业”的理论研究和实践，正推动森林生态系统的生产力以及物种多样性和遗传多样性再生能力的持续发展。世界各国非常关注并共同推动森林在全球气候变化、生物多样性保护、改造退化土地、治理荒漠化土地、调控水资源和防止自然地理灾害等方面发挥的功能、机理和作用研究。集约育林研究与实践已成为森林培育学的前沿与核心领域，包括次生林、灌丛林、疏林等在内的退化天然林生态系统的恢复与重建问题，利用森林植被对荒漠化、水土流失、石漠化等退化生态系统进行防治的研究，日益受到各国政府和研究人员的重视。随着植物生物技术的快速发展，通过遗传工程改良树木的抗逆性状和经济性状、生物固氮和菌根技术的研究应用、应用基因重组技术生产生物杀虫剂和木素降解酶，利用林业剩余物生产饲料蛋白等林业生物工程研究呈现出勃勃生机并取得积极进展。世界林业发达国家积极开发新原料品种和扩大木基复合材料的应用范围。森林火险预测预报、森林火灾损失评估、森林防火的标准制定以及扑火器械设备的研制、开发等已成为世界森林火灾防治的重点研究领域和发展方向。如何尽快地把现代信息技术应用于森林资源的动态监测、评价和决策管理，并且通过国际互联网实现全球化共享和服务，推动数字林业发展，是世界林业科学研究的共同努力方向。

从全球而言，科技进步正在改变林业的面貌。改善和保护生态环境，确立林业在生态环境中的主体地位，实现林业可持续发展，越来越受到重视。林业高新技术企业的不断涌现，带动了林业结构的不断优化。林产品加工利用的发展，使林业效益大幅度提高。林业在农业和农村经济结构调整、消除贫困、增加农民收入中具有越来越重要的地位。世界林业科技加速发展的新形势对我国林业的发展将产生深刻的影响。

（二）我国林业的跨越式发展必须依靠科技进步

实施以生态建设为主的林业发展战略，要求我国林业发展必须以重大工程建设为载体，走以大工程带动大发展的道路，实现我国林业的跨越式发展。然而，我国林业还处在较低层次，林业建设远远不能适应经济社会可持续发展的要求。我国林业用地有效利用率只有52%，而美国为95%、瑞典为98%、日本为96%。我国每公顷森林平均年生长量仅为2.7立方米，而美国达3.1立方米、芬兰为4立方米、德国为6立方米。我国林木综合利用率只有40%，而林业发达国家已从全树利用发展到全林利用以至整个森林生态系统利用。我国林业产业发展水平落后，效益不高，质量低下，优势不明显。木材工业仍以原木、锯材等附加值低的初级产品为主，功能类、复合类木材开发尚处于起步阶段，远远不能满足经济社会发展的需求；林产化学工业规模小，精深加工水平和加工程度低下，环境污染比较严重。因此，要实现林业的跨越式发展，首先必须实现林业科技的跨越式发展。不论是发展速度的提升，还是发展阶段的跨越，最根本的还是要依靠科学技术的快速发展来推动、来实现。

林业的跨越式发展是一项庞大的系统工程，涉及林业的方方面面。实现林业由恢复和发展森林资源阶段向可持续发展阶段的跨越，需要有科学的理论和方法作指导；实现森林经营由单目标向多目标的跨越，需要科技的突破、创新和带动；实现林业经济结构由不合理向比较合理的跨越，需要发挥科技的先导作用；实现林业由粗放经营向集约经营的跨越，需要大力推广先进成熟的科技成果和实用技术，提高集约经营的水平。同样，实现林业由以木材生产为主向以生态建设为主转变，需要科学技术加快进行战略性调整，以提供更多的科技成果、实用技术和信息；实现林业由采伐天然林为主向以采伐人工林为主转变，需要依靠科学技术加快人工林发展速度，提高人工林质量和经营管理水平；实现林业由毁林开荒向退耕还林转变，需要科学的规划和指导；实现林业由无偿使用森林生态效益向有偿使用森林生态效益转变，需要依靠科学技术进行森林生态效益的准确测算和评价，提供科学依据；实现林业由部门办林业向全社会办林业转变，需要大力开展科学技术的普及，努力提高全民科技文化素质。因此，促进林业科技进步和创新，使科学技术成为林业建设的强大推动力量，是实现林业跨越式发展目标的关键所在。

（三）提升林业科技自身发展水平迫在眉睫

面对新时期我国林业发展和生态建设对林业科技提出的新任务、新要求和新使命，林业科技还难以承担科技支撑重任。与世界主要发达国家相比，我国的林业科技总体发展水平还存在较大的差距。在科技与经济结合方面，我国林业科技进步贡献率 1996 年测算为 27.3%，2000 年测算为 30.3%，不仅低于全国的平均数，也低于农业，更低于国外林业发达国家的水平。在主要研究领域方面，我国林业科研领域十分广泛，呈现部分先进与总体落后并存的局面。大多数领域处于跟踪，有创新和重大建树的系统研究不够，无论从广度和深度上与林业发达国家比较均有较大的差距，大约落后 20 年。与林业发达国家相比，我国的林业科技发展水平在森林培育、生态建设、林产品加工利用三个方面存在较大差距。我国工业用材林培育的差距主要表现在生产力低、生长量不高、人工林不稳定、缺乏与产业紧密结合的育林配套技术等；在森林病虫害防治的“生态控制”和“基因控制”等关键性技术发展方面还存在较大差距；我国林业生态工程建设缺乏适于不同生态治理要求的优良种植材料，生态林的多目标营建与经营技术缺乏、分散、不配套，缺乏基于生态环境状况调查、环境影响评价和成效预测研究的生态工程建设；采用高新技术提高木材综合利用率和市场竞争力等方面，我国的研究水平和技术水平仍比较落后。在科技人才资源方面，与林业发达国家相比，我国林业科技人才方面的差距主要表现在资源配置不合理、高层次人才不足、整体素质不高、学科梯队没有形成、流动性和竞争力差等。在科研条件方面，与林业发达国家相比，我国林业科研仪器设备、重点实验室、定位观测站、信息网络等条件和设施建设都比较落后，开放共享性较差。在科技投入方面，人均科研投入总体上只有美国等林业发达国家的 7.4%；我国林业企业不能成为投入的主体是科技投入不足的主要原因。

林业科技发展中自身存在的诸如科技创新能力不足、对生态建设和产业建设支撑力度不强等问题，严重制约了林业科技事业的健康、快速发展，同时也对未来10～15年林业科技自身建设和发展提出了新的需求。为适应我国林业跨越式发展的需要，林业科技整体水平必须在较短的时期内尽快取得较大提高，努力缩小与世界林业发达国家的差距，增强支撑林业生态建设和产业建设的实力和能力。

二、新时期林业发展对科技的需求

进入21世纪以来，我国林业进入了由以木材生产为主向以生态建设为主转变的重大历史转折时期，林业在国民经济和社会发展中的作用与地位也发生了巨大变化，生态需求已成为社会对林业的第一需求。

生态安全与国土保安对林业生态建设提出了更高的要求。随着以生态建设为主的林业发展战略转移，林业的首要任务已由以经营用材林、生产木材等林产品为主向以生态建设为主、确保国土生态安全的方向转变。近50年来，随着我国人口的急剧增加和经济建设规模的不断扩大，造成了大面积的毁林开垦，资源大幅度减少，生态严重破坏。全国沙化土地已达174万多平方千米，沙化面积每年仍以3 436平方千米的速度扩展；水土流失面积已达387万平方千米，占到国土面积的38.2%；平均每年因水旱等自然灾害造成的直接经济损失就达2 000多亿元；已有15%～20%的动植物种类受到灭绝的威胁。生态问题已成为制约中国经济和社会发展的根本性问题之一，确保我国国土和生态安全已是当务之急。因此，社会经济对林业的需求出现了结构性的重大变化，保护生态环境、加强生态建设、维护生态安全等生态需求已成为社会经济发展对林业的主导需求，生态建设、生态环境保护已成为林业建设的迫切任务。

积极推动“相持阶段”林业的持续快速协调健康发展，提升林业发展水平至关重要。第六次全国森林资源清查等调查、监测结果指出，我国林业发展在取得森林面积持续增长、森林蓄积稳步增加等生态治理成效的同时，面临着森林资源总量不足、分布不均、质量不高，水土流失、荒漠化治理的任务艰巨等突出的生态问题。我国生态建设取得的进展和存在的问题集中表明，我国林业发展面临着生态建设已进入治理与破坏相持的关键阶段的新形势。针对“相持阶段”的脆弱性、不确定性、反复性、不平衡性和艰巨性等特点，林业发展的政策绝不能动摇、精神绝不能松懈、干劲绝不能减弱，必须把林业放在国家建设的全局当中去谋划，努力赢得更多的重视、支持、关注、投入和发展条件，最终实现我国林业持续快速健康协调发展。

建设小康和谐社会对林业发展提出更高要求。加强生态建设，维护生态安全，是经济社会可持续发展、全面建设小康社会和努力构建和谐社会的基础，而林业是生态建设的主体，是建设小康和谐社会的重要保障。同时，林业不仅是重要的社会公益事业，也是一项重要的基础产业，不仅要满足保障国土生态安全的需要，也要满足经济社会发展对木材等林产品的需求，并且经济建设和人民生活对林业的需求，正由过去单一的经济需求，逐步发展为提供永续利用的林产品、保护和改善生态系统、保护生物多样性、发展森林文化等多样化需求。人们对加快林业发展的要求比以往任何时候都更为迫切，对加快林业发展的责任感比以往任何时候都更为强烈，对林业在促进农民增收、实现可持续发展中的重要作用寄予了厚望。围绕党中央提出的建设和谐社会的宏伟目标，坚定不移地走生产发展、生活富裕、生态良好的文明发展道路，都要求林业必须有一个大发展，生态必须有一个大改善。

上述林业发展的新形势和新任务，对科技也提出了更高的要求和更多的需求，林业的加快发展迫切需要更高层次、更宽范围的科技支撑。

（一）加强生态建设的科技需求

目前我国生态治理与破坏正处在相持的发展阶段，生态环境恶化的趋势尚未得到根本扭转，尤其是西北地区将是我国生态建设中的重点和难点。我国林业发展面临着历史上最艰巨、最繁重的生态建设任务，林业科技发展也面对着为生态建设提供强有力支撑的需求。要求加快林业科技发展，有效解决林业生态工程建设急需的优良种植材料、重点生态区生态林多目标营建与经营技术及森林、荒漠、湿地生态效益监测的技术设备和监测手段等研究和实践层面存在的问题。

（二）加快森林资源培育的科技需求

在巨大的社会需求面前，我国森林资源存在严重短缺。一方面总体上不能满足不断增长的多样化需求；另一方面相对于社会需求的增长和变化，林业的有效供给相对滞后。加快森林培植的速度，进而实现资源培植与保育的协调发展，是当前林业发展的全局性任务，也是对林业科技发展提出的重大需求。必须加快林业科技发展，通过分子生物学、生物工程与常规育种相结合培育一批产量高、适应性强、抗性强又适于市场需求的家系、无性系等新品种；通过育林技术发展，构建提高生产力、增加生长量、保持人工林稳定等育林配套技术体系，把我国的森林建成高效稳定的森林生态系统。

（三）加速林业产业发展的科技需求

只有生态和产业协调发展，林业建设才有生命力、吸引力。2004 年颁布的《全国林业产业发展规划纲要》进一步明确了林业产业发展的目标和布局，我国林业产业面临很好的发展态势，对林业科技发展也表现了旺盛的需求。必须加快林业科技发展，有效解决木本粮油、干鲜果品、花卉、竹藤、森林旅游、野生动物养殖业等发展中的技术问题，促进传统产业结构、技术、产品升级，提高资源利用率和产业竞争力，在为林业建设增添巨大经济活力的同时，在扎实、深厚的产业基础上进一步推进生态建设的健康发展。

（四）加强森林防灾减灾能力的科技需求

我国森林长期面临着森林火灾这一“有烟灾害”和森林病虫害这一“无烟灾害”危害的严峻形势。近 10 年来，全国平均每年森林生物灾害发生面积在 800 万公顷左右，每年因森林生物灾害危害减少木材生长量 1 700 万米^3。森林火灾和森林生物灾害破坏了森林资源，严重地影响了我国的生态建设和产业发展。必须加快林业科技发展，强化病虫、火灾等森林灾情的早期监测、预报和扑救手段，有效控制外来有害生物的入侵，确保森林安全。同时，随着自然环境灾害的频繁发生，如何充分发挥森林生态系统抵御洪水、泥石流、海啸等灾害的能力，亟待以科技为支撑，提高森林的防护效能，保障和改善人居环境。

但是，与林业发展和生态建设对科技发展的需求相比，我国林业科技还难以适应，存在明显的差距和不足。主要表现在：科技储备不足，原始创新能力薄弱，尤其是服务于生态建设的技术和带动林业产业发展的关键技术和产业化技术严重不足；科技投入增长缓慢，总体实力相对落后，研究水平难以提高，科技支撑作用难以得到充分发挥；科技资源分散重复，资源共享机制尚未形成；科技队伍结构不合理，基层成果转化和科技服务的力量亟待加强等。

三、加快林业科技发展对国民经济和社会发展的重要作用

（一）森林资源是重要的国家战略资源，已成为国民经济和社会发展的重要基础

木材是世界公认的经济发展四大原材料之一，也是四大原材料中唯一可再生的生物资源；森林资源蕴藏着极其丰富的生物质能源，同时也是地球生命系统的基因库，保存着地球生命系统最丰富的遗传基因。

（二）保障国土生态安全，实现人与自然和谐发展

人与自然和谐发展的关键是要保护和改善生态。当前我国面临的生态问题，如温室效应、生物多样性锐减、水土流失、洪涝灾害、荒漠化、大气污染等，都直接或间接与森林遭到破坏密切相关。加快林业发展，扩大森林面积，改善生态环境，对于保护人类生产、生活与生命安全，实现人与自然和谐发展具有重大意义。

荒漠化被称作为“地球癌症”，是当前我国面临的最为严重的生态问题之一。森林能有效改良土壤、固结地表、削减风速、减少风蚀、阻止流沙，对于防治荒漠化与沙尘暴、改善沙区小气候具有显著作用。森林还具有复杂的垂直结构，能够有效调节大气降水、涵养水源、净化水质。特别是其浓密的林冠层、林下枯枝落叶层，能够有效地截留降水，缓解雨水对地表的直接冲刷，庞大的根系能够起到改善土壤结构和固土的作用，这些功能对于防止水土流失、抵御洪涝灾害具有十分重要的作用。此外，森林不仅能为经济建设提供生态屏障，还能有效减轻强台风和海啸等自然灾害造成的危害；同时，林业在全球变化中具有不可替代的重要地位和作用。

（三）保障粮食和食物安全，有效解决“三农”问题

在调整农业和农村经济结构、提高农民收入、改善农村生态环境中，林业的比较优势和发展潜力主要体现在：

一是改善农业生态环境，保障粮食稳产高产。森林能有效改善农区气候、土壤及水文条件等农业生态环境，增强农牧业抵御干旱、风沙、

干热风、冰雹、霜冻等自然灾害的能力，促进粮食高产稳产；二是丰富食物种类，促进食品安全。林业是对传统农业的有益补充，对丰富人民的米袋子、菜篮子和果盘子，提高生活质量具有重要作用。我国经济林资源十分丰富，经济林特别是木本粮油是重要的粮油源。同时，森林可提供大量绿色食品、天然产品、保健油料等，对满足人民绿色消费和安全消费的需求起到了重要作用。三是调整农村产业结构，提高农民收入。我国有9亿多农民，大部分生活在山区或沙区。山区经济的发展，希望在山，出路在林。加快农村林业的发展，有着巨大的发展空间和潜力。

（四）推动城镇生态化进程，改善城市人居环境

近年来，我国城镇化进程明显加快，在城镇化快速发展的过程中，随之而来的空气质量下降、水源污染、噪声影响等城市生态安全问题日益引起人们的关注。加速推进城镇生态化进程，加快城市森林建设，对改善城市人居环境具有重要作用。在这一方面，林业的作用主要有：涵养水源，净化水质；杀菌吸尘，净化空气；降低噪声污染，减轻热岛效应；美化环境，满足休闲、游憩需求。

（五）发展现代林业产业，丰富产品供给，拓展服务领域

加快林业产业发展，满足经济社会发展和人民生活对森林产品及服务日益增长的需求，是推进小康社会建设的重要途径，也是实施以生态建设为主的林业发展战略，构建林业生态建设与产业建设协调发展新格局的根本保证。

通过大力发展速生丰产用材林、经济林和竹藤等资源的培育，以及人造板等加工业，可以为国民经济和社会发展以及人民生活提供丰富的木质林产品。林业生物技术产业具有广阔的发展前景，可以为森林资源的培育源源不断地提供优质新品种。除了木材以外，森林丰富的物种资源可以向社会提供大量的非木质林产品。如野果、浆果、蘑菇、野菜等林副产品，可以直接为人民的生活提供各种各样的食物或药材；还有基于各类资源加工而成的产品，如松香、松节油和紫杉醇、喜树碱、印楝素、高级烷醇类等植物提取物林化产品，都是具有高附加值和较高经济效益的产品，特别是基于森林资源的生物质能源和生物质材料发展潜力十分巨大。

四、林业科技发展的战略重点

（一）生物技术与良种培育

林木种质资源是国家种质资源的重要组成部分，是良种培育的重要生命物质战略基础资源。在中国 9 000 余种的乔灌藤植物中，有重要经济价值或潜在利用价值为 3 000 多种，需要保存的种质资源有 30 万份以上。在我国，干旱、半干旱、盐碱荒地的面积占国土面积的 1/2 以上。特别在我国的西部地区，森林覆盖率仅为 4%，水土流失、草场退化，荒漠化加剧，生态环境恶化。因此，培育速生、优质、抗逆、阻燃等林木新品种是解决保护天然林资源和生态脆弱地区造林战略的需要。生物技术的迅猛发展为林业科学家提供了良种选育和培育的有效手段，但由于树木遗传背景分析不够，决定了必须采用基因组规模的方法去研究与木材品质改良相关的性状。林木种苗快繁技术是把林木育种成果迅速转化为现实生产力的基本环节和纽带，是保证林木、经济林优质速生丰产的基本条件。现代林业可持续发展的必然要求是生态效益、经济效益和社会效益有机结合。经济林、花卉及一些药用珍贵野生动植物栽培对发展林区经济，增加林农收入起到了巨大的推动作用。因此，开展生物技术与良种培育开发和研究，不仅可以为林业生态工程建设提供主要树种种苗生产的技术支持，而且对保证生态环境建设的顺利进行和农业产业结构的调整、增加农民收入具有十分重要的现实和长远意义。

本领域重点：种质资源的收集、保存与创新利用；以速生、优质、丰产、高抗、阻燃等为目标的良种选育与培育；主要树种、竹藤、花卉等功能基因组学；木材形成、抗逆、抗病虫等性状的基因组学；木本植物优质、抗逆、抗病虫的基因工程；名特优新经济林和花卉良种生产技术；药用珍贵和濒危野生动植物资源的良种选育与人工培育技术；各类良种的快速扩繁与壮苗技术。

（二）森林与环境关系研究

森林作为陆地生态系统的主体，在保护和改变人类生存环境方面发挥着不可替代的作用。一是森林对环境变化的调节和控制作用；二是环境变化对森林的影响；三是森林、环境与人类的关系。近年来，自然资源的不合理开发利用和气候变化等自然因素导致的生态系统退化已成为全球面临的重大难题。天然林锐减、荒漠化扩展、湿地萎缩、草地减少，不仅表现在面积上，而且还表现在其生态服务功能的严重减弱，如容量下降、自修复能力下降，从而导致资源枯竭和自然灾害发生的频度和强度增加。生态系统退化的严峻现实在一定程度上制约和影响了我国区域和国家社会经济发展的可持续性。因此，在全球变化背景下的揭示森林生态系统退化机制、森林对水文过程和土壤侵蚀的调控机制，才能客观评价并预测森林植被的变化对环境的影响，森林植被的生态效益才能充分发挥，满足区域生态环境建设中的协调发展、农林牧优化布局的要求。

本领域重点：森林与湿地生态系统的相互作用；森林植被对水文过程及水资源的调控机制；土壤侵蚀的发生机理及森林植被对其的调控机制；森林生态系统碳循环机制研究；退化生态系统的退化机制与恢复机理；森林生物多样性保护与价值评估；陆地生态系统（森林、湿地、荒漠、山地）服务功能与效益定位监测及定量评价；湿地生态系统发展、演化、保护和合理利用；大气沉降与森林的相互作用；森林与环境空间分布格局及其变化；与林区环境相关的森林火灾发生机理研究。

（三）生态网络构建与退化生态系统修复

进入 21 世纪，气候变化、荒漠化、资源枯竭、生物多样性丧失等问题已经突出地成为制约我国国民经济和社会可持续发展最重要的因素。而几乎所有的生态问题，无一不与森林植被的分布不合理、数量不足和质量不高密切相关。近 30 多年来，我国无论是平原农区、丘陵山区，还是海岸等地域，均营造了模式多样的防护林体系，对改善当地生态环境起到了重要作用。由于这些地区大多地处季风气候带，因地域气候条件的影响，存在旱涝灾害等隐患，区域性生态环境状况仍然脆弱，极大地限制了资源利用率及农业生产水平的进一步提高。同时，我国是世界上生态系统退化最为严重的国家之一，山区面积约为国土面积的 2/3，目前出现的生态问题主要就集中在约占国土面积 1/3 的重点退化、脆弱生态区，这些地区包括土石山区（包括石漠化地区）、盐碱地、干热干旱河谷、黄土高原水土流失区、南方退化红黄壤、沿海滩涂、青藏高原冻融区。因此，土地系统退化已成为生态建设普遍面临的重要问题。维护国家生态环境安全，确保国民经济和社会的可持续发展迫切需要在减少新的生态破坏、巩固生态建设成果的基础上，开展我国重点退化生态系统、脆弱生态区的重建和恢复研究。

本领域重点：森林生态网络“点、线、面”体系构建技术；生态经济型防护林体系营建技术；退耕还林等林业重大生态工程建设关键技术与模式；退化森林、湿地的恢复重建模式与技术；石质山地（含石漠化）、盐碱地、干热干旱河谷、黄土高原水土流失区、南方退化黄红壤区、沿海滩涂、青藏高原冻融区等困难立地植被恢复关键技术；低效生态林、红树林改造技术。

（四）沙尘暴与荒漠化防治

“荒漠化”是指包括气候变异和人类活动在内的种种因素造成的干旱、半干旱和亚湿润干旱地区的土地退化。当前，全世界用于农业生产的52亿公顷旱地中，大约70%已经退化，全球陆地面积的30%左右已遭受荒漠化危害，10亿以上人口的生存面临威胁；荒漠化每年造成的直接经济损失达423亿美元。荒漠化已经成为国际科学研究的前沿领域和新的学科生长点。

根据最新荒漠化普查数据，我国现有荒漠化土地总面积267.4万平方千米，占国土面积的27.9%。我国每年由于荒漠化造成的直接经济损失达540亿元。在我国北方广大干旱区，作为荒漠化主要标志的沙尘暴年均发生次数呈明显增多的趋势。据统计，在我国北方地区，50年代共发生过5次，60年代为8次，70年代13次，80年代14次，90年代至今已达30多次，给生态环境、国民经济和人民健康带来严重影响。大风扬沙和沙尘暴天气，不仅袭击了西北、京津地区和华北的部分地区，就连长江以南省份和上海、南京等城市也受到了不同程度的影响。沙尘暴的频繁发生，已经开始影响到我国的投资环境和国际形象。由于我国地域辽阔，荒漠化不仅分布范围广，而且类型齐全，成因、机制复杂多样，极具代表性，为开展荒漠化的基础理论和荒漠化防治技术与模式研究提供了良好条件。中国的荒漠化防治研究，对于改善生态环境、改变西部地区的贫穷落后面貌、缩小东西部差距、促进整个国家的经济腾飞具有重要意义，也将为世界范围内的荒漠化防治做出贡献，并提供成功范例。

本领域重点：沙尘暴与荒漠化形成机理与传输动力学；沙尘暴与荒漠化监测与综合评估；荒漠化综合防治原理与技术；退化旱地生态系统综合整治与可持续发展研究；荒漠化地区人工生态系统健康。

（五）森林防灾减灾

我国森林生物灾害具有如下6个主要特征：国土生态环境整体恶化为诱导因素的森林生物灾害频繁发生；在以西部为主的生态脆弱区，森林的寄主主导性生物灾害发生普遍；已入侵我国的森林有害生物将形成稳定生态入侵格局的同时，伴随着国际、国内物流通径的增多和物流通量的增大，境外有害生物入侵的风险不断增强；全球气候变化导致天然林生态系统的生物灾害流行；森林的历史性生物灾害周期、间歇发生的同时，次要性的生物灾害逐步演化成主要威胁；伴随都市化的高速进程，城市森林的生物灾害发生普遍且机理更加复杂。上述特征的出现很大程度上和我国对森林生物灾害缺乏预见性有关。高效的森林生物灾害信息管理技术是我国森林生物灾害减灾防灾的重要前提和关键。

大量的研究发现，当植物个体、群体或生态系统在整个发生、发育、发展演替过程中，由于各种外来的原因或是自身演替过程而导致的植物个体、群体或生态系统处于亚健康、不健康状态下或生态系统结构脆弱时，植物个体、群体或生态系统抵御有害生物的能力将下降。在原本有害生物与寄主处于共生共存的稳定生态系统状态下，有害生物开始表现出对寄主及生态系统的结构、健康状况和功能的伤害，有害生物的种群在这种适合的条件下快速繁殖，种群密度急速增加，进一步对生态系统的结构和功能产生严重的伤害。因此，从寄主个体、群体及其生态系统本身和有害生物考虑防治策略，是迫切需要人们对森林有害生物防治的理论和方法做进一步探讨的重要原因。而生态控制则是在此背景下应运而生的产物。森林病虫害的控制应该采用生态控制的思想和方法，才能对病虫害的控制实现持续性和系统性。

本领域重点：森林灾害的信息管理；森林生物灾害的基因管理；森林灾害发生机理与生态管理；重大森林灾害的可持续控制技术；森林健康及其维持技术。

（六）森林可持续经营

我国是一个少林国家，森林面积仅占世界森林总面积的3%～4%，这既难以满足13亿人口的生产与生活需要，也难以满足维护生态平衡的环境需求。从人工林看，我国人工林面积已达到4 667万公顷，其中用材林面积达2 867万公顷，居世界首位。但存在的问题也非常严重。一是经营粗放，生产力低，效益不高。二是人工林树种单一，针阔比重不合理。三是结构简单，以纯林为主，生物多样性低。四是未能有效做到适地适树，形成大面积低产林。造成这一现状的主要原因是由于投入不足，良种缺乏，可持续经营技术研究滞后，从而导致经营粗放，林分生产力低下。展望未来，人工林资源的培育和可持续经营已成为我国木材供应战略的必然选择，其迫切性应摆到当前林业建设的首要位置。

现存的天然林中，大多是受到不同程度破坏的过伐林和天然次生林甚至疏林或荒山秃岭，天然林资源面临枯竭的危险。这一点决定了我国天然林资源必须采取全新的可持续经营战略，经营方向要从以木材生产为主导转向以资源保护和高效利用为主，调整采育更新方式和强度，应用高新技术和先进的管理方法，创建新型的林、副、特产业体系。通过各种途径保护、恢复和扩大天然林资源，是我国生态环境建设、经济和社会可持续发展的当务之急，其中有许多亟待解决的技术问题。开展天然林的保护与可持续经营技术研究，将推动天然林保护工程建设的顺利实施，逐步扩大和恢复现有天然林资源，促进林业生态经济系统的良性循环，对整治国土、改善生态环境以及保障农业可持续发展具有深远影响。

本领域重点：森林可持续经营的理论与技术研究；天然林、人工林等森林动态生长规律的研究；森林生产力形成与调控技术；主要森林生态系统类型的经营技术体系；森林生长动态模拟及预测技术；森林健康及其维持技术；森林认证技术。

（七）林业生物资源高效利用

人类面临着化石能源的枯竭和金属材料的日益短缺，全世界都在谋求以循环经济、生态经济为指导，坚持可持续发展战略，从保护人类自然资源、生态环境出发，充分有效利用可再生、巨大的生物质资源潜能，以生物质能源代替化石能源，以生物质材料代替金属和其他材料。可以预见，生物质资源利用将是21世纪中国乃至世界农业领域拓展最引人注目的重要课题，关系着人类的生存和发展，并将引领人类本世纪一场新的工业革命。林业生物资源高效利用是以森林生物资源为对象，以生物、化学、物理技术为手段，合理高效地保护、培育、开发、利用森林资源及其衍生资源，实现森林生物资源的增值服务。森林是陆地生态系统的主体，蕴藏着丰富的可再生资源，是人类赖以生存发展的基础资源。随着生物技术、新材料技术、信息技术的发展及推广应用，全球林业高技术产业呈现出良好的发展态势。木质和非木质林产品、森林培育、制浆造纸、经济林产品、花卉、森林药物和森林旅游等已发展成为最具市场前景和国际竞争力的支柱产业或朝阳产业，对促进全球经济增长和资源环境协调发展的贡献越来越显著。

本领域重点：木基复合材料和高分子新材料制造与应用技术；人工林木材（竹藤）高效加工与综合利用技术；林业特产资源高效加工与高附加

值开发利用技术；木本粮油经济林优质、高产培育技术和高附加值森林健康食品开发技术；野生动植物药用物质提取与制剂生产技术；非木质森林资源化学加工利用；低污染生物制浆造纸技术；制浆造纸类、板材类商品工业用材林定向培育；木本饲料开发利用技术；沙区资源开发利用；森林文化与游憩保健功能的研究与开发利用。

（八）生物质能源和生物质材料

生物质资源作为可再生的碳资源，存量丰富，潜力巨大。世界上约有250 000种生物，在提供理想的环境与条件下，光合作用的最高效率可达8%～15%，一般情况下平均效率为0.5%左右。通过物理和化学转换技术，生物质资源可以高效地转化成常规的固态、液态和气态燃料，以及其他化工原料或者产品，替代煤炭、石油和天然气等燃料，从而减少对化石能源的依赖。我国的能源资源尤其是石油资源贫乏，电力供应方面也存在较大的缺口。但是我国的林业生物资源十分丰富。我国目前森林面积1.6亿公顷，森林蓄积量112.7亿米^3，人工林面积世界第一。其中每年的林业废弃物及加工剩余物就达2亿多吨，此外还有丰富的林下植物、沙生灌木和非木质森林资源。

生物质资源作为能源利用，在目前世界的能源消耗中，仅次于石油、煤炭和天然气，居第四位。生物质能属于清洁能源，使用生物质能源过程中几乎不产生对环境的不良影响，是一种理想的与环境可协调发展的可再生能源之一。随着矿产、石油资源的日益枯竭，以及人们的环保和可持续发展意识的增强，生物质材料的可再生性和环境友好性的优势逐步凸现。生物质材料的开发，其重要意义在于它为我国农业开拓了一条新的发展领域，创造了一条农民增收的门路，使大量农林资源可以得到转化增值。发展生物质能源和生物质材料的技术，对我国来说具有长远性、全局性、根本性的战略意义。

本领域重点：高效能源林培育技术、生物质燃料生产技术；生物质发电技术；生物质气化（供热、供气）及其存储技术；有机废弃物处理与资源化利用技术；生物质能源的技术经济政策；生物质材料的资源化利用；新型特殊功能高附加值生物质复合材料制造技术。

（九）信息技术与数字林业

实现林业从定性向定量发展，从经验的向理论发展，核心问题就是要了解森林资源动态变化过程，必须应用森林模型模拟技术和遥感、地理信息系统技术手段，预测分析在单木—林分—森林景观等尺度上的类型、分布、面积、蓄积、质量、数量、重要生态因子的动态信息。基于信息技术的模型技术，不但可迅速提供当前森林资源信息，而且可以描述森林生长、生物多样性结构和演替的动态变化过程，预测未来经营活动和经营措施对森林生态系统信息的长期变化，为决策者制定经营方案提供决策评价依据。在三维计算机图形工具支持下的可视化模拟模型，实现了林分群落生长、森林发展和环境改变的一个动态的、三维的、数字化的模拟过程。森林模型研究是林业数字化和信息化的核心，所有林业数字化和信息化技术都要与模型结合起来。因此，用模型技术研究森林生态系统在不同经营条件下森林的生长、森林养分的循环、生物多样性和演替的机理与技术复杂性关系等基础性问题，揭示系统内部各组成成分的相互作用和运行规律，准确预报森林资源面积、蓄积和结构动态变化，为森林生态系统经营提供科学依据，是非常必要的。

本领域重点：林业资源基础数据库；森林参数信息提取、反演技术；森林多资源多尺度监测技术；森林资源二类调查与林相图更新技术；六大林业重点工程监测、管理、评估技术及工程建设辅助决策支持系统；数据分析技术；森林资源动态更新预测模型技术；基于网络技术地林业资源信息共享服务与协同操作、处理技术；林业信息可视化技术研究。

（十）现代林业机械化技术与装备

林业机械化技术与装备在我国六大林业重点工程中起着举足轻重的作用。我国目前已成为世界上名副其实的营林大国，但我国的营林生产至今仍基本采用手工作业的原始劳动方式。营林生产面积大、产出少、用工多、效率低。因此，尽快提高种苗基地生产的机械化水平、营造林机械装备的技术水平和质量，扩大装备拥有量，实现机械化大生产，是发展营林生产、建设高效、集约、持续的现代林业的客观要求。加强林业机械科学技术的研究，对推动林业的科技进步，创造经济效益和社会效益具有十分重要的意义。因此，发展林业机械化技术与装备是加快生态建设实现可持续发展的有效手段，也是林业产业建设及资源高效利用的重要保障，更是发展林业机械化技术与装备是实现林业跨越式发展重要途径和必然选择。

本领域重点：工厂化育苗技术与装备；困难立地条件下的造林技术与机械装备；森林火灾防御技术与装备；城镇园林绿化技术与装备；人工林抚育机械化技术与装备；林业生物资源自动化加工技术与装备。

(十一) 宏观战略与林业政策

加快我国林业由以木材生产为主向以生态建设为主的转变，实施以生态建设为主的林业发展战略，要求在林业发展和生态建设的政策、体制、机制、法律、法规等层面，采取自然科学与社会科学结合，林业学科与多学科结合，宏观与微观结合，国内与国际结合的科学方法，运用系统的科学依据、定量定性的例证分析归纳实践，揭示出带有全局性、根本性和关键性的科学规律，为实现党的十六大提出的走生产发展、生活富裕和生态良好的文明发展道路，全面建设小康社会的宏伟目标，推动西部生态环境建设，完成六大林业重点工程建设任务，提供决策咨询和政策支持。

本领域重点：区域林业发展战略、竹藤花卉发展战略等林业宏观战略研究；森林绿色核算与绿色政策研究；林业制度安排与创新研究；林业产业政策及林业公共财政政策研究；林产品国际贸易研究；非公有制林业发展战略研究；林业重大工程社会、经济、环境评价指标与体系的研究；林业碳汇贸易机制及森林认证研究；城市林业发展政策研究；社区林业研究；林业史及林业生态伦理研究等。

五、加快林业科技发展的政策措施

(一) 加大对林业科技投入的力度

林业的加快发展对林业科技提出了更多、更高的需求，目前林业科技本身处于相对滞后的地位。科技的大发展要靠大量的投入支持，国家应从发展战略的高度加大对林业科技的投入，加快解决林业生态建设和产业发展中的关键技术问题。

(二) 加强林业科技管理体制和运行机制的改革

一是进一步明确中央和地方林业科技机构的功能定位，促进交流与协作。二是根据林业发展的区域布局，以现有的科研机构为依托，采取灵活有效的机制，探索建立区域性林业研究中心，逐步形成层次分明的国家林业科技创新体系。三是以促进林业资源环境与经济社会全面协调持续发展，充分满足林业生态建设和产业发展对科技的需求为目标，不断调整和优化学科、人员结构，鼓励产学研结合，加快科技成果转化、集成配套与推广应用，最终实现林业科技资源在研究开发、推广应用、产业化三个层面上的有效配置与集成。四是建立公平、公正的竞争激励机制，优化资源配置。

(三) 加大林业科技人才的培养和引进力度

加强林业科技后备人才培养，启动实施林业科技人才计划。配合科技人才规划的实施，每年遴选一批优秀拔尖的科技人才予以重点支持。加强基层实用人才和高技能人才队伍建设；加强科技管理人员的培养。建立健全有利于优秀人才脱颖而出的良好环境和激励机制，抓住林业和生态建设大发展的历史性机遇，以重大科技任务培养和凝聚高层次人才，用大课题带动学科大发展，并促进人才的成长。完善林业科技人才使用、引进和奖励政策，对做出突出贡献的优秀人才予以重奖，并筹集社会资金，设立民间科技大奖，激发创新精神和促进人才成长。

(四) 加强林业科技国际合作与交流

继续扩大和加强林业科技国际合作与交流，特别是加大与林业科技强国的联合与合作，争取国际林业技术援助项目和林业科技合作项目，组织和参加国际林业科技交流活动。同时，加强与国际大型林业企业的科技合作，加快我国林业科技产业化进程。加大智力引进力度，多渠道和多形式地积极引进国外先进林业技术和管理经验。积极参与林业科技国际进程特别是国际林业标准的制定，不断提高我国林业科技的国际地位和影响力。

（靳芳　杨锋伟　储富祥）

主要参考文献

[1] 中国可持续发展林业战略研究项目组．中国可持续发展林业战略研究．北京：中国林业出版社，2003
[2] 国家林业局．林业科学和技术中长期发展规划（2006—2020），2006
[3] 周生贤．中国林业的历史性转变．北京：中国林业出版社，2002
[4] 江泽慧．中国林业工程．北京：济南出版社，2002
[5] 林业生态工程建设百科全书编委会．林业生态工程建设百科全书，中国科技文化出版社，2006

第十三章　现代农业装备与工程农业

工程农业技术贯穿农业生产、加工、管理和经营的全过程。它是先进农艺技术得以有效实施和推广的关键载体，是农村工业化和农业现代化的物质基础和主要标志，更是农业综合生产能力的核心保障。纵观发达国家的农村工业化和农业现代化建设过程，其共同点是广泛重视工程农业技术，率先解决农业技术装备问题，实现了农业生产的高度机械化。近百年来工程农业科学技术在农业生产中广泛应用所引发的农业生产方式和农民生活方式的根本性变革、农业生产效益和生产能力的大幅度提高、农村社会的不断进步以及对世界农业发展和食物安全的贡献，客观地反映出农业工程科学技术在人类社会发展、保障世界食物安全以及农村工业化和农业现代化进程中占据极其重要的战略地位。

党的十六大提出，21 世纪前 20 年我国经济建设和改革的主要任务是“基本实现工业化，加快建设现代化。”而没有农业的工业化，就谈不上国家的工业化。工程农业技术是农业工业化和农业现代化的重要基础。工程农业科学与技术作为促进农业产业结构调整、农业增效、农民增收和增强农业国际竞争力的重要基础和技术保障，作为农业高新技术得以有效实施和推广的关键载体，在我国农业和农村经济发展、全面建设小康社会中具有独特的、不可替代的重要作用。进入 21 世纪，我国将加快实现工业化的进程，“以信息化带动工业化”这一指导思想，对推进我国现代工程农业技术装备的创新具有重要意义。

一、发展总体趋势与竞争态势

（一）国外农业装备产业发展的特点

1. 农业装备的生产集中在大公司大企业　国外的农业技术装备生产规模，一般是大型企业占农业技术装备企业的数量比例不高，为 1.4%～

24.6%，但销售额占总销售额的比例却高达35.5%～90.0%；而中小型企业占农业技术装备总量的比例高达75.23%～98.96%，但销售额仅占10.0%～64.7%，反差极大。这是发达国家农业机械装备企业的主要特点之一。

2. 农业装备生产的专业化程度很高　采用专业化生产零部件，是产品批量大、规格全、质量好、成本低的主要因素。几乎没有大而全或小而全的企业。农机生产专业化，产品的外协件比例较高，平均在60%～70%左右。如加拿大许多农机主机厂自己只制造特殊的关键零部件和进行最终的主机装配，而由专业厂生产零部件，外协、外购件一般在40%～60%。芒纳奇公司所属的农机液压油缸专门制造厂，只有75名职工，27台主要设备，年产液压油缸10万件。英国农机各公司外协件一般在60%以上。美国农机工业专业化程度更高，农机行业的专业化水平达到94%。

3. 创新开发始终位于企业生产过程中的首要环节　当今新兴技术发展迅速，工业技术更新加快，企业间的竞争首先是技术创新、产品更新的竞争，几乎所有的企业特别是高技术整机生产企业，都把技术创新和产品开发作为生产的第一位的重要组成部分。企业将整个生产过程分作四个主要环节：研究开发、关键部件生产、总体装配、销售服务。在企业中不存在科研与生产脱节现象。由于高技术产品附加价值高和研究开发环节的重要性，所以企业大都不惜花费大量人力、物力、财力投入研究开发这个环节。正因为如此，每个企业都有自己的名牌产品、拳头产品，在社会上、用户的心目中享有很高的声誉，市场占有率很高。

4. 建立有高效的农业机械装备与设施经营服务体系　如何提高农业机械装备的利用率，降低其使用成本，是一个普遍关心的问题。解决的有效途径是建立高效的农业机械装备与设施组织。如德国建立机器协作社、机器合作社、农机租赁公司，在提高农业机械的使用效率，降低作业成本中发挥了重要作用。法国的农业合作社简称为“居马”，在节约生产成本、加快农业机械的更新换代、协作生产中具有突出的优点。

产品质量事关企业信誉和成败。在先进技术和高质量产品之间，除了先进生产设备和熟练职工之外，若要产品质量优等，还必须有先进的测试手段和严格质量管理。因此，发达国家非常注重在这方面投资。美国一些农机大公司耗费巨资采用CIMS，使生产率提高40%～70%，工程费用减少15%～30%，新产品研制周期缩短30%～60%，设备利用率提高了2～3倍。中小企业采用计算机数控机床加上CW/CAM，使设备利用率提高3.5倍，生产周期缩短为原来的1/4，生产面积减少了76%，工人数量减少了77%，大大提高了产品质量和技术水平。

美国农机企业非常重视售前和售后服务。每年销售服务的开支有的高达年销售总额的1/3。销售服务的目的，不仅是出售产品和技术，在国内外建立信誉，而且还从销售服务中反馈用户意见、要求和创新信息，促进企业不断改进完善自己的产品和技术，增强市场竞争能力，所以企业一般都选择有丰富经验的技术骨干任销售经理，并使之与生产经理紧密协调、配合，以便随时根据用户信息改进生产，提高产品技术水平。

德国非常重视农机产品质量，产品质量认证工作设在达姆斯达特的农业机械实验中心，产品需取得DLG质量检验认证标志，并规定有效期限为5年。德国芬特公司生产的拖拉机一般可达到6 000～8 000小时不大修，产品质量很高。德国农机具零配件供应在“农机法”中规定，所有的农机制造厂家必须保证农机产品有充足的零配件供应，在产品停产后的10年内，还要保证供应，否则追究责任。整机与配件的生产比例：拖拉机零配件的产值占20%～30%，整机占70%～80%；农机具的零配件产值占10%～15%，整机占85%～90%。

（二）科技发展总体趋势

1. 新产品开发周期缩短，依靠科技进步占领市场　发达国家为了保持产品在国际市场上的竞争力，各国都十分重视产品开发，各企业都设有试验、研究、设计机构，有相应的实验室，有的还设有试制车间，对新开发的产品精益求精。为了加快更新换代产品，企业非常重视以科技进步促进产品销售。往往一个新产品刚开发成功，就开始开发下一代更先进的产品。新产品开发周期一般为3～5年，新产品在原有产品基础上加入10%～15%的新技术，从而使新产品开发的周期短于农业机械的使用寿命，增强竞争力。

2. 产品的“三化”水平高，能满足各种作物机械作业需求和延伸运用领域　国外农机制造企业为满足农机市场多样化的需求和延伸运用领域，农机产品形成系列，并通过变型和标准零部件的模块组合，以最短的时间和最低的成本，扩大产品的不同规格品种。例如，美国迪尔50系列拖拉机共有44种型号，底盘通用化程度达47%。西班牙的赫尔马诺斯—格雷斯公司以3种不同直径的圆盘犁片可以组合成10个系列34种型号的圆盘犁产品；以7种不同直径的圆盘耙片及6种耙片间距，组成12个系列82种型号的圆盘耙产品。日本各农机公司生产的水稻插秧机一般有十几种系列产品。

3. 重视发展保护生态环境、提高资源利用率的农业机械装备与设施 发达国家在农业现代化初期，大量施用化肥、农药及各种生长调节剂，使农业生产环境遭到严重破坏，各种自然灾害频繁发生，威胁着食物安全和经济持续发展。到20世纪60年代末70年代初，发达国家普遍开始重视保护生态环境，保护自然资源持续利用，并大力发展了这方面的技术装备。

(1) 发展保护性耕作和联合作业机械。耕作机械方面：大力发展旨在农用土地不受水蚀，保持土壤水分，能在植物残茬上作业的少耕或免耕机械；能节约种子用量的精量播种机；能减少环境污染的低量精确喷洒农药的植保机械；能提高化肥利用率，减少污染环境的定量、定位深施化肥的机械以及各种联合作业机械。先进的免耕播种机能一次完成切茬、松土、开沟、播种、压种、覆土、压土、施肥、施除莠剂或除虫剂等多项作业。

(2) 发展节水灌溉技术及其机械。为保护地球淡水持续利用，节水省能的喷灌、微灌等节水机械成为农业灌溉发展的方向。目前全世界已推广喷灌面积2 000多万公顷，发达国家尤为重视发展节水灌溉，以其雄厚的经济实力使节水灌溉在农业灌溉中所占比例甚高。英国、德国、奥地利、丹麦、瑞典、日本等国家的喷灌面积占灌溉面积的90%以上，美国占40%。缺水干旱的以色列，微灌面积已占灌溉面积的70%；美国微灌面积在1981—1991年间增加了3倍。

(3) 重视开发利用可再生能源的设备。风能是干净的自然资源，在发达国家得到大力发展和利用，丹麦、英国、德国、荷兰、瑞典已普及风能发电。丹麦风能发电已占总电量的3%，美国加州占1.5%，国外大都发展大功率的风力发电机组。发展生物质能设备也受到重视，研究开发生物质能的固化、气化和液化技术和设备，提高生物质能品位。加拿大利用生物质能气化炉来驱动内燃机发电的设备已投放市场。美国、加拿大研究秸秆制取沼气技术，提高产气率。

(4) 积极开发利用废弃物的设备。旨在防止废弃物对环境的污染破坏，并化废为宝，物尽其用，提高资源的有效利用率。发展把废弃物处理成饲料的技术及其设备。美国、加拿大将蔗渣加工成糖化饲料及葡萄糖，法国利用菜籽饼加工成浓缩蛋白。将废弃物加工成肥料是废物利用的又一重要途径。美国和欧洲一些国家广泛利用禽粪收集器以储存和干燥禽粪作为有机肥。日本开发推广塑料大棚和移动式搅拌机组成的禽畜粪尿干燥装置。

4. 设施农业发展迅速，已成为技术密集的现代农业产业 设施农业涉及的主要领域包括设施种植业、工厂化养殖业、产前种苗繁育及产后贮藏保鲜等。它要在多变的自然气候条件下，为动植物的生命活动创造一个优化的生长、发育、储存环境，既要兼顾高生产率、高产出、高品质、低成本、高效益、环境友好等可持续发展目标，还要顾及产品的消费市场需求与面对不断增长的市场竞争压力。发达国家设施农业的机械化、自动化水平很高，已成为技术密集的现代化农业产业。

在一些发达国家，如荷兰、日本、法国和以色列等，设施园艺生产已相当发达，不仅面积不断扩大，而且技术水平越来越高，向无土栽培、生物防治、计算机系统监控环境因素等方向发展。21 世纪，现代园艺工程将向无土栽培和封闭式水培系统逐步过渡，以节约水资源，防止对地下水的污染，提高产品品质。园艺设施新材料开发研究与结构设计创新，环境参数与作物生长过程控制自动化水平，一直是现代温室设施工程技术创新的驱动力。当今传感器技术的快速进步和计算机控制技术的发展，已使工厂化温室控制与自动化向数字化、智能化方向快速发展。在设施园艺工程领域未来技术发展方面，将由保护地栽培向建立植物生产工程系统的方向转变，突出基于信息和知识来管理复杂的设施园艺系统。其成功实施，将涉及作物栽培、自动化、环境调控与系统管理等科学技术领域。

发达国家一向重视设施养殖畜禽环境工程技术的开发应用，一般都研究开发了符合本国条件的规模化养殖工艺及其配套的成套养殖设施与设备。工厂化养殖工程已经积累了大量有关动物环境控制机理与环境设计的研究成果，未来生物技术的最新成果将与信息技术的应用密切结合，向改善动物健康与福利、废弃物处理与防止污染物向大气和水域辐射、严密监测动物疫情与健康、先进的系统管理决策研究发展。工厂化养殖将更多地采取基于动物个体或小群差异性信息实现调控管理的精细化养殖技术。20 世纪以来，这些已成熟应用的计算机管理信息系统，正在新的信息技术进步基础上拓宽其高新技术应用研究领域，如机器视觉技术用于动物行为监视、识别；挤奶机器人的应用；基于体形图像分析评价优良品种选育与动物体重评估；动物饲养管理多媒体知识咨询系统等都已逐步实用化，展示了信息时代“精细养殖”的广阔前景。

5. 工程农业技术领域成为高新技术应用的重要方面　20 世纪 70 年代中期开始，发达国家即加快了农业工程电子信息技术研究及产业化开发。目前，发达国家农业装备设计制造技术已趋于成熟，农业装备正迅速向大型、高速、复式作业、人机和谐与舒适性设计方向快速发展，提高生产效率。高速、大马力等各种复式作业机械成为一种主流发展趋势，一批机、电、液、仪一体化技术产品迅速开发出来装备到农业机械上用于实现农业机械化作业的高效率、高质量、省成本和改善操作者的舒适性与安全性。各种电子监视、控制装置应用于各种复杂农业装备上，如农业装备中的田间作业面积、速度、机器作业工况计量与监视器，联合收获机谷粒损失监视器及喷雾与灌溉自动控制系统；设施环境的机电一体化自动控制技术；基于动物个体编号电子自动识别器的自动配料、称重、计量等设备。多种定位变量作业智能型农业装备，如收获、播种、施肥、施药机械已进入国际市场。

拖拉机与自走式农业装备正向网络化、智能化、分布式控制技术方向发展。大型拖拉机和复杂农业装备，已装置了若干个标准的电子控制单元（ECU），即带有独立处理信息与控制功能的计算机智能控制终端或农业装备通用微型作业计算机，具有统一设计的标准接口和现场控制局域网络（CAN）技术及其网络通信协议已经在欧、美大中型农业装备的内部电子监视与控制系统中采用。德国 FENDT 拖拉机和 CLAAS 谷物联合机上应用的控制局域网络（CAN）总线系统。拖拉机和自走式农业装备传统驾驶室中的仪表盘正迅速由电子监视仪表取代，并逐步由单一参数显示向智能化信息显示终端过渡，从而大大改善了人机交互界面。这种智能化显示终端，代表了当今仪器与控制装置发展的主流方向，又常被称为虚拟化仪器显示终端（Virtual Display Terminal）。

现代通信技术革命的成果，已开始应用于农业机械化作业的远程管理中。欧洲一些大农场已开始建立和使用农场办公室计算机与移动作业机械间通过无线通信进行数据交换的管理信息系统。这可以使农场管理调度中心计算机直接调用读入各个田间作业机械智能终端存储的作业数据，通过计算机处理，制定详细的农事操作方案和导航作业计划后，通过无线通信数据链路传回到田间移动作业机。机器发生故障，操作者也可调用具有强大分析功能的办公室计算机诊断处理程序。

以智能机器代替重型、复杂、高投入、高能耗机械，优化生产过程、节约物质与能源消耗、改善质量、降低作业成本，是 21 世纪农业装备技术创新的重要方向。随着机器工作幅宽和作业速度不断提高，机器中的控制器数量不断增加，拖拉机与自走农业装备的田间自动导航、机器视觉与农业应用机器人也引入到了大型拖拉机和自走式农业装备中。这与农业面对世界市场竞争的压力，集约化、现代化对大型、复杂、高效、节本、环保型农业装备化技术日益提高的要求密切相关。进入 21 世纪，农业装备将日益智能化，GPS 将逐步成为移动农业装备的基本元件，ISO 11783 将作为农业装备智能系统设计的一种国际标准，更多不同的传感器将装置到农业装备中。

基于“精准农业”技术思想的多种定位变量作业智能型农业机械已经进入国际市场，农业装备创新正向网络化、智能化、分布式控制技术方向发展。现代装备技术推动下的精准农业、设施农业以其特有的创新性、先进性、渗透性、集成性和广泛的带动性，已经成为国际21世纪合理利用农业资源、提高作物产量、降低生产成本、保护环境和提高农产品国际市场竞争力的前沿性研究领域之一。

工程农业技术的公益性特征鲜明，现代工程农业技术产品也以技术高度密集型为代表，是WTO主要成员支持和保护农业发展的重点领域。WTO主要成员，如美国、加拿大、英国、法国、德国、澳大利亚等发达国家早在20世纪60年代以前就实现了高度机械化，日本、韩国的水稻生产机械化水平都在95%以上。

（三）我国农业装备产业发展态势

在20世纪50年代，我国曾提出农业机械化、水利化、化学化、电气化的“四化”口号，农业机械工业有了较快的发展，为推进农业机械化做出贡献（表13-1）。到2001年止，全国农机固定资产原值达到3 006亿元，农机总动力达到5.5亿千瓦；拖拉机拥有量1 405万台，其中大中型拖拉机为83万台；联合收割机28.4万台；农用运输汽车869万辆；排灌动力机械1 506万台；农产品加工机械动力6 150万千瓦；植保动力机械172万台；畜牧机械261万台。2001年机耕面积占耕地面积的47.4%，机播面积占播种面积的26%，机收面积占收获面积的18%。在实行家庭承包经营以后，农业机械大部分为农民所有，还出现了一大批农机专业户，2001年达到2 851万个，从业人员3 425万人，是一支新型的农机服务队伍。

表13-1　我国农业的物质装备水平

	1978	1980	1985	1990	1995	2000	2001	2002
农机总动力（亿千瓦）	1.18	1.48	2.09	2.87	3.61	5.25	5.51	5.79
化肥施用量（万吨）	884	1 269	1 776	2 590	3 594	4 146	4 254	4 339
农村用电量（亿千瓦时）	253	320	508	844	1 655	2 421	2 610	2 993
农村小水电发电能力（万千瓦）	228	304	380	428	520	698	896	812
有效灌溉面积（万公顷）	4 496	4 488	4 403	4 740	4 928	5 382	5 424	5 435
机电排灌占灌溉面积比重（%）	55.4	56.4	55.9	57.3	65.3	66.7	66.8	66.6

注：化肥施用量按有效成分100%计算。

资料来源：《中国统计摘要》（2003）。

1. 产业发展现状之国际比较 目前，全国农业装备制造企业8 000余家，生产14大类、95小类、3 000多个品种的农业机械，2003年全国农业装备产业总产值已达753.4亿元。全国有40所以上的高等院校设立相关专业，有地市级以上农机研究所200多个，总体上居于发展中国家的领先水平。近10多年来，国际、国内学术交流合作异常活跃，已在国际上有了较好的影响。通过多年的努力，初步形成了适合中国国情的、较为健全的农业装备科研与技术推广体系，在水稻秧苗栽植工艺及机械、稻麦机械化收获工艺和联合收割机，以及水稻机械化育秧、残膜回收、粮食干燥机械、保护性耕作等方面已取得了一批可喜成果，为中国实现从传统农业向现代农业的跨越式发展做出了重要贡献。

但是，我国农业机械化水平与发达国家和先进工业化国家相比存在巨大差距。2003年，全国耕、播、收机械化水平分别为46.8%、26.7%和19%，水稻、玉米、棉花、大豆、油菜等大宗农产品生产综合机械化水平仍然很低。农业劳动生产率低于世界平均水平，与发达国家相差几十倍甚至上百倍。农业装备制造企业的人均产值仅相当于美国的5%。2002年全国农业装备出口贸易额仅为15.21亿美元，不足世界农业技术装备出口贸易总额的0.6%，而1993年德国、美国、日本、法国、英国5国的农业装备产品出口贸易额就占到世界农机产品出口贸易总额的93.4%。

我国工程农业技术装备不仅“综合技术水平仅相当于发达国家20世纪60～70年代的水平”，远远落后于世界先进水平，而且也远落后于其他工业行业，更严重滞后于农业生产技术的发展；不仅研发和创新的技术储备严重缺乏，适用品种少、技术含量低，可靠性差，远不能适应现代农业生产发展的需要，而且也严重滞后于农业生产技术的发展，并且在一些技术含量较高的新兴领域，这种差距还在不断加大。为此，国家每年不得不花费巨额外汇进口农业装备，农业装备进口贸易额呈快速增长态势，对外贸易逆差也逐年加大。仅2004年上半年，我国农业技术装备的进口额就高达32.34亿美元。随着经济全球一体化、市场国际化进程的日益加快，科技创新的作用更加突出，技术含量低的工程农业技术产品的市场竞争力将越来越弱，致使我国农业装备进口贸易额呈快速增长状态。我国农业装备企业和产品均将面临世界范围的巨大冲击和威胁。

我国是世界重要的农业装备生产大国，全国农业装备制造企业8 000余家，生产14大类、95小类、3 000多个品种的农业机械，2003年全国农业装备产业总产值已达753.4亿元。但我国工程农业科技领域发展长期处于弱势地位，投入严重不足，技术储备严重缺乏，已成为我国从农业装备生产大国向农业装备强国迈进的瓶颈制约因素，也对农业装备的科技创新带来了严重影响。主要表现在，应用基础研究难于得到有力支持，导致科技成果储备与原始性创新不足，大多研究停留在开发性研究上；相关研究工作得不到较好的重视，吸引高水平工科人才比较困难；缺乏坚实的理工基础条件和工程多学科交叉的学术环境，高新技术研究队伍薄弱。

长期的技术依赖使得农业装备创新技术极度缺乏，几十年来农业装备产业一直处于“引进—落后—再引进”的恶性循环，形成了对国外高新技术及产品的强烈依赖。有限的农业装备的科技创新研究，也多是集中于解决个别环节的生产机械化，而对于大宗农产品生产各环节综合机械化的装备技术系统问题，以及提高农业生产主体地位的大宗农产品生产的效率、效益、竞争力的农业装备未给予充分重视，致使农业装备老化严重，成套技术和成套装备的后发优势难以显现，特别是缺乏支撑新世纪具有竞争后劲的支柱产品。

2. 发展态势　目前，我国农业装备产业的发展态势呈现三大重要特点：

一是农业机械化发展进入成长期，形成强大的内生成长动力。城镇化进程加速、农业劳动力转移加快、农民收入提高、农业产业化经营与规模化发展、有条件的地区率先实现现代化，将形成对农业机械化新的巨大需求。

二是处于适应结构调整和应对国际竞争的调整期，农机化在调整中成长。农业生产要素格局发生重大变化，运用现代生产要素改造传统生产要素，增机减人是改造传统农业、建设现代农业的核心问题。

三是国民经济与农业发展的关系进入反哺期，国家加大对农业的支持力度，形成强大的反哺力推进农机化的加速发展。从 21 世纪开始，我国已进入全面建设小康社会、加快推进社会主义现代化的新的发展阶段。2003 年全国人均 GDP 突破了 1 000 美元大关，综合国力明显增强。我国总体上开始进入工业反哺农业、加快建设现代农业的新阶段。国际经验表明，国家加大对农业的支持和投入是这个阶段的一个显著特点，我国对农业和农机的重视、支持、保护力度也在加大。从国家经济实力和财政能力看，国家具有加大对农业机械化支持的基础和条件。随着政策法制环境的改善和国民经济实力进一步增强，为我国农业机械化在调整和反哺中快速、健康发展创造了良好的环境，我国农业机械化进入了快速发展的战略机遇期。

3. 工程农业生产技术装备改善面临的主要困难　从总体上看，制约我国工程农业生产技术装备水平改善提高的主要原因：一是资金紧缺，企业自我更新改造能力弱。二是农业装备工业发展滞后，不能满足产业升级的需要。我国装备制造工业还难以为农业生产提供价格适宜的适用生产装备。20 世纪 90 年代以来，我国新增设备对进口的依赖程度很大，每年进口的机械设备占当年固定资产投资中设备购置费的 2/3 左右，尤其是新增的大型成套设备大部分靠进口。三是专业技术人才缺乏，难以充分发挥生产装备的作用。

从东中西部地区看，我国各地农村工业化的发展进程存在差异，生产装备水平也同样存在着差异。要增强农村工业的竞争力，无论是东部地区还是西部地区，都需要不断改善生产装备水平。总体而言，东部发达地区农村工业的生产装备水平较高，进一步改善生产装备的压力来自于参与全国市场竞争和国际市场竞争及要求采用更先进的生产装备和技术。中西部地区目前的生产装备水平较低，但其大多数农村工业产品的市场主要还是地区性市场，在存在区域封锁等地方保护主义的地区，农村工业企业更新改造生产装备的压力反而不如东部地区的农村工业企业。因此，出现了一个特殊现象：在生产装备水平高的东部地区，农村工业企业改善生产装备的需求强烈；而生产装备水平低的中西部地区农村工业企业改善生产装备的需求反而较弱。

二、提高现代农业技术装备水平的需求分析

（一）推进新型农村工业化的迫切需要

20 世纪 90 年代中期之前，基于当时的短缺经济环境和农村资金、技术资源匮乏，大多数地区的农村工业实际上走了一条粗放型生产能力扩张道路的发展路径，主要发展技术层次较低的劳动密集型产业，以高投入为主要手段来解决剩余劳动力出路，尽可能地扩大生产能力，以满足处于短缺经济下的市场需求，从而使自身得到增长和发展。这在当时有利于农村充分发挥自身的劳动力资源丰富和要素价格低的比较优势，形成低成本价格竞争优势。

然而，新时期，我们所面临的国际、国内形势已经发生了很大的变化，步入相对过剩经济时代，市场对产品质量和技术含量等越来越挑剔。面对已经变化了的市场竞争环境，如果由于知识、资金及技术所限而未能及时转变发展战略和增长方式，必将在竞争中处于不利地位。在全球化和

过剩经济下继续生存和发展，必须从根本上改变在短缺经济下形成的产品技术含量低、质量次的状况，依靠科技进步提升国际竞争力，从主要依靠廉价劳动力和粗劣技术起步求生存，转变为主要依靠先进技术装备，优化产品结构求发展。

我国装备现代化程度较低，技术装备落后已成为制约经济增长方式转变的因素之一。由于大量企业的装备水平落后，不仅产品质量和档次上不去，而且劳动生产率低下、物耗高，既浪费了有限的资源与能源，又加剧了环境污染与危害，影响国民经济整体效益。装备现代化程度较低，制约了农村工业竞争力提高和可持续发展。目前，我国单位GDP的能耗不仅超出世界平均水平3.8倍，而且是世界中低收入国家的平均水平的1.6倍。

（二）提高农业竞争力的迫切需要

研究表明，劳动力成本过高是造成我国大宗农产品国内市场价格明显高于进口产品到岸价格的关键因素。我国目前的农业劳动生产率低于世界平均水平，与发达国家相差几十倍甚至上百倍。据统计，我国主要农作物的生产成本构成中，人工费用平均达45%，而发达国家不足10%；我国机械作业成本仅为美国、加拿大的25%～80%，但劳动力成本则是它们的4～6倍。这使得我国的大宗农产品生产成本偏高，国内价格明显高于国际市场价格，不具备竞争优势。发展现代工程农业技术，特别是先进农业技术装备已成为提高我国农业竞争力、解决农业整体效益低问题的根本性措施。

我国农业还处于逐步推进实现基本农业机械化的发展阶段。新时期，为了提高我国大中型农业装备产品在国际市场上的竞争力，发展高新技术在规模化农业和农业装备化服务产业中的应用，迫切需要跟踪研究发达国家的先进经验，实现跨越式的发展。

（三）广大农民追求现代文明的需要

随着农村生活水平的逐步提高，广大农民渴望从繁重的体力劳动中解放出来。发展现代工程农业技术装备，实现农业生产机械化，已成为21世纪农民增收、追求现代文明的目标之一。

（四）工程农业技术装备的特殊复杂性，更需要科技创新

我国幅员辽阔，不同地域、不同农产品的生产方式存在着很大差异，

对工程农业装备关键技术和发展侧重的需求也不尽相同；农业生产本身所包含的内容以及农业生产过程又与生物、环境、气候、生态密切相关，不可能有统一固定的模式。因此，工程农业技术不同于一般的工业技术，它与多变的生物、环境密不可分，尤其是适合我国现代农业工程技术装备具有极其特殊的复杂性，如装备的种类、品种具有多样性，技术难易程度和规格差别大，产品可靠性和适应性要求高，产品开发周期长、投入大，价位低、制造难度大，产品开发与农业新技术同步发展等，更需要科技创新。

随着我国农业和农村经济结构战略性调整，以及农业区域化布局、专业化分工、产业化经营的步伐加快，必然对农业装备产品的种类、水平、数量和质量提出更高的要求，这不仅拉动了新的内需，而且构筑了适合农业装备产业发展的多样性发展的新舞台。我国工程农业技术与装备将面临前所未有的重大需求增长。

三、现代农业装备科技发展的总体思路

（一）总体目标

党的十六大报告指出，“坚持以信息化带动工业化，以工业化促进信息化，走出一条科技含量高、经济效益好、资源消耗低、环境污染少、人力资源优势得到充分发挥的新型工业化路子”。“走新型工业化道路，必须发挥科学技术作为第一生产力的重要作用，注重依靠科技进步和提高劳动者素质，改善经济增长质量和效益”。因此，未来农业装备产业科技发展的总体目标是：

紧紧围绕党的十六大提出的全面建设小康社会战略目标和到2020年基本实现国家工业化的要求，围绕实现农业增长方式的根本性转变，坚持提高效益与节约并重，以农业节本增效为中心，以促进农业增产增效和农民增收、建设现代农业为目标，以科技进步、管理创新和企业改革为动力，针对我国农业机械装备不适应新阶段社会、经济、市场发展的主要问题，遵循市场规律，充分考虑农业装备产业的特点及其特殊性，实施项目带动，通过科技创新和体制创新，不断提高农业装备水平和农机作业水平，不断增强农业装备对国民经济发展及产业结构战略性调整的支撑和保障能力，并为改善农民生产生活条件、提高农业综合生产能力、建设和谐社会主义新农村做出贡献，在促进节约型农业建设、

保护农业生态环境、提高农业国际竞争力等方面发挥巨大作用。

（二）指导思想

——大力发展以信息技术为主导的高技术应用，引领新的农业装备科技革命，提升以高技术为主动力的农业装备核心竞争力。

——大力加强高效低耗和环境友好型装备技术创新与综合应用能力，全面提升农业装备产业的可持续发展能力。

——以技术创新带动农业装备技术全面升级为核心，显著提高农业装备的产品质量和国际竞争力。

——以科技成果的中试熟化、示范应用为主要任务，采取政府引导和市场导向相结合的方式，促进先进农业装备科技新成果的快速转化应用。

——促进农科教、产学研密切结合，加速构建现代农业装备科技平台，着力提高农业装备科技的自主创新能力建设。

（三）基本原则

根据科技发展的基本规律和农业装备自身的特点以及我国农业和农村的实际，新时期，我国农业装备科技工作应当遵循以下原则：

——坚持原始创新与集成创新相结合。既要重视拥有自主知识产权的源头创新，大幅度提高农业科技的自主创新能力；又要积极引进和消化吸收国外先进农业技术与经验，增强农业科技的自主开发能力。

——坚持高新技术与先进适用技术相结合。既要适应世界农业科技的发展趋势，加快对经济社会发展有重大带动作用的高新技术的应用，突出以高技术改造常规技术；又要依照国情，加强能够推动传统装备产业升级的共性技术、关键技术、配套技术和工程化技术开发，加速先进适用技术装备的大面积推广。

——坚持科学研究与能力建设相结合。既要重视带动性强的基础性研究的超前储备，又要面向国民经济建设主战场，集中力量攻克瓶颈技术；既要加强科技成果的转化、推广和应用，加快实现产业化，又要加强基础设施和重点科研基地建设，不断提高科技创新能力。

——坚持国家战略需求与市场导向结合。既要加大涉及国家社会、经济、生态安全的公益性技术的研究，又要加强以提升产业技术和能有效带动农民增收的效果显著的技术的开发。要因地制宜有选择的发展为“三农”服务的农业技术设备，加快农业装备结构调整，努力提高现有主导产品的质量和技术水平。

——坚持统筹规划与分类指导结合。既要充分发挥政府的主导作用，又要充分发挥市场在科技资源配置中的基础性作用，坚持以科技型大企业为依托，促进企业创新主体作用的发挥。

四、促进农业装备产业快速发展的科技重点

（一）节约型机械化农业生产技术与装备

人口过多、资源不足、环境退化，三者相互影响、恶性循环，是人类面临的巨大挑战。机械化农业生产是一种高投入、高产出的资源型、集约型生产，它能极大地提高劳动生产率和土地产出率，为改善农民的生活做出了重大贡献。但与此同时，粗放的机械化生产方式大量消耗钢材、石油、化学制品等非再生资源，并引发严重的环境污染问题。因此，机械化农业生产技术必须进行创新改造，要转移到以资源高效利用为核心的生产方式上来，要加快开发和推广节能农业装备，构建节约型的机械化农业生产体系。具体是要大力发展保护性耕作关键技术与装备，以节水、节肥、节种、节药、节油和资源综合利用为目标的精确变量施肥、施水、施药、播种等关键技术与装备，以及多用型农业机械、联合作业机等。

（二）主要粮食作物薄弱环节生产机械化关键技术与装备

近十几年来，围绕主要粮食作物重要环节生产机械化关键技术方面已经取得了很大进步，但是，在水稻种植、收获机械、玉米收获机械等方面与发达国家存在较大差距。因此，应在主要粮食作物重要环节生产机械化关键技术装备方面重点发展：水稻生产全程机械中的工厂化育秧技术与装备；降低生产成本、提高可靠性的水稻高速插秧机技术与装备；攻克机具作业可靠性的半喂入水稻联合收割机制造技术；适应多个地区、不同行距的不分行玉米联合收获技术与装备等。

（三）经济作物生产机械化关键技术与装备

主要解决特种、具有优势的经济作物种植、管理、收获机械。如：棉花机械化采摘、打顶、棉花田间转运机械，块根、块茎类作物（马铃薯、甜菜、中草药等）的种植和收获机械，油菜等特种油料作物，以及甘蔗等糖类作物收获机械关键技术与设备。

（四）草原生态建设和畜牧业机械化技术与装备

主要包括牧草免耕精少量播种机、天然草场改良亚表层浅松补播机、大型圆平移动式草原灌溉设备、人工草场建设机具、牧草收贮加工设备、太阳能烘干牧草设备、不分行青贮玉米收获机、草食动物全日粮制备饲喂车、适应牛、羊规模化圈养的规模化、标准化饲喂及综合管理技术与装备；奶牛现代化饲养关键技术与装备等。

（五）农业装备高新技术及产品

1. 农业装备网络化、分布式控制技术与智能化导航技术　基于蓝牙、GSM等无线通讯技术的农田信息数据传输技术；农田属性信息与空间定位信息的融合与实时显示技术；大中型拖拉机和复杂农业机械标准电子控制单元（ECU）和现场控制局域网络（CAN）及网络通信技术；大幅度提高农业装备作业的技术性能的农业装备作业过程监视、控制、诊断、通信技术；农田作业机械智能化导航技术和无人驾驶拖拉机技术；基于卫星定位系统的农业装备作业田间导航实现农场管理信息系统与田间移动作业机械间的无线通信与机群调度技术；高附加值木质材料装备的网络化制造技术。

2. 田间定位变量作业装备通用控制技术、产品与装备　谷物联合收割机在线测量传感器技术产品；智能化谷物测产系统显示与控制终端技术；谷物产量信息智能化处理与产量空间分布图自动生成技术；适应不同条件的田间变量施肥、播种、喷药、灌溉智能化通用控制技术系统和变量农作处方图自动生成技术；田间变量作业过程监视、控制、诊断、通信技术；变量施肥、变量播种、变量喷药、变量灌溉等精准农业装备。

3. 工厂化农业智能化关键技术产品与装备　基于人工神经网络、模糊控制、遗传算法等先进控制技术的温室智能化控制与管理系统；温室群控网络通讯技术；温室工厂化育苗全自动装备；结构与功能相统一的温室计算机辅助设计和温室环境远程分布式调控技术及产品；集视频信息采集、环境控制、饲养管理、粪便处理等生产环节一体化的现代化养殖场智能网络传输控制技术系统及产品；动植物工厂化生产环境智能调控技术与产品；高效、节能、无污染温室智能精量灌溉技术及产品；新型设施专用结构材料及高效节能技术及产品；林业苗圃精准筑床控制技术与关键设备。

4. 农业机器人技术与仿生机械　设施农业工厂化生产嫁接机器人、

挤奶机器人技术；果品采摘机器人和分级机器人技术；遥控型人工林自动整枝机器人、林木采种机器人、伐根清理机器人技术；苗木移植、农田作业仿生技术、仿生机构设计、地面仿生越障车辆底盘技术及仿生机械。

5. 机电液一体化新型农业装备技术与虚拟仪器技术　以农业装备机电液一体化系统以及自动化农业生产过程为研究对象的机械电子工程、计算机测控、传感器、自动控制等高度集成化应用技术；农业装备的多参数检测技术和传感器技术；研究农业装备单机多变量测控技术；基于虚拟仪器技术的成套农业装备智能化控制系统；农、林、牧种子繁育、检测、精选、加工和包装自动化成套技术；机、电、液、仪一体化复式、多功能农田作业关键装备技术；农药低量防漂移喷雾技术及高效、低污染植保机械。

6. 农产品产地处理技术装备与无损快速检测技术　用于生物对象模式识别的多光谱响应遥测、计算机视觉与图像信息处理技术；基于图像识别、人工神经网络、微电子学、光学、机械学、自动化等多学科技术的动态农产品尺寸、形状、色泽和品质智能化实时、快速检测和分级技术及其控制软件；基于计算机视觉技术和机器人技术的农产品智能化实时检测、分级和清洗、喷蜡、抛光的采后产地商品化处理成套装备技术；多组分、非接触农产品品质安全快速检测技术；木质材料产品生产过程中的非接触在线检测技术。

五、进一步促进工程农业科技发展的政策保障

（一）健全农业机械化政策法规体系

继续全面贯彻落实《农业机械化促进法》，加快农业机械化法律法规建设，健全支持和保护农业机械化发展的法律法规体系。建立和完善包括购机补贴、燃油补贴、农机信贷、税收优惠、农机保险、机耕道建设等内容的扶持农业机械化发展的政策体系，加大各级财政对农业机械化投入力度，逐步形成以国家投入为引导的多元化、多渠道的投资体系，建立长效的政策扶持发展机制。继续贯彻落实农机购置补贴政策，完善补贴办法，逐步扩大补贴范围，增加补贴资金总量，对重大农机具的示范给予财政补贴；出台农用燃油补贴政策；对从事农业机械生产作业服务的收入，按照国家规定给予税收优惠；积极推进强制性保险与导向性保险并重的政策性农机保险试点。对农业装备的制造实施税收优惠政策，强化财政投入引

导，广泛吸引社会资本、民间资本及外资投资农业装备，积极引导农业装备工业的发展，为农业装备发展创造良好的政策法制环境。

（二）稳定增加财政对农业装备科技的投入力度

科技进步和技术创新是提高农业装备发展水平的决定性因素。建议中央和地方财政预算安排支持农业装备技术创新的科技资金，重点支持组织实施重大新型农业装备产品和配套机具的开发和生产、示范推广、试验鉴定等，重点解决农业装备新技术、新机具总体滞后，不能满足结构调整需求等问题。积极为国际交流与合作创造条件，加快引进与消化吸收国外农业装备先进技术，积极开发具有自主知识产权的农业装备技术和产品，提高农业装备科技的国际竞争力；支持建立农业装备科技示范基地，加快新技术的综合集成、组装配套和中试熟化，提高新技术和新机具的转化速度，切实加快成熟技术的推广步伐；着眼于长远发展，高度重视并加大力度支持农业装备领域前瞻性高科技研究，做好技术储备，增强发展后劲。

（三）持续增强农业装备的技术创新能力

支持科技创新体系建设。通过政府搭桥，项目带动，整合企业和科研、推广等部门的农业机械化科技创新能力，逐步形成以企业为主体，产、学、研相结合的农业机械化技术创新体系。支持建立一支精干的国家农业装备科技创新团队，建设一批企业技术中心；加强行业基础、共性技术研究和相关试验条件建设；支持企业技术改造，大幅度提高农业装备技术创新的可持续发展能力，为农业装备科技赶超世界先进水平提供原始动力。

（四）切实加强农业科技创新体系和人才队伍建设

加强农业装备科技创新体系建设，尽快建立与新阶段农业装备科技发展需求相适应的农业装备科技创新体系；积极营造有利于农业装备科技创新的良好环境，促进人才强国战略的实施；通过制定各种鼓励政策，培养和造就一批优秀科技人员，逐步建立一支学科分布合理、技术领先、团结协作的精干的科技队伍，提高农业装备科技人员的整体水平和能力；通过“支持留学、鼓励回国、来去自由”方式，鼓励和引导留学或留居海外的科技人员应聘回国工作，为农业装备产业科技的发展提供人才保障。

（韩鲁佳　方宪法）

主要参考文献

［1］中国工程院农业、轻纺与环境工程学部编．“十一五”期间我国农业发展若干重大问题咨询研究．中国农业出版社，北京：2005

［2］国家发展计划委员会产业发展司．现代农业技术装备发展研究．见：中国装备制造业发展研究报告（下册）．2002，294～389

［3］农业部农业机械化管理司．2004年全国农业机械化统计年报．2005，1～6

［4］陈志．农机工业必须依靠科技创新走新型工业化道路．农业机械学．2003，vol.34（03）：131～134

［5］郝建荣，王鉴峰．建设社会主义新农村与农业机械化．中国农业机械化信息网，2006

第十四章　农村城镇化与新型农村社区建设

一、世界城镇化的历程和一般规律与发展模式

（一）英美等工业化国家工业与城镇化发展路径

城镇化使人类传统的农村生产与生活方式发生重要转变，也使社会分工和组织结构发生了革命性的转变，它们的转变同属社会发展的客观进程。

1. 英国以伦敦为核心的工业发展历程与城镇化　工业革命起源于英国，英国是世界上实现城镇化最早的国家，早在1850年英国城镇人口的比重就已超过50%，如以伦敦—利物浦为轴线，包括大伦敦地区、伯明翰、谢菲尔德、利物浦、曼彻斯特等大城市，以及众多小城镇，这是产业革命后英国主要的生产基地。

（1）18世纪60年代，英国工业革命首先从棉纺织业开始。1769年，瓦特（1736—1819）发明蒸汽机，取得划时代的技术成就，引起一场工业革命。蒸汽机开始应用于棉织业并逐步扩展到化工、冶金、采矿、机器制造、运输等行业。英国城镇化是以发展轻工业为先导，进而带动能源、工矿、交通等工业的发展，加速了城市化的进程。

（2）交通运输业的发展对城市化进程和城市化的模式影响巨大。交通运输业的大发展，不仅扩展了原有的城镇，而且极大地影响了城市的专业分工。见图14-1。

2. 美国的工业发展历程与城镇化　从19世纪中叶到20世纪初，美国还是一个乡村为主体的国家。由于铁路运输业的高度发展，带动了美国钢铁业迅猛发展，如匹兹堡城钢铁业垄断地位的迅速形成并使附近的芝加哥、底特律、克利夫兰、布法罗等城市崛起，这个城市群连成了美国最著名的钢铁工业带。

在底特律，汽车从业人员达到20万人，约占全市职工总数的40%以上。众多与汽车制造业相关的研究机构也聚集在底特律。与之配套的钢材、仪表、塑料、玻璃以及轮胎、发动机等零部件生产聚集在这个区域。

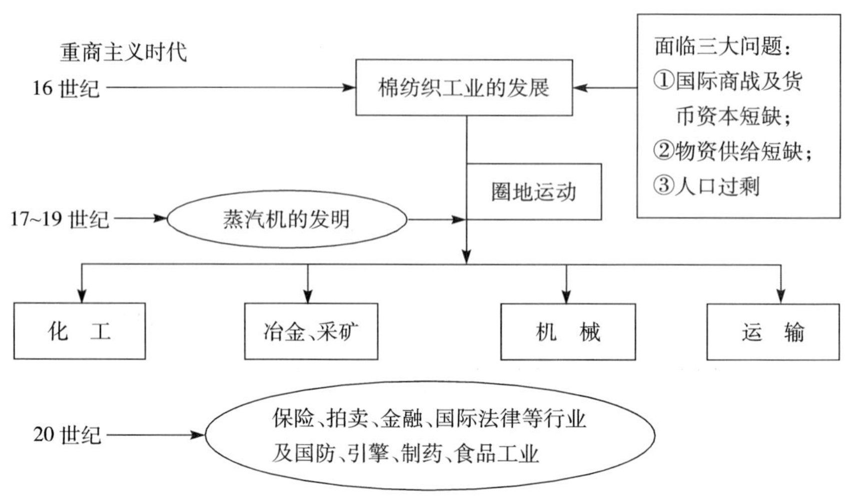

图 14-1　英国产业发展关系

同时，克利夫兰拥有了当时世界上最大的石油精炼联合体，石油产业成为克利夫兰的主导产业。美国在两次世界大战战争需求推动下，工业发展非常迅猛，到 1929 年其工业产量约占世界工业总产量的 42%，超过欧洲国家的总和。第二次世界大战，美国因为战争的巨大需求，工业经济发展达到了当时最高的水平。美国工业的迅猛发展使城镇化进程发展迅速，实现了高度城镇化。硅谷在 20 世纪 80 年代进入发展的鼎盛期，创造财富的神奇速度让高新技术产业充当了美国经济的引擎，旧金山、洛杉矶、圣迭哥等城市组成太平洋沿岸城市带在高科技产业的推动下日益强大，成为与东部城市带抗衡的全美第三大城市带。见图 14-2。

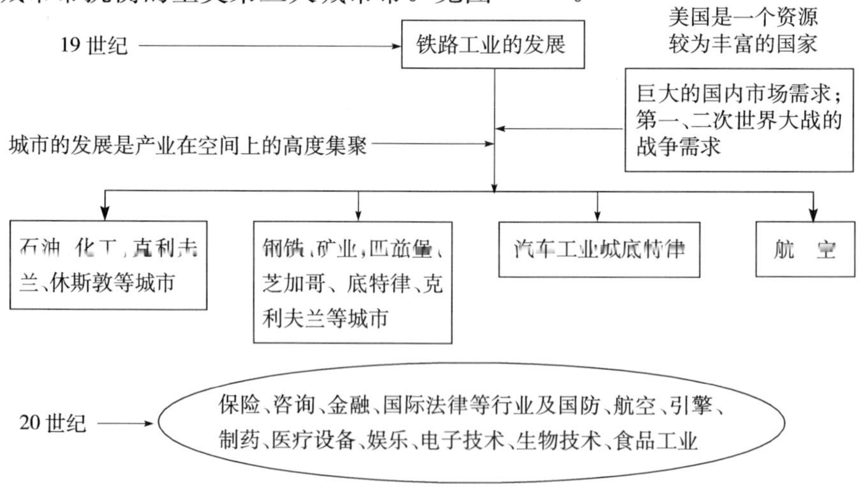

图 14-2　美国产业发展关系

3. 发展中国家的城镇化进程　与发达国家相比，发展中国家城镇化起步较晚。亚洲国家在 1950 年，如中国的城市人口只占 12.5%、日本为 34.9%、韩国为 21.4%。发展中国家由于受到人口多与资源少的限制，工业化进程缓慢，城镇化动力明显不足。

（二）国外城镇化建设与发展的特点与趋势

从上面内容可以看出，城镇化是伴随着工业革命而蓬勃发展的，随着工业革命的发展尤其是到了 20 世纪的 50 年代，整个工业发达国家基本完成了人口、资本和经济活动向城市的转移。从 30 年代欧、美等国家已是工业化国家，在 50 年代城镇化率几乎达到 80%左右，在这些国家中以英国为最高，到 21 世纪前 10 年城市化率几乎达到 90%。

从国外城镇化的发展历程来看，城镇化的进程与工业经济发展水平基本相适应，实现了城镇化与工业化和社会经济的同步发展，集聚效应成为工业化和农业发展城镇化的最佳模式。地区产业聚集对地区工业化起着重要作用，从发展途径着，产业聚集和工业化是城镇化的前提与基础。见图 14－3。

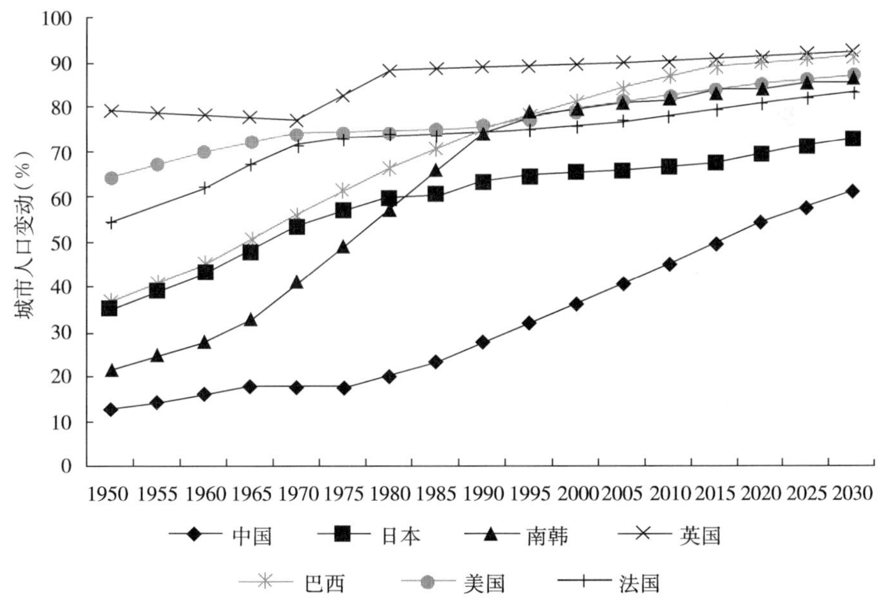

图 14－3　部分国家城市化人口进程趋势图

（摘自：联合国世界城镇化 2003 年述评）

二、新中国成立以来中国城镇化的发展历程与存在问题

（一）我国农村城镇化发展的总体评述

1. 我国农村城镇化发展的现状与特点 经过 20 多年的高速经济发展，我国已从根本上摆脱了短缺的经济状态，国内市场需求不足继而成为制约我国经济持续增长的主要因素。为了解决如何保持国民经济良性循环，不断提高农民收入以及改善农村生存环境质量等一系列问题，实施城镇化战略已成为我国经济持续增长和彻底解决“三农”问题的重要举措。

据建设部提供的最新数字，至 2003 年底，中国共有建制镇和集镇 4.2 万多个，其中建制镇 2 万多个，集镇 2.2 万多个，县城以外的小城镇镇区的总人口约 1.91 亿。城镇发展速度的加快，给我国的经济社会发展注入了新的生机与活力。城镇化进程不断加快，城镇人口比重大幅度提高。分阶段看，1978—1997 年，中国城镇人口比重从 17.9%提高到 31.9%，年均提高 0.7 个百分点；1998—2004 年，城镇人口比重从 33.4%提高到 40.5%，年均提高 1.4 个百分点，增长幅度是前者的 1 倍。说明中国城镇化已经进入快速成长时期，以城镇化和城市经济带动农业、农村经济发展的阶段已经到来。

从地域分布来看，我国农村城镇化发展有如下特点：我国东部地区经济发展水平较高，城镇建设水平和数量上明显高于西部，尤其以珠江三角洲、长江三角洲和环渤海经济圈等地区逐步形成了城市群和城镇密集区。在 2000 年，全国建制镇增长到 19 780 个，其中，东部有 8 617 个，中部有 6 070 个，西部只有 5 093 个。另外，城镇分布比较明显的特征是，大中城市的辐射和带动作用对城镇化发展起着举足轻重的作用，如珠江三角洲地区的城镇建设发展与广州、深圳和香港等地区工业的扩散与转移密切相关，长江三角洲的城镇发展同样与中心城市上海的辐射功能紧密相关。

2. 我国农村城镇化发展意义 近几十年来，人口问题空前突出，尤其农村人多地少，而近十年来农药与化肥的使用量对粮食作物的生产效率影响作用已到极限（图 14－4），同时农药和化肥对作物和土地的污染日趋严重，农业生产效率低下已成为我国国民经济可持续发展的主要障碍。党的十六大报告进一步指出，“困扰我国实现全面小康目标的，是我国城乡二元经济结构还没有改变，地区差距扩大的趋势尚未扭转，贫困人口比重

上升，就业和社会保障压力增大；生态环境、自然资源和经济发展的矛盾日益突出。"

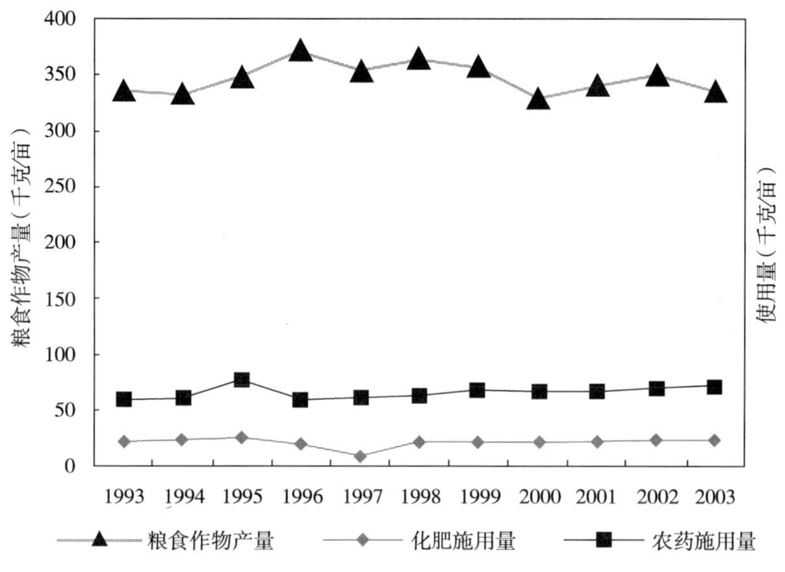

图 14-4　粮食产量与化肥农药之间的关系

（摘自：农业部统计年鉴）

因此，引导农业富余劳动力的有序流动，不断提高城镇对流动人口的适应和吸引能力，是推动城镇化的基本任务。通过提高农村城镇化比例，发展小城镇来转化农村剩余劳动力，减少农民数量，提高人均土地资源占

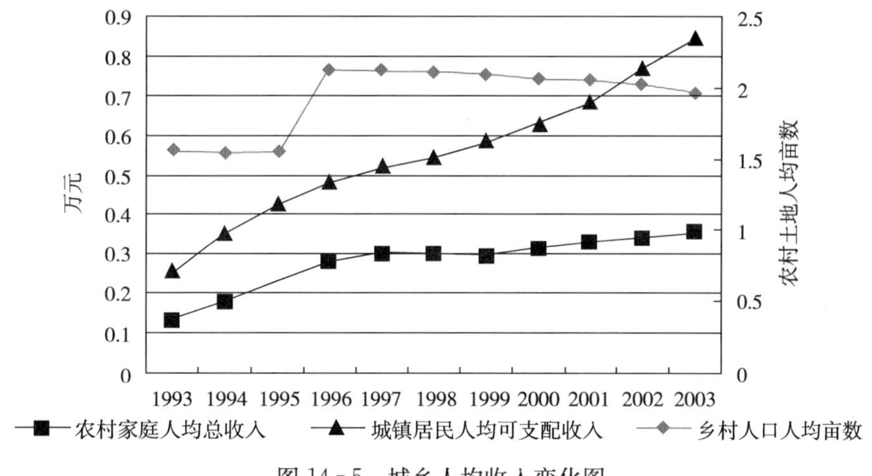

图 14-5　城乡人均收入变化图

（摘自：农业部统计年鉴）

有率，使农村劳动力和自然资源的配比逐步趋于合理，增加农业和农村经济发展的人均资源，已成为解决“三农”问题，逐步缩小城乡收入差距的根本出路（图 14－5）。通过加速城镇化对经济增长有很大的积极作用，不仅可以通过各种形式的培训不断提高农村劳动力素质即通过城市建设带动当地经济发展，同时农村城镇化可以加快农业产业化、现代化进程，促使农村对科技的需求不断增强，并不断提高土地生产效率和劳动效率。

（二）我国农村城镇化存在的主要问题

1. 产业支撑能力弱，城镇产业结构不合理　产业支撑是推进城镇化、实现城乡一体化的动力，产业也是推进城镇化的基础和动力。如果没有产业这个基础和动力，推进城镇化将会很难实现。反过来，城镇化的发展也为产业化提供了先导和条件，农业产业化与城镇化是互相依存、互相促进的互动过程。城镇化同时也是产业结构优化和升级过程。然而，我国目前城镇化进程中还存在着产业结构不合理，特色产业发展乏力，产业聚集效应不明显等问题。

2. 城镇规模偏小，特色产业发展不足，功能不完善，吸引和带动能力不强　我国目前有些小城镇规模过小、力量相对分散，造成发展空间和辐射区域狭小，对资源的利用能力小，表现为对周边的资源和资金的吸引力小，使城镇功能的发挥受到极大影响，基础设施配套水平不高，非农产业基础薄弱，农业产业发展缺乏特色致使农产品加工业发展乏力，造成对农村劳动力吸纳力弱，同时也阻碍了大中型城市产业与技术向小城镇扩散。

3. 城镇发展面临严峻的资源与环境问题　我国人口众多，资源不足，土地资源尤为紧缺，人均耕地面积仅相当于世界平均数的 1/3。日益严重的水土流失和荒漠化也对城镇的发展布局产生了重大影响，水的供需矛盾越来越突出。目前，在我国 600 多个城市中，有 400 多个城市供水不足，其中严重缺水的城市有 110 个，城市年缺水总量达 60 亿米^3。水利部《21 世纪中国水供求》预测，2010 年我国工业、农业、生活及生态环境总需水量在中等干旱年为 6 988 亿米^3，供水总量 6 670 亿米^3，缺水 318 亿米^3。这表明，2010 年后我国将开始进入严重缺水期。到 2030 年，我国将出现缺水高峰。

目前我国很多城镇发展由于环境管理、环境基础设施建设滞后等问题，导致环境污染加剧。对“三废”治理和环境保护重视不够，甚至出现把在大城市无法立足的污染企业转移到小城镇的现象，使小城镇的生态环境日趋恶化。

4. 体制改革还有待深化与探索，引导性政策措施不配套　我国城镇管理的体制改革还有待深化与探索，许多引导性政策措施不配套，不能满足城镇发展的实际需求。如农村土地流转制度、小城镇社会保障制度、城乡户籍制度等尚未完善，小城镇发展的环境尚未真正形成。这导致农村工业与农村城镇化相分离，极大地制约了小城镇的快速发展。

三、中国推进城镇化进程的科技需求和政策建议

（一）农村城镇化对我国农业科技发展的影响

自改革开放以来，我国农业取得了巨大的成就。但是，这是以大量农村劳动力一家一户式的分散经营的低效率为代价的。因此，农村城镇化的推进为转变农业生产经营方式提供了条件，也是实现农业现代化的必由之路。通过农村人口向城镇转移和集中，使耕地面积进一步集中，农业生产必然激发对现代农业科技成果、现代农业生产技术与设备及管理方法的强烈需求。

同时，城镇的完善与发展，也将为农业产业化提供更为完善的农业生产的服务与支持，使农业从小规模、粗放型生产经营方式向适度规模、集约化生产经营方式转变，提高农业劳动生产率成为可能。农村城镇化对农业科技的影响主要表现在三个方面：

（1）以产业化为基础的农业现代化建设，推广、运用现代农业技术，用现代化设施装备农业、改造农业。

（2）农业产业化发展的需要，促进了加工、保鲜、储运等方面技术与服务的发展，延伸了产业链，极大地推进新的农业科技革命。

（3）农业科技体制的改革将更有利于科技与农业的有效结合，有利于农业科技创新，有利于农业科技成果产业化的原则，积极推进改革。通过体制、机制创新，实现农业科技进步，以适应农业结构调整和建设现代农业的需要。

世界城镇化进程实质上是工业化、城镇化和现代化的一体化进程。工业化是城镇化的根本动力，城镇化和现代化是工业化的直接结果，并成为工业化进一步发展的载体。由于城镇的规模受制于经济规模和经济发展的水平，特别是现代工业的发展规模，因此城镇化建设对科技有着重大的需求。

（二）城镇化进程中产业发展的科技需求

1. 农产品品种优化和特色农业发展中的科技需求　当前农民增收缓慢已成为经济发展的突出问题，也是国民经济发展的难点问题。在市场经济条件下，发展常规农业无论品种还是质量都在一定程度上难以适应市场需求，致使增产不增收。因此，通过农产品品种和品质结构不断优化与优质专用品种的培育，逐步形成一定规模优势、品牌优势和市场竞争优势的特色和高附加值农业，并使之成为主导当地的先进农业经济已成为城镇化进程中的当务之急。

2. 农产品加工技术的需求　产业化带动工业化，以工业化推进城市化是新型工业化的重要内容。发展小城镇的关键在于繁荣城镇经济，充分发挥城镇经济的比较优势，形成合理的产业布局和各具特色的城镇经济是城镇建设快速发展的基本条件。目前农产品深加工和农产品现代物流等技术对现阶段的中小城镇建设将起着举足轻重的作用。

——农产品加工技术：农产品加工业属劳动密集型工业，不仅能大大提升城镇产业结构和转移农村劳动力，促进当地的经济发展，而且可以极大地促进农业产业的结构调整。

——农产品现代物流技术：通过现代物流与供应链管理方法及技术，建立以城镇为终端，大中型中心城市为龙头的物流体系，促进城镇及周边特色产品的商品流通。

3. 城镇化进程中适用农业技术推广与培训的需求　以提高农村信息化水平为重点，开发建立新型农村信息技术服务体系。建立健全农村科技服务体系，将农业技术推广站、兽医站、农业经济管理站、水产站、种子站等深入到城镇，将更加贴近农民、贴近农业，农村城镇建设将成为为农村提供科技信息服务的前哨。产业的集聚和人口的集聚构成了城镇化发展的基础和为新型农业推广队伍的形成提供了条件，将对农业科技成果推广模式与成果转化的新型机制的探索提供平台。

4. 城镇化进程中环保与生态建设中的科技需求　城镇化的发展将全面改变我国长期分割的城乡格局，并对农村经济的发展产生反哺效应。在科学规划、合理布局、产业支撑和相对集中建设的前提下，加快农村城镇化发展步伐，壮大农村城镇规模，将对生态环境建设提出更高的要求，同时也为生态建设与发展提供新的契机。因此，小城镇地区生态安全更显重要，它不仅是指当地生态系统所提供的资源、环境与生态等条件，也是支撑小城镇地区经济持续增长的核心与基础。

5. 城镇化进程中农业园区建设的重要作用　在我国城镇化进程中，可以通过农业园区的建设，让不同水平、不同类型、不同层次工业企业集中于农业园区内，从而形成劳动密集型、资金密集型和技术密集型企业共同发展的新型农业产业化模式，成为农业生产的科技成果转化及现代农业生产示范基地，并为城镇化的发展提供强大的动力。

6. 农村能源建设中的科技需求　我国在农业资源的使用上存在着短缺和浪费并存的矛盾现象，如耕地、水、秸秆、动物排泄物等废弃物资源化及太阳能、风能、农机具等节能技术的开发与综合利用。

（三）我国农村城镇化进程中科技战略措施

如前所述，城镇化进程实质上是工业化、城镇化和现代化的一体化进程。工业化是城镇化的根本动力，城镇化和现代化是工业化的直接结果，并成为工业化进一步发展的载体。因此，加快推进工业化是建设好城镇的前提，要提高农村城镇化水平，就必须强化其所产生的产业聚集效应，并使农村区域的产业更好地的分工协作，同时建立配套服务业，以便更容易地获取信息，最终形成农村区域内的中小城镇，推动农村城镇化。

小城镇工业的选择原则：面向市场，面向与中心城市配套，面向广大农村原料产地和人力资源。为了推进我国城镇化进程的健康发展，提供城镇化急需的科技支撑，应采取的政策措施包括：

1. 大力实施科教兴城战略，加快城镇化进程　重点应加强城镇建设与农业科技成果的推广和城镇居民科学技术素质的提高等。

2. 以地区特色积极推进结构调整战略，提高农业生产的质量和效益　以市场需求为导向，以充分发挥地区优势为原则，以科学技术为支撑，合理开发农业资源，提高资源利用效益。

3. 积极推进农产品加工产业化战略，努力增加农民收入　以院校、科研机构与企业间协同作用，促进当地城镇发展并逐步形成产业集群。通过制度和组织创新，扶持龙头企业的发展和产业化经营。

4. 以城镇为中心建立农业社会化服务体系和新型农村信息技术服务体系战略　积极探索由工商企业为农业生产者提供社会化服务，农业生产者向工商企业提供农产品模式。政府通过农业的支持性政策把农业进一步推向市场，增强农产品在国际市场上的竞争能力；通过农业科技成果产业化政策，推进农业科技产业化，提高农业生产的科技水平和农产品的附加值。

5. 环保与生态建设战略　农村城镇化为农业生态环境保护，促进农业可持续发展提供了前提条件。加强对生态脆弱区植被恢复、沙化地区退耕还林还草技术和防止与减轻农用化学物质污染环境的技术、农业废弃物处理及其资源化综合利用技术方面的研究与开发。

（四）我国农村城镇化科技发展政策要点

为了促进我国农村城镇化的发展，应制定相应的重点突出促进农业科技转化能力和水平政策。在我国已经积累了大量的涉及农业领域的技术，但由于种种原因，相当多的技术没有得到推广与利用，这不仅是农业科技资源的浪费，也不利于科研机构的良性循环。因此，我国农村城镇化科技的发展要点包括：

（1）加强星火计划和农业科技成果转化等的资金支持力度，项目支持向推行小城镇建设地区倾斜，通过龙头企业的示范带动作用，加快农业产业化和农村城镇化的发展。

（2）加强对农业科技园区政策支持与宏观指导，强化农村科技园区对区域农业发展的引导和带动作用。引导园区企业以多种形式成为示范、传播和推广先进适用技术，促进农业增效、农民增收的示范基地。

（3）政府应通过产业政策引导，鼓励建立农业产业一体化经营体系。农产品的生产、加工和流通等产业链条相互衔接，形成包含生产、加工、流通等环节在内的完整的产业体系，提高农业的综合经济效益。

（4）以小城镇为龙头建立农业社会化服务体系，鼓励地区性的农业科研院所组织建立多元投资结构的新型农业社会化服务机构，并制定相关配套政策，以提高农业生产效率及农产品转化。

（5）积极为国际交流与合作创造条件，吸收国外的先进技术和管理经验，实现自主创新与适当引进结合，形成技术和信息共享平台，提高城镇化的研究速度与创新水平。

（龙天炜　于双民）

图书在版编目（CIP）数据

新农村建设与农村科技发展战略/科学技术部农村科技司编．—北京：中国农业出版社，2007.3
ISBN 978-7-109-11555-2

Ⅰ．新…　Ⅱ．科…　Ⅲ．①农村—社会主义建设—研究—中国②农业技术—发展战略—研究—中国　Ⅳ．F320.3　F323.3

中国版本图书馆 CIP 数据核字（2007）第 031686 号

中国农业出版社出版
（北京市朝阳区农展馆北路 2 号）
（邮政编码 100026）
责任编辑　孟令洋　刘静冰

中国农业出版社印刷厂印刷　　新华书店北京发行所发行
2007 年 4 月第 1 版　　2007 年 4 月北京第 1 次印刷

开本：787mm×1092mm 1/16　　印张：14
字数：228 千字
定价：40.00 元